博源基金會
BOYUAN FOUNDATION

中国经济观察
丛书

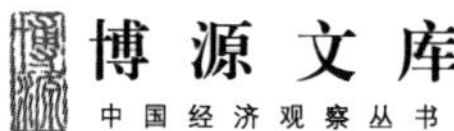

解析欧债危机迷局

Analyzing Euro Debt Enigma

深圳市博源经济研究基金会/编

目　录

4. 欧债危机的影响

5. 希腊问题

前　言
欧洲主权债务危机：起源、出路和影响

汪　涛*

欧元区主权债务危机愈演愈烈，全球金融市场随之剧烈动荡，而世界经济和金融格局也笼罩在危机的巨大阴影之下。欧债危机根源何在？出路何在？欧元瓦解的风险和后果是什么？对世界和中国经济会有什么影响？

欧债危机的根源

一般公认欧债危机的最主要原因，是欧元区货币联盟缺乏政治和财政联盟的支持带来的必然结果。也有人认为是欧洲社会的高福利制度造成的。其实，欧债危机形成的原因是多方面的：财政政策缺乏纪律、欧元区缺乏统一的财政和经济政策协调的确是深层次原因之一，但是欧元诞生后，在全球货币政策持续宽松环境下信贷高速扩张，银

* 汪涛，瑞银首席中国经济学家。本文写于2012年2月20日。

行业风险控制不力，带来房地产泡沫也是一个重要原因。而后者更是世界各国经济历次金融危机的共性。而由美国次贷危机引发的全球金融海啸和经济衰退也给欧洲经济和金融体系带来了重大的冲击，是欧债危机爆发的直接导火索。

应该说，欧元成立促进了欧洲的贸易和经济发展，但成功的背后同时也埋下了危机的种子。欧元区的成立让边缘国家的风险溢价大幅下跌，低廉的借贷成本助涨了其信贷的扩张，房地产泡沫在一些国家开始出现。比如爱尔兰的信贷占 GDP 比重在 2000 年后五六年中上升了 80 个百分点，其他如葡萄牙、西班牙、希腊这些“欧猪”国家也都上升了 30～40 个百分点（见图 1）。廉价的资金带来了一轮经济蓬勃发展，但是信贷泡沫也带来了危机。另外，在低利率和风险溢价被严重挤压的情况下，为了在全球金融行业的激烈竞争中胜出，欧洲银行和金融机构大举增加杠杆率，一是积极扩张对欧元区边缘国家和东欧新兴市场国家和企业的信贷，二是扩大在美国房地产次贷及各种信用产品中参与的数量。

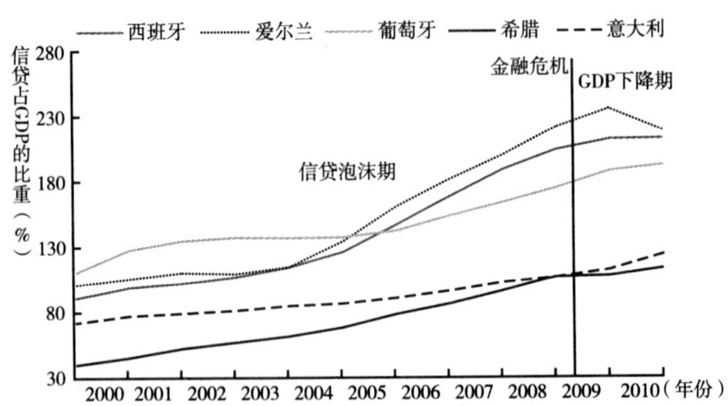

图 1　“欧猪五国”的信贷泡沫

数据来源：Haver，瑞银估算。

其实欧洲一些国家财政政策缺乏纪律性并不是新鲜事，许多成员国在危机前都没有严格遵守《马斯特里赫特条约》中关于财政赤字必须控制在3%以下的规定，尤其是希腊、葡萄牙等国家，长期、大量寅吃卯粮。然而市场和金融机构却忽视了这一点，在危机前仍然以低利率借钱给这些国家——希腊十年期国债利率在危机前仅比德国国债高0.2~0.3个百分点。

2007~2008年全球金融危机的爆发催生了欧债危机。一方面，欧洲银行在美国次级债市场的扩张，使其在次贷危机后损失惨重，被迫降低杠杆率，收缩信贷，加重经济衰退，房地产泡沫破灭，银行坏账上升，迫使各国政府不得不出手救助银行，为金融危机买单，变私人部门和银行的坏账为主权债务。西班牙是典型的原本公共财政比较健康，但因为房地产和信贷泡沫的破灭让主权债务深受其累的国家。另一方面，政府的财政收入由于经济下滑而大幅下降，财政赤字因而扩大。2008~2010年，整个欧元区的债务占GDP的比重上升了20个百分点（见图2）。

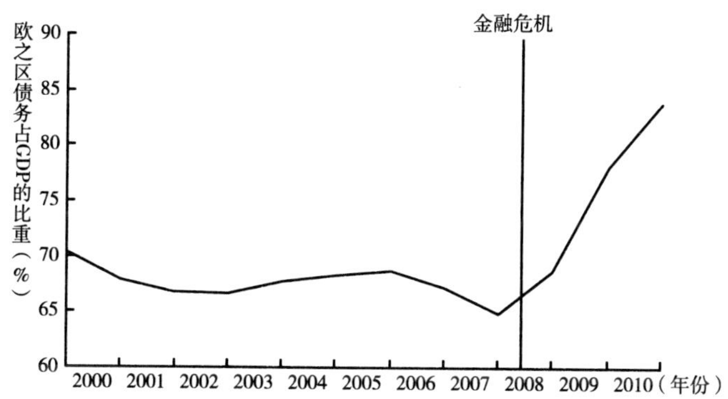

图2　欧元区政府债务在2008~2010年快速上升

数据来源：Haver，瑞银估算。

欧元区自身的制度缺陷既是欧债危机的深层次原因，又是让危机一直悬而不决、市场一再失望并推波助澜的关键所在。欧元区自身结构性的缺陷在于它是一个货币联盟，而不是一个财政和政治联盟。在没有独立的货币和汇率政策的情况下，成员国缺乏统一的财政政策以及经济政策的协调，因而缺失统一的政策应对。市场的一再失望和对政府的不信任，又推高了国债利率，加重了许多国家的借贷成本，也推高了银行在市场上拆借的成本，从而使危机不断深化。

欧洲结局：欧元瓦解还是迈向一体化？

欧洲主权债务危机爆发两年以来不断升温，“债火”已经从希腊烧到了意大利，甚至波及欧元区核心——法国。欧元不应以当前状态存在，这已经是共识。人们常常争论和担心的问题是欧元区是否会就此瓦解？瓦解是否可以为存在根本性设计问题的欧洲货币联盟解套？

然而，欧元瓦解对欧元区国家的经济、政治和社会等方面都会产生严重后果。从经济上来说，根据瑞银集团的测算，不论是欧元区的弱国还是强国，离开欧元区的经济代价都极其高昂，远远大于继续留在欧元区的成本。以希腊这样的弱国为例，退出欧元区则本币大幅贬值，以欧元计价的主权债务将翻倍增长。失去欧元区的保障，希腊在违约后无法融资，从而导致一系列的企业违约、银行体系崩溃；而脱离了欧盟的贸易联盟，则希腊的国际贸易崩溃——估计退出第一年的经济成本就将达到 GDP 的 40% ~50% 。而以德国这样的强国为例，若德国退出欧元区，本币将大幅升值，而银行却持有大量以欧元计价的资产，则会损失惨重。首先德国的银行体系需要注资，其次作为出口大国，若边缘国经济下滑十分严重，其国际贸易也无法独善其身——估算德国退出第一年的经济成本将达到 GDP 的 20% ~25% 。

欧元区瓦解的政治代价难以估量。有观点认为，自从柏林墙倒塌，德国完成统一大业后，欧洲一体化的政治动力开始下降，促进地区经济繁荣成为主要动力。然而，欧元如果瓦解，政治成本将极其高昂。首先，欧洲大陆第二次世界大战以来以推进政治经济一体化换取和平繁荣的雄伟计划将彻底分崩离析，自此丧失动力。其次，瓦解也会带来难以估量的地区政治动荡。纵观现代社会货币联盟的历史，瓦解的代价惨重但并非没有先例。过去一百多年奥匈帝国、美国和苏联的货币联盟都有瓦解的先例（美国随后重组货币联盟）。它们共同的特点是出现了资金从弱国（州）流向强国（州），政府借此夺取居民的现金和资产，并通常伴随着社会动荡和政府专制。

既然欧元瓦解后果严重，而目前的形态和机制又无法正常运转，那么唯一可行的途径是制订更多财政规则，最终走向财政统一。事实上，欧元区国家在市场的不断压力之下，由核心国家法国和德国领导，过去几个月中已经一步步向财政统一的方向迈进。由于英国的反对，欧盟 27 个成员国或地区未能达成修改欧盟条约的协议，但是在 2012 年 2 月初的欧盟峰会上，除了英国和捷克以外的 25 国已经就新财政协定达成政府间协议，承诺放弃部分财政主权以夯实货币联盟的基础。

新的财政协议规定各国政府预算应实现平衡或盈余。原则虽有一定的灵活性，但年度结构性赤字不得超过名义 GDP 的 0.5%。成员国应在欧盟委员会规定的日期内达到其各自的目标水平。各成员国政府债券发行计划需事先报告。新的财政规则将写入成员国的宪法或者等同的法律中，一旦有国家违背规则，将必须自愿接受欧盟委员会和欧盟理事会的处罚，其他成员国会详细列举必要的经济结构改革措施。最后，提前建立欧洲稳定机制（ESM）来帮助防止、应对危机重演。

目前所做的应该说只是财政统一的雏形，主要包括“提前干预”、“纠错与惩罚”、“应对极端事件机制”三个方面，这意味着成员国权力向欧盟转移。欧盟将能更好地监测成员国预算情况，并建立失衡预防机制。在预算不达标的情况下，欧盟还有强制纠错机制。财政政策仍将是成员国政府的任务，但任意而为的空间将受到严格限制。这样的统一是否会带来长久的稳定还有待观察。许多人抱有明显的怀疑态度：历史上还从未有一个货币联盟能够不在一个单一国家政体下持续生存，而目前欧洲走向政治一体化动力不足，财政一体化能走多远还是一个未知数。

欧债危机解决的三个重要阶段

既然欧元区各国已经决定向财政一体化迈进，并且通过了重要的决议，欧债危机是否已经度过了最困难的时刻，并且危机化解在即呢？事情并非这么简单。虽然大方向、大原则已定，但具体协议和框架还需要各国谈判和协商，而短期内如何成功解决希腊破产重组，如何阻止局势向其他国家蔓延，如何保住欧洲的银行体系不被主权债务危机拖垮，如何为长期的欧洲稳定机制融资等一系列问题，都会考验政治家们的决心和智慧，也会考验市场的耐心和经济的承受力。

未来一年多，欧债危机如何从崩溃的边缘过渡到稳定化解，还需要迈过以下三道坎：（1）让不堪重负的希腊有序重组债务而不殃及他国和银行体系；（2）各国通过签署新的财政协议，同时启动目的明确、资金到位的欧洲稳定机制；（3）各国在贯彻财政紧缩和结构改革上做出让市场信服的进展，让增长和债务问题有望回到可持续的轨道。

首先，如何让希腊破产重组，这一问题迫在眉睫。希腊债务早已被公认是该国无论如何都无力偿还的，破产重组是解决现有债务负担的唯一出路，改革和削减赤字则可以防止将来危机重演。2012 年 3 月 20 日希腊有 145 亿欧元债务到期，在这之前必须结束重组谈判。目前希腊主权债务总共约有 3450 亿欧元，大约有 1/3 是由欧央行、IMF 和其他主权国家持有，30% 是由希腊银行和其他金融机构持有，剩下的是由市场上国外投资者持有（见图 3）。目前谈判的私人部门参与救助计划（PSI）是让“私有”债权人“自动”削发大约 70%。有争议的棘手的问题是：

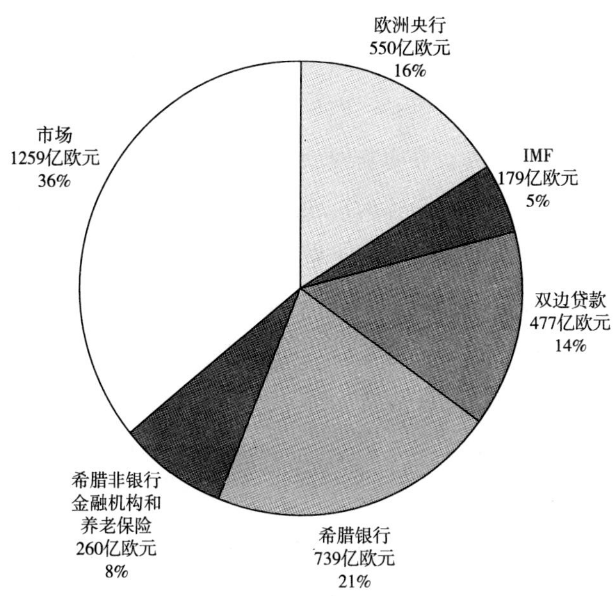

图 3　谁持有希腊债务

资料来源：欧洲央行，IMF，瑞银估算。

是否在法律上触发违约互换（CDS），以维护市场机制的正常运行；是否让欧洲中央银行（ECB）也同样接受损失以及如何为希腊银行注资。目前谈判已近尾声，但希腊国内就进一步大幅财政紧缩的要求爆发了抗议，政府稳定堪忧。

希腊问题暂时解决之后，如何让市场信服葡萄牙和其他国家的债务不会被“自愿”重组是关键。稍有不慎势必引起连锁反应和恐慌，威胁欧元区其他国家的金融稳定。一方面需要明确的机制和透明的交流，另一方面也需要资金建立足够的防火墙，阻击市场的恐慌。

其次，启动欧洲稳定机制是下一步的关键。欧盟已决定提前于2012年6月启动欧洲稳定机制，但在那之前唯一能为市场提供流动性、为银行提供流动性的是欧洲央行。欧洲央行虽然一再坚持原则，不愿为欧洲政治家们担保，但过去几个月在市场的步步紧逼之下，不得不“曲线救国”，以长期流动性操作（LTRO）力挽银行系统流动性崩溃之狂澜。但是，欧洲央行的缓兵之计不能长久，启动一个更合法、更明确的欧洲稳定机制仍然是关键。欧洲稳定机制拟由欧元区国家按一定的份额分期缴纳800亿欧元实缴资本、提供承诺和担保6200亿欧元，向市场融资，让其贷款规模达到5000亿欧元，与尚未用完的大约2500亿EFSF欧洲稳定基金共同使用。贷款规模可以通过IMF和欧盟非欧元区成员国的参与来放大。

这一机制的实质是举欧元区的整体财政实力，用德国领导下的纪律性和信用，向市场发行信用强的债券置换信用较弱的债券，帮助弱国降低融资成本。然而目前的市场避险情绪强，对欧洲未来的机制并不信服，要想迅速进行巨量融资，谈何容易。因此，欧元区在积极争取区外的其他国家央行和主权财富基金的参与。

第三，各国能够承诺在削减赤字、改革经济和体制上做出切实的进展。目前许多国家承诺的改革，因国内社会和政治承受度有限，遭受强烈反对，尤其是希腊。另外，不少国家面临大选，改革和紧缩方案能否继续，还有许多不确定性。市场怀疑财政紧缩和改革可能有始无终，半途而废。从长期来说，关键一是要改革财税体系，减少未来债务的积累，二是促进经济的可持续增长，那才是防止债务危机重演的根本途径。

欧债危机对世界和中国经济的影响

从短期看，对于欧洲经济来说，欧元区主权债务危机引发了金融市场动荡，资本市场融资成本上升，并且通过银行的去杠杆化和信贷紧缩直接影响到企业和居民部门。另外，一轮又一轮的财政政策在增长已经下滑的情况下对经济更是雪上加霜。欧元区多个国家（包括德国）已在2011年四季度进入了衰退。2012年普遍预计欧元区整体出现温和衰退。欧洲央行2011年年底以来推出的长期流动性操作（LTRO）已经为银行系统提供了所需的廉价流动性，大幅降低了因为银行倒闭带来的经济深度衰退的风险。然而，希腊债务重组能否建立令市场和民众信服的“隔离墙”，避免出现银行挤兑和恐慌，风险并非为零。

美国出口占GDP的比重较小，其对欧洲出口占GDP的比重大约为1.3%（中国则是5%），因而美国经济受欧债危机的直接影响较小。但是如果欧洲不只是经济衰退，而是出现银行体系的系统性风险，那么透过金融系统的传导会对美国经济产生重大影响。如果欧元区出现金融系统危机或是深度衰退，普遍认为美联储会再次使用量化宽松的武器，以期对抗通缩的风险。

对于东欧、英国等近邻来说，它们的出口和经济都与欧元区经济紧密相连，欧债危机对其经济的影响最大。而对于东南亚和中国来说，因为对欧洲出口比重较大，经济也会受到一定影响。最主要的是出口需求减弱的影响，但是也不排除因为欧洲银行撤出亚洲或是贸易信用削减而带来的影响。预测中国 2012 年经济增长将因此比 2011 年放缓，但仍能保持在 8% 以上。普遍认为，中国金融系统和银行体系已经有了以前的教训，有所准备，应该不会出现像雷曼兄弟事件之后那样的信用崩溃和冻结。

从长期来看，欧元区在欧债危机实质性缓解之后，还要面对金融体系漫长的去杠杆化、财政政策持续紧缩、应对人口老龄化、激发经济的活力和竞争力等挑战。普遍认为，欧盟经济增长将长期维持在一个较低的水平，影响整个世界经济的增长。发达国家增长乏力是所有新兴市场国家包括中国要面对的外部环境。

不过，仅仅从未来数年经济增长减弱来考量而唱衰欧洲可能还为时过早。欧元区 2011 年 GDP 大约 12 万亿美元，欧盟则是 16 万亿美元，与美国不相上下。虽然欧盟将来一段时间都会增长乏力，但是如果这样一个重量级世界经济体能够经过危机的考验，逐步一体化、维持欧元稳定、保持低速但稳定的增长，欧元区和欧盟在世界经济和政治事务中的作用可能会增强。欧元的地位可能因此稳固下来，吸引更多的全球资产的配置，牵制甚至削弱美元的霸权地位。

另外，如果欧洲经济一体化的进程由财政联盟的形式进一步推进，欧洲大陆绝对的经济大国德国的领导地位应会得到加强。在国际事务上，欧洲有可能发出更统一的声音，而德国务实、注重经济发展、应对区域内部的人口老龄化挑战等诉求可能会更加明显。

中国要拯救欧洲吗?

欧债危机得到解决或至少平息下来符合中国的利益，因为欧盟是中国最大的出口市场，占中国年出口额的20%以上。同时，我们估算中国3.2万亿美元的外汇储备中已有近1/4是欧元资产，其中多数为各国政府国债，而且几乎肯定包括意大利和西班牙的国债。欧元急剧下跌或债务危机恶化都将有损中国持有的欧元资产。从战略上来说，欧洲的强大和欧元的生存也能制衡美国和美元在世界经济中的霸权地位，为中国的发展赢得空间。

值得一提的是，欧元区整体的债务水平并不比美国高，债务负担并不比美国更严重（见图4）。这两大经济体最主要的区别是，美国的债务主要集中在资信高、有印钞权并且可以决定财政政策的联邦政府手里，而欧元区的债务则相反（见图5和图6）。美国的情况市场并不担心，正因为如此，美国在解决深层次的结构问题上反而缺乏动力，不断把问题往后挪，或者推向世界，或者推到后代。

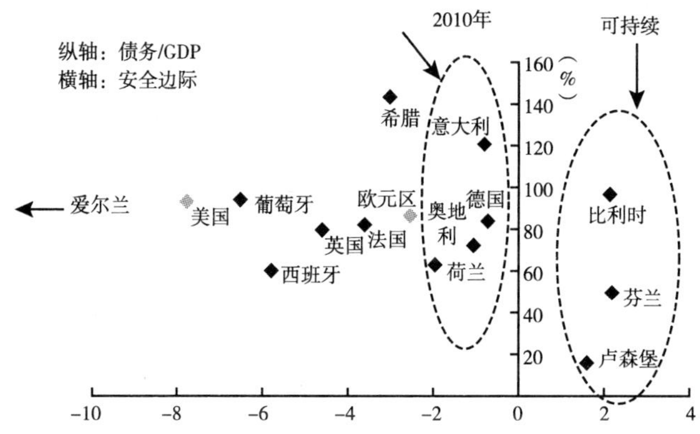

图4　债务负担对比

数据来源：EFSF，瑞银估算。

而反观欧元区，市场的压力迫使核心国家以自己的实力担保弱国，但同时换取弱国紧缩财政、改革结构的努力。

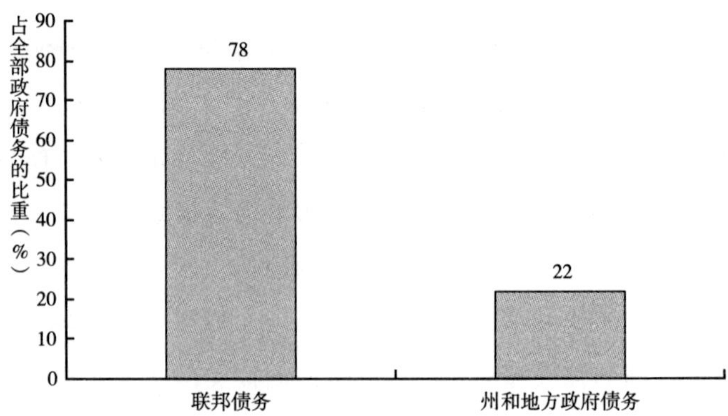

图 5　美国政府债务分布

数据来源：EFSF。

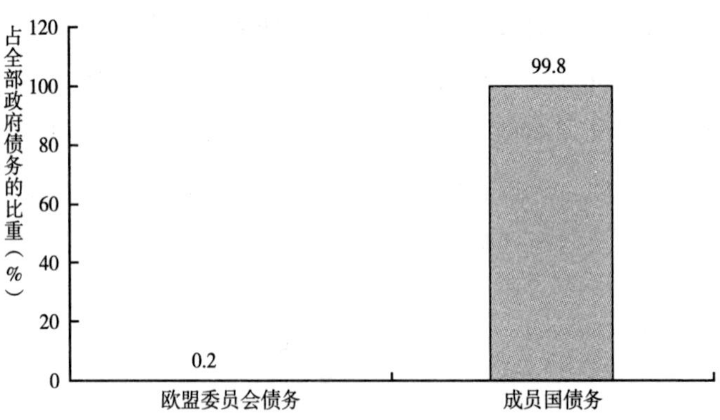

图 6　欧元区政府债务分布

数据来源：EFSF。

中国参与欧债危机的“救助”，不应该是简单购买更多问题国家国债来“解决”欧债危机。因为欧债危机并不仅仅是信心或流动性问题，更重要的是一个一体化的方案，是一个机制问题，而这必须由欧洲人自己解决，必须有一个可以执行的监督及纠错机制。后者不是中国或者任何欧元之外的国家能越俎代庖做到的。

在欧元区各国达成了协议，建立了稳定机制并且有了政治承诺和可行的合法程序之后，中国应该并且也可以通过 EFSF 和 ESM，通过 IMF 参加多边融资，提供流动性和帮助市场信心的恢复。另外，中国可以加大在欧洲的投资，购买实体经济资产、股权和公司债，尤其是具有品牌、市场渠道和技术的公司。

1

关于欧债危机根源的分析

欧元政治经济学

托马斯·迈尔*

“历史上没有一个持续的货币联盟不是在一个国家内进行的。”德国联邦银行和欧洲中央银行（ECB）的前首席经济学家奥特马·伊辛（Otmar Issing）1991 年说。

柏林墙推倒之后，欧盟内部政治关系的性质变化已经为创建共同货币的计划产生了深远影响。如果说在过去，创立共同货币就已经被看做是创建政治联盟的催化剂，并被当做欧洲和平的最后担保人的话，那么现在创立共同货币已经成为一项事业，其价值主要通过其成员国的经济优势来测算。将来的历史学家会发现，具有讽刺意味的事情是：在欧洲统一进程已经完成其政治联盟，而政治联盟已被看做永远消除欧洲内部战争可能性的关键工具之前，人们就认为战争威胁已经消失。其结果是，欧洲货币联盟原来应该通过创建政治联盟而得到加强，但是却陷入了孤立状态。在 20 世纪 90 年代，欧洲领导者们已经得到警告，在没有后续政治联盟可能性的情况下建立货币联盟将是极具风险的。尽管如此，领导者们依然去做了。

* Thomas Mayer，德意志银行董事总经理。本报告发布于 2011 年 7 月 1 日。原文为英文，博源基金会译。

主权国家过去实际存在的联盟或者准货币联盟的历史显示，联盟部分地区出现的严重财政失衡以及这些赤字的货币化已经成为其失败的关键原因。考虑到过去的经验，欧洲货币单位的先辈们想保护中央银行免受将财政赤字货币化并让各个国家对其金融行为负责的任何压力。为了达到第一目标，禁止欧洲中央银行在一级市场购买政府债券，同时在组成欧洲货币单位的《马斯特里赫特条约》中给予了欧洲中央银行深远的独立性。为了达到第二目标，签订了旨在防止政府过多造成财政赤字的《欧盟稳定和增长公约（SGP）》。此外，违约威胁预计会给财政政策的执行产生进一步影响。

欧洲中央银行参与其偿付能力受到严重质疑的银行和政府的融资并不是唯一的严重偏离《马斯特里赫特条约》的情况。欧洲货币联盟（EMU）政府对希腊、爱尔兰和葡萄牙给予预算支持，这已经违反了欧盟协定第125条禁止对处于金融危机中的国家提供救助的规定。其结果是，欧洲货币联盟创建的两个关键支柱——中央银行专注于共同货币购买力的原则以及政府为其金融决定的充分责任已经坍塌。

在我们看来，政治联盟是不大可能的，保证欧洲货币联盟保持稳定的未来的最佳选择是回到《马斯特里赫特条约》的基本原则上来。如果没有来自高层的政治领导，那么结果可能受到草根事件（比如，希腊或者德国柏林国会中出现议员反对其领袖或者在希腊出现银行挤兑）的推动。根据最近政治辩论出现的势头，我们很有可能会在未来的6～12个月看到结果。或者，如果政治高层依然处于主导地位并且继续执行不可行的调整计划，我们会看到欧洲货币联盟出现最终解体的重大风险。

不再是战争与和平的问题

在二战结束之后，有远见的法国政客们，比如，让·莫内（Jean Monnet）和罗贝尔·马若兰（Robert Marjolin）等认为，战败国德国必须纳入欧洲框架，以免再次出现一战后的情况。然后，《凡尔赛和约》中的苛刻条件造成了德国的深度怨恨，并为德国复仇主义走上纳粹德国铺平了道路。为避免此种情况出现，法国政客们为所谓的欧洲煤钢共同体设定了创建阶段，其中对战争行动重要的行业放在欧洲保护伞之下。但是欧洲整合并没有被人们看做就此结束。更密切的经济整合成了推动政治整合向前发展的要素。经济水平方面采取的步骤包括欧洲经济共同体（EEC）、创建欧洲联盟（EU）和单一欧洲市场，并最终建立欧洲货币联盟（EMU）。欧洲整合简史见表1。

表1 欧洲经济一体化的历史进程：大事年表

年份	事 件
1951	欧洲煤钢共同体→(1)优惠区
1957	《罗马条约》： • 欧洲经济共同体(EEC)→(2)自由贸易区 • 欧洲原子能共同体(EURATOM) • 欧洲煤钢共同体(ECSC)
1960	欧洲自由贸易区：创立会员国为“外七国”，即奥地利、丹麦、挪威、葡萄牙、瑞典、瑞士及英国
(1965)1967	《合并条约》：ECSC、EURATOM以及EEC合并为欧洲共同体(EC)→(3)关税联盟
1972	汇率机制(ERM)：欧洲蛇形浮动汇率制
1973	第1次北扩：丹麦、英国以及爱尔兰加入
1979	欧洲货币体系(EMS)，将ECU(欧洲货币单位)囊括为一篮子货币
1981	第1次南扩：希腊加入
1985	第2次南扩：西班牙及葡萄牙加入
1985	《申根条约》签订。10年后，即1995年，申根区形成

续表

年份	事　件
(1986)1987	《单一欧洲法案》 • 自1957年以来对条约的首次重大修订 • 直到1992年才就有关欧洲单一市场的所有相关关税及非关税壁垒的彻底消除达成一致
(1993)1994	欧洲经济区:欧洲自由贸易联盟(EFTA)外加EU-12(欧盟12国),不包括瑞士
(1992)1993	《马赫特里赫特条约》→(4)欧洲共同市场;条约改革——三大支柱: • EC(超国家) • 共同外交与安全政策(CFSP) • 司法与内务合作(JHA,政府间) 就实现EMU(经济与货币联盟)的三步走策略达成一致: • 1990年:资本自由流动 • 1994年:宏观政策融合 • 1999年:发行欧元
1995	第2次北扩:芬兰、瑞典以及奥地利加入
1996	《全面经济政策纲要》作为经济政策协调的手段→(5)经济联盟
1997	《稳定与增长公约》
(1997)1999	《阿姆斯特丹条约》 • 赋予欧洲议会更大的权限;强化公民的权利
1999	EMU的第三阶段:欧洲中央银行,发行欧元作为核算单位→(6)货币联盟
(2001)2003	《尼斯条约》:对理事会的多数规则进行修正。强化有效多数的原则,加大人口权重
2004	第1次东扩:塞浦路斯、捷克共和国、爱沙尼亚、匈牙利、拉脱维亚、立陶宛、马耳他、波兰、斯洛伐克共和国以及斯洛文尼亚加入
2007	第2次东扩:罗马尼亚及保加利亚加入
2009	《里斯本条约》:机构改革,更多有效多数的表决权、EMU成员国间经济协调更密切、EU成为法人资格团体
2010	欧元危机:EMU国家通过对希腊以及其他EMU成员国的援助项目。成立EFSM(欧洲金融稳定机制)以及EFSF(欧洲金融稳定基金)
2011	签订《ESM条约》

法国和作为欧洲整合引擎的德国之间的亲密关系反映在两国政治领导人之间的亲密个人关系上。法国总统戴高乐和德国总理阿登纳开辟了传统，这一传统得到瓦莱里·

德斯坦（Valérie Giscardd' Estaing）、赫尔穆特·施密特（Helmut Schmidt）、弗朗索瓦·密特朗（François Mitterrand）以及赫尔穆特·科尔（Helmut Kohl）的认可。二战以后，这不是两个平等合作伙伴之间的关系，这里存在着明显的等级关系：法国是政治领导者，德国是跟随者，常常通过自己重新获得的金融能力来支持欧洲项目。但是这一关系对合作伙伴双方来说都获益：德国能够影响法国开展国际谈判，为法国说话，也为德国自己说话，法国可以利用德国的经济实力来改变其政治分量。而且，欧洲整合进程通过两国的政治高层推动，这或多或少引来了众人怀疑的眼光。

早些时候，创建共同货币被看做对于欧洲统一是至关重要的。另外，法国著名经济学家和政府顾问雅克·吕夫（Jacques Rueff）在1949年就预言到欧洲不会通过货币来创建，或者根本就不存在。1970年进行了创建欧洲共同货币的第一次尝试。该计划由卢森堡首相皮埃尔·凡尔纳（Pierre Werner）设计，打算在20世纪80年代创建货币联盟。就在20世纪70年代初期油价冲击之后凡尔纳计划遭遇了失败，采用准固定汇率的布雷登森林体系于1973年失败。然而，这项计划为1979年创建欧洲货币体系奠定了基础，而欧洲货币体系则为1999年最终创建欧洲经济和货币联盟建立了前提条件。

1989年柏林墙的倒塌，并不仅仅是世界发展的一个转折性事件，它同时也从根本上改变了欧洲一体化的本质。一方面，该历史事件引发德国不得不弃用该国二战后所取得成就的最大标志——它们所钟爱的德国马克，转而使用一种统一货币。这是密特朗总统对科尔首相所提出的要求，作为法国支持德国统一的报酬。另一方面，此举也从根本上改变了德国与法国以及其他欧洲伙伴间的关系。

通过统一重获完整的国家主权以及脱离了苏联的军事威胁后，德国开始向法国以及其他欧洲伙伴放弃其政治防卫，像其他正常欧盟成员国一样行事。所谓欧盟的“正常行为”，更多情况下是指不能无视整个欧洲统一联盟的共同利益而单方面追求本国利益。只要德国愿意通过为这种行为买单来保护该联盟的话，则欧洲共同项目尚可比较顺利地实施。而一旦德国停止付出，那么，朝着更加紧密的联盟发展便会更加举步维艰。这种政治关系的变化也在法国与德国领导人间的私人关系变化中有所体现。雅克·希拉克与格哈特·施罗德之间的关系，亲密性少了很多，事务性倒是愈发明显，尼古拉·萨科齐与安吉拉·默克尔则尤为甚之。如果统一前的法德领导人将欧洲的统一视为战争抑或和平的问题，统一后的领导人则更多地从如何能够为本国带来更多的政治和经济利益的层面考虑。最重要的一点是，通过建立政治联盟这一长期以来被视为经济一体化灵感的策略，来实现欧洲统一的愿望早已烟消云散了。

欧盟内部各国间政治关系的本质变化，对创立统一货币产生了深刻的影响。过去，人们将创造一种统一货币视为建立政治联盟的催化剂，而政治联盟则被视为欧洲和平的终极保障，现在此举则已经变成了一项事业，这项事业的价值的主要衡量标准在于其经济优势，这种优势可以对其成员国提供相关支持。未来的历史学家可能会发现这样一种极具讽刺意义的现象，即战争的威胁在欧洲一体化实现其政治联盟前便已消失了，而这种所谓的政治联盟一直被视为消除战争可能性的至关重要的手段。于是便形成这样一种结果：欧洲货币联盟这一本应该通过建立政治联盟进行巩固和强化的组织，变得愈发骑虎难下了。20 世纪 90 年代，欧洲领导人便收到警告，如果对一个政治联盟并不算久远的未来前景缺乏前瞻性便贸然建立货币联盟，是一项极其危险的举动。然而尽管如此，他们还是这么做了。

失败历程

历史经验表明：在没有政治联盟的情况下建立货币联盟，是一项高风险的事业。之前在欧洲主权国家间建立一个货币联盟的两次努力，均以失败而告终。1865 年，法国、比利时、意大利、瑞士以及希腊建立了所谓的“拉丁货币联盟”。该联盟一直延续至1914 年，当时部分国家迫于金融压力，将本国的政府赤字货币化。结果，由于货币的大幅贬值，这一联盟也随之分崩离析。1872 年，部分北欧国家建立了斯堪的纳维亚货币联盟，该联盟至少还持续到了第一次世界大战。但到了 1924 年，由于部分国家将其财政赤字货币化，该联盟便烟消云散了。这两个案例均表明，只要一种联盟的任何一部分出现严重的财政问题，便必然导致政府赤字的货币化融资。

固定汇率体系这种更无力的货币联盟形式的历史同样让人败兴。一战期间，由于各国大量印制货币以支持战争，金本位制被弃用。一战后，金本位制回归，在 20 世纪 20 年代，出现了严重的收支失衡。法国和美国均累积了大量的黄金储备，而英国和德国则亲眼目睹本国的黄金储备逐渐消失。德国的问题尤为严重，故不得不依赖从国际资本市场的短期借贷，用以支撑其收支赤字的平衡。当短期资本市场因为 1929 年的股市崩盘而被套牢后，金融危机便开始在德国蔓延，进而导致一系列的银行破产，使得经济大萧条的气氛愈加浓重。

二战后，西方国家将战前的金本位制替换为固定汇率的货币体系，但保持了汇率体系的可调节性，即所谓的布雷顿森林体系，该体系中，美元充当了货币锚的角色。为了避免收支平衡危机对该体系造成毁灭的打击，专门建立一个机构，即国际货币基金组织，旨在对经济形势进行监控，并在收支赤字平衡的情况下，设计调整计划，并为此类计划提供资金支持。然而到了 20 世纪 60 年代后期，美国当局与其中央银行相互勾结，为财政赤字提供货币融资，由此导致了全球性美元供应泛滥，直接终结了美元的货币锚功能。随后在 1973 年，布雷顿森林体系寿终正寝。

主权国家间之前的完全或者准货币联盟的历史表明：联盟内部若干严重财政失衡的积聚以及这些赤字的货币化是联盟失败的关键原因。鉴于对历史经验教训的高度警觉，欧洲货币联盟的创建人意图使中央银行避开迫使其将财政赤字货币化的任何压力，并力求组织内各成员国对其自身的财政行为负责。为了实现第一个目标，禁止欧洲中央银行（ECB）从一级市场买入任何政府债券，并在创立欧洲货币联盟的基础性文件——《马斯特里赫特条约》中赋予欧洲央行极大的独立性。为实现第二个目标，它们签署了《欧洲稳定与增长公约》，旨在预防各国政府财政赤字过大。此外，它们还期望违约威胁能对财政政策的实施产生更大的纪律性影响。

基础岌岌可危

自金融危机初期，欧洲货币联盟契约的根基便严重受损。一切始于 2007 年 8 月欧洲中央银行为处于胶着状态的货币市场提供了快速流动资金支持，而此时爆出了以欧元计价的欧洲货币市场资金参与了美国次级抵押贷款市场的消息。随后很长一段时间，欧央行主席特里谢均引以为荣地宣称此举恰如其分地证明了欧央行完全有能力在千钧一发的时刻及时地做出正确的事情。然后，即便欧洲央行最初的流动资金支持确实符合中央银行的最佳实务，此举对随后一系列事件的发生也毫无说服力。随着时间的推移，金融危机的真实面目逐渐清晰可辨，政府此时本应该及时介入并逐步平息银行的倒闭潮。

然而，尽管政府通过对最糟糕的机构进行资本调整或分解的手段确实阻止了最糟糕情况的发生，但它们仍无法向银行系统注入足够的资金，以将所有幸存的机构带回到健康的金融轨道上来。结果便创造了大量疲弱的银行，即那些所称的“依赖性银行”，它们继续被从市场资金中隔离，并只能因此依赖欧洲央行对其资产所提供的支持。由于政府已经忙于为破产的金融机构提供开放式支持，因此欧洲央行也无法强迫政府对深陷危机的银行进行资本重组或将其关闭。

2009 年年末，随着那些过度负债国家的市场资金枯竭，情况更是急转直下。现在，这些国家中大量参与或仍在不断参与政府负债的银行，正集体转变为“依赖性银行”。欧洲央行现在所支持的不是单一的银行，而是整个银行系统。鉴于这些政府的薄弱财政（以及欧洲存款保险和银行解体机制的缺失），欧洲央行对这些银行的支持很可能只能以集体失败而告终。

2010 年 5 月希腊政府的融资问题引发了大量欧洲货币联盟成员国对破产以及欧元崩溃的恐惧，因此欧洲货币联盟成员国政府决定专为无法进行市场融资的国家设立一套总额达 7500 亿欧元的融资机制。由于该机制的机构设置的筹备工作尚需一段时间，欧洲央行受命介入此事，为财政困难国建立债券市场。结果，欧洲央行买入了 750 亿欧元的希腊、爱尔兰以及葡萄牙政府债券，所有上述国家目前正在欧盟和国际货币基金组织的支持下谋求调整计划。由于这些国家所开展的以本国债券为担保的政府质押贷款或与后者密切相关的证券（如抵押担保证券），故欧洲央行除了需直接承担来自这些国家财政的风险外，还需以向银行放贷的形式承担来自这些国家的间接风险。因此，欧洲央行已经与其保障统一货币购买力的主要使命渐行渐远了，并已经承担了政府和银行的融资工作，而这些政府和银行的偿付能力是十分值得怀疑的。

为了刺激已经脱离市场资金甚为久远的银行和政府，欧洲央行还同时为欧元区成员国提供收支资金的平衡。如我们在2011年6月8日所提供的GEP（《全球经济展望》）中所说明的那样，欧元系统内的国家中央银行——通过银行同业支付系统目标——在现金账户和资本账户无法实现平衡的情况下为收支失衡进行资金筹措。因此，德意志联邦银行截至2011年度第一季度末已经累积了3210亿欧元以针对目标体系的要求，而希腊银行的债务则达到了830亿欧元。

这种目标内大量失衡情况的出现，反映了市场对于某些欧洲货币联盟成员国财政活力的不信任。

对欧洲央行使命的破坏不仅仅是对《马斯特里赫特条约》的严重背离，而且在对希腊、爱尔兰以及葡萄牙提供预算资助的问题上，欧洲货币联盟中的各国政府无疑已经违反了《欧盟条约》第125条有关禁止对财务困境国家进行救助的规定。其结果是，欧洲货币联盟赖以存在的两大支柱——中央银行只关注统一货币的购买力以及各国政府对其财政决策负全责——可谓已经分崩离析了。为了实现欧洲货币联盟回归至稳定以及契约性合法的轨道上，各国政府要么必须为政治联盟的实现跨出一大步，要么恢复欧洲货币联盟的两大原始支柱。

欧盟官员们自然会站在不可能让欧洲货币联盟成员国

破产的立场上，对上述论证进行驳斥。因此，唯一剩下的便只有这些国家坚持其调整计划这一种办法了。若市场对这些调整计划的成功毫无信心，那么公共部门则有义务承担起融资的责任，直到这些计划成功为止。这种论证暗含了政治规划者们应当具备对未来经济和政治同时发展所需的更多的远见卓识。毋庸置疑的是，市场的失常可能会持续更长的时间，这一点，眼前的信任泡沫膨胀的经验教训便足可说明。但是市场最后还是会回归到正确的轨道上来，但政治规划者们对这一点似乎永远说不清其所以然。这也就是为什么经济发展史已经向我们表明：在经济决策方面，市场永远为政治规划者们所望尘莫及。

前进，抑或后退？

早在 1991 年，德意志联邦银行总裁汉斯·提特梅耶便已发出警告：“欧洲统一货币只会导致其成员国将其主权转移至财政和工资政策以及货币事务中”，并进而总结道：“想当然地认为各国在税收政策上能够坚持其自主权只是一种幻觉而已。”他的警告在《德意志联邦银行 1995 年年度报告》中找到了共鸣，该报告劝诫政治家们：“货币联盟意味着对一体化的一种永久性承诺，而一体化对国家主权的核心区是一种蚕食，故欧洲货币联盟参与国应该同时为建立一种更加综合性的政治联盟随时做好大步前进的准备”。因此，欧洲央行总裁特里谢在 2011 年 6 月 2 日在亚琛接受 2011 年度国际查理奖时，提出了建立欧盟财政部的提案，该财政部至少在以下三个方面承担直接职责：第一，同时对财政政策以及竞争政策进行监控，以及更早些时候已经提出的对欧元区内处于“第二阶段”的国家的一些直接职责；第二，承担有关联盟内金融部门的执行分支机构的所有特有职责，以最终实现金融服务的完全一体化；第三，在国际金融机构内代表整个联盟。

他的论述与过去通过经济和货币领域一系列步骤推进欧洲一体化并最后实现政治一体化的逻辑完全吻合。但是时至今日，这种逻辑还行之有效吗？

我们相信对上述问题的答案是否定的。就如我们之前已经解释过的，当柏林墙的倒塌排除了欧洲地区的战争威胁后，政治和商业高层们推动欧洲一体化的“欧洲办法”已经失去效力了，民众也不再心甘情愿了。《里斯本条约》公投时，遭到两个欧洲核心国——法国和荷兰民众抵制的事实，便是欧洲人民释放的不赞成政治一体化最明显信号。《里斯本条约》仅能表明政治联盟向前迈出了很小的步伐（且可能因此去掉涉及更加紧密的政治联盟的条款后才得以实施）。与此相比，预算主权的永久性放弃将会成为向前发展进程中迈出的最重要的一步，且极有可能在进行公民复决投票（甚至议会表决）时遭到绝大部分欧洲货币联盟（EMU）成员国的抵制。

但是如果朝着更加紧密的政治联盟所迈出的一大步是违背欧洲人民的意愿的，则欧洲货币联盟只能是回到其建立的原则时才能稳定下来。这样便要求欧洲央行停止向最有可能破产的银行和国家发放贷款，并回归其保障欧元购买力的核心使命。同时，还要求坚持成员国对其金融债务自负全责的原则，即便此举可能会允许这些国家发生债务违约的情况（而这种债务违约的外部效应，若按照我们自希腊危机以来广泛讨论的线路发展，便可实现最小化）。尽管德意志联邦银行和欧洲央行的首席经济学家奥特马·伊辛（Otmar Issing）早在1991年便发出警告：“一个持久的货币联盟，与一个国家之间不发生任何关联，在人类历史上还没有过这样的先例”，我们仍然相信，只要欧洲央行回归其核心使命，各国政府对其金融决策全权负责的话，欧洲货币联盟同样能够稳定下来。

领导能力的缺乏

不幸的是，几乎没有迹象表明欧洲的政治领导人有能力恢复前面提到的欧洲货币联盟的创立基础。若法、德领导人没有下定决心合力领导，那么，对欧洲事务则很难做出什么比较重要的决策。然而，法国和德国领导人的方向大相径庭。在德国以及部分欧洲货币联盟的北部小成员国，由于选民对将纳税人的钱用于援助极有可能破产的欧洲货币联盟的成员国所可能引发的风险有着很深的敌对情绪，给政治领袖们造成了巨大的压力，故只在极其严苛的条件下才答应提供援助，且这种援助更多的是要求私营企业参与者提供。在法国以及其他绝大部分南欧国家，选民对财务困境国家进行援助的意愿则强烈得多，其主要原因可能是对于选民而言，这些国家与其本国的国情更加类似。

由于法国总统和德国总理各自面临不同的国内政治使命，故他们不得不在欧洲层面上达成一些让步（例如：对私营部门承购的已到期的希腊债务进行“自愿”展期），而这种让步的结果却是谁也不满意。随着时间的推移，这种在欧洲层面疲软的让步只会破坏领导人在其本国内的信用，并进而导致其在国内政治上的最终失利。

破产国的政治领导人为避免破产而采取的调整策略，也面临同样的问题。一旦调整策略的成功被证明只是一种拖延手段，则领导人的信用必将急剧下降，直至被政治对手赶下台为止。反之，即使该领导人能够成功保住议会对他的政治支持，那么大众对他的信心也同样可能大幅下降，包括那些因为国家和银行的破产而恐惧个人破产的人，会潮水般地涌向银行。

当政治领导人由于丧失议会对其的政治支持或者由于公众引发的银行挤兑潮而不得不颓然下野时，此时耳熟能详的所谓“B 计划”便在延缓金融灾难发生方面扮演着至关重要的角色。该“B 计划”应包括为 20 世纪 90 年代早期新兴市场国家制定的《布雷迪计划》中的破产国家进行债务重组援助，一系列的银行资本调整、银行解体以及在欧洲层面上提供资金援助的存款保险方案（尤其是破产国的银行）。鉴于实施此类“B 计划”所需的部分制度性框架在 EFSF 的形式中已然存在，故真的出现必须实施该计划的情况，快速实施应该不会成为难题。然而，在紧急情况下欧洲领导人是否有能力快速做出必要决策，这一点仍有待观察。

欧洲货币联盟前程未卜

试想假若一对夫妇结婚时签订了相关的合约，将其各自的财务独立，那么接下来会发生什么呢？当其中的一方违背合同，另一方是不是需要被迫为其提供财务援助，以帮助其走出窘况呢？当然，这对夫妇也可以对合同做出修正，自此将各自财富集中共用。但是采取这种办法的情形似乎不是很多。这对夫妇还是可能会回归到原合同上，并承担其各自的财务责任。为了确保可信度，违约一方可能将不得不接受另一方终止更多财务援助的事实，即便此举可能导致个人破产。这样或许才能保证这一婚姻关系更加良好的长期维持，当然财务弱势一方可能从感情上难以接受要经历破产程序的痛苦。

如此便留下一种不需要任何合同而继续这种婚姻关系

的选择。虽然这样可以避免立刻离婚，但是信任的丧失以及层出不穷的猜疑，照样极有可能在某一特定时刻导致最后的离婚。

举这个例子的目的当然是为了论证欧洲货币联盟目前正处于这样的进退两难之境。在我们看来，有关政治联盟的最佳选择还是回到最原始的联姻合同，亦即《马斯特里赫特条约》，只有这样才能保证一个稳定的未来。若没有政治领袖们从顶层推动，那么这一结果只能由草根阶层的运动来推动了（如：希腊或者柏林议会的普通议员反对其领袖或在希腊出现银行挤兑）。基于近期政治辩论的备忘录，我们判断这样一种结果最有可能在未来的6~12个月内出现。或者，若政治高层们仍然大权在握，并强制实施徒劳无功的调整计划，我们可以预见欧洲货币联盟将存在巨大的崩溃风险。

经常账户失衡与欧债危机

彭文生[*]

长期以来，经常账户余额一直是金融危机非常有效的领先指标。一国经常账户余额等于国内储蓄与投资之差，因此经常账户赤字意味着一国要从国外融资才能满足国内投资或者消费的需求。一国长期、大幅的经常账户赤字一般被认为是入不敷出，不可持续。当外国债权人停止借钱并要求偿还到期债务时，这个国家就会陷入严重的融资困境。历史上拉丁美洲和东亚的几次金融危机之前，所有危机国家的经常账户都是长期大幅赤字（见图 1 和图 2）。目前的欧债危机也不例外，希腊等周边国家在危机发生之前经常账户长期赤字。所不同的是，欧元区作为一个整体经常账户余额基本平衡，这主要因为德国经常账户长期盈余（见图 3 和图 4）。

但引起对外过度借贷的根本原因是什么呢？尽管经常账户余额是国家外部脆弱性的一个很好的指标，但它并不能告诉我们是什么原因导致了这种不平衡性。重要的是，如果对外借贷筹得的资金主要投资在可以促进本国生产力

* 彭文生，中国国际金融有限公司首席经济学家。本报告发布于 2012 年 1 月 15 日。

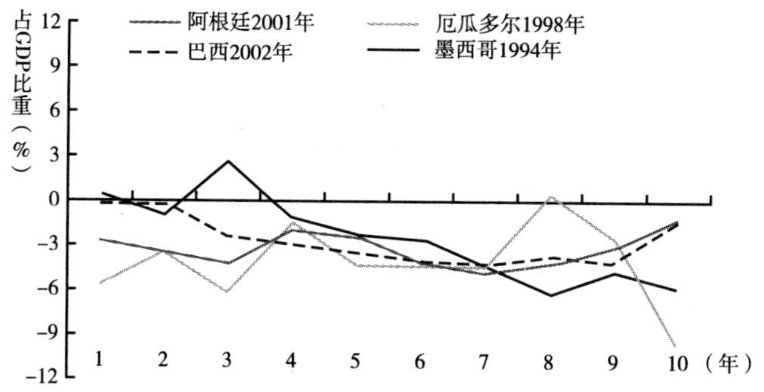

图 1　持续经常账户赤字与拉美金融危机

注：危机前 10 年。

资料来源：IMF WEO、中金公司研究部。

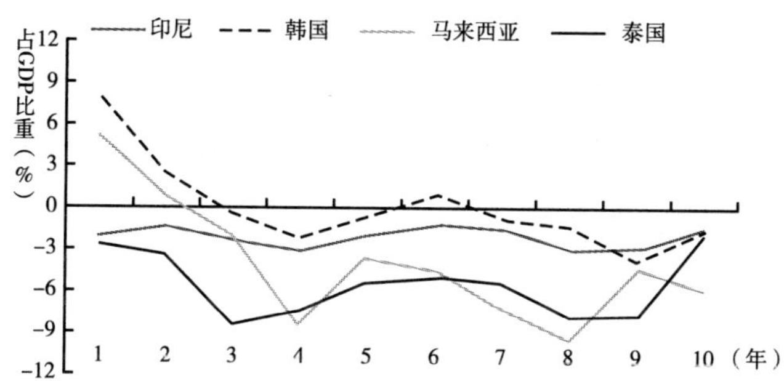

图 2　持续经常账户赤字与 1997 年亚洲金融危机

注：危机前 10 年。

资料来源：IMF WEO、中金公司研究部。

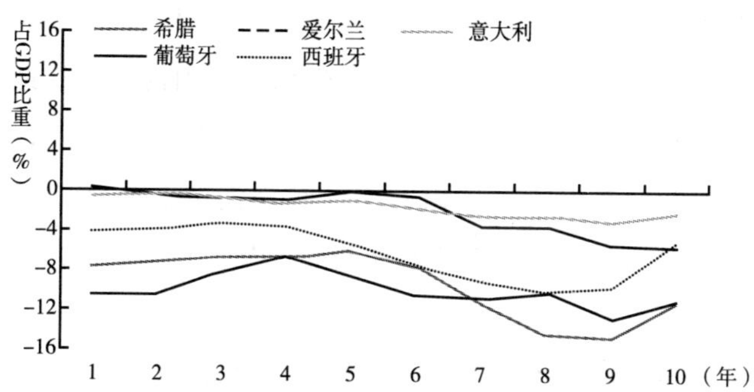

图 3　经常账户赤字与欧元区周边国家金融危机（2009 年）

注：危机前 10 年。

资料来源：IMF WEO、中金公司研究部。

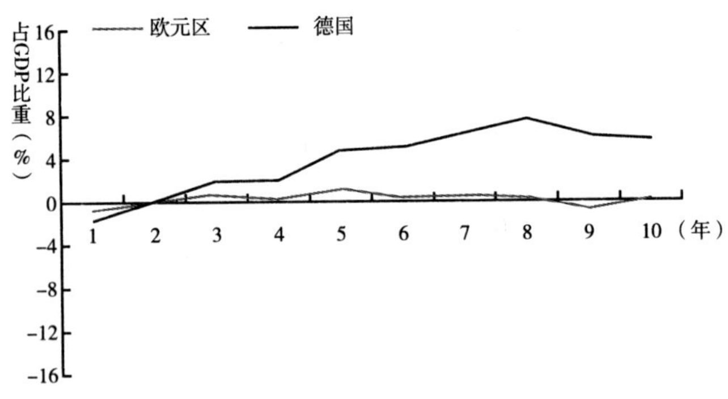

图4　由于德国长期盈余，欧元区经常账户基本平衡（2009年）

注：危机前10年。
资料来源：IMF WEO、中金公司研究部。

的项目上，那经常账户赤字就不会影响一国的外部脆弱性。但是，如果对外借贷被用于本国消费（包括私人和政府消费）或者过度投资于房地产市场（这同时也会通过财富效应促进消费），那在外部债务达到一定水平时，这个国家就很有可能在融资上遇到问题。

2000年以来，持续下降的国内储蓄是导致希腊和葡萄牙经常账户赤字的主要原因。在2008年之前，希腊和葡萄牙国内储蓄占GDP比重持续下降（见图5），其中葡萄牙主要是私人部门的储蓄下降，而希腊主要是因为政府赤字的持续扩大。相对而言，西班牙和爱尔兰的国内储蓄在此期间较为稳定。同时，在外部借贷持续增长的背景下，希腊、爱尔兰和西班牙国内的实际私人消费在2000～2007年也大幅增长。与之形成鲜明对比的是，相同期间内，德国的私人消费非常稳定，增幅很小（见图6）。

房价上涨是推动希腊、爱尔兰和西班牙消费急速上升的动力之一。正如上文讨论过的，大量的经常账户赤字可能是本国投资强劲的结果。在投资项目能够帮助提升生产率并且增加财富的情况下，一个国家未来应该能够偿还现

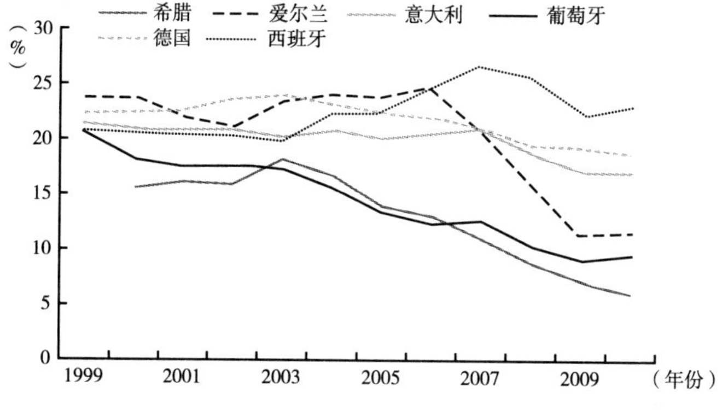

图 5　国内储蓄占 GDP 比重

资料来源：Haver Analytics、中金公司研究部。

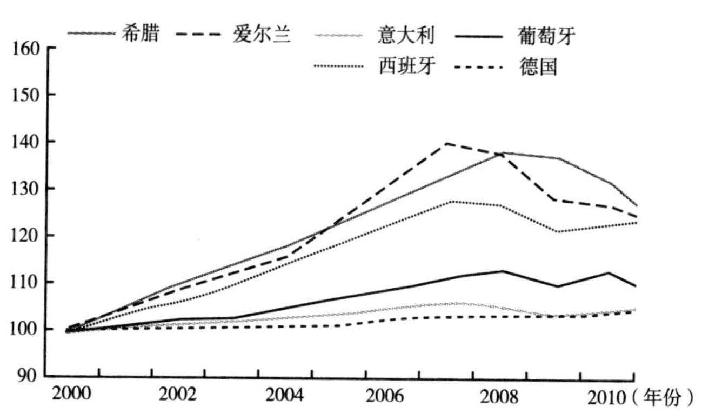

图 6　实际私人消费支出（2000 年 =100）

资料来源　Haver Analytics、中金公司研究部。

在所借入的款项。然而，外国资本也可被用来过度投资于本国房地产市场（或者金融资产），并导致房价急剧上涨。这种情况无异于为将来埋下危机的种子。西班牙和爱尔兰的投资占 GDP 的比例在 2000 ~ 2006 年上升约 5 个百分点，而葡萄牙和意大利该比例在同期基本持平（见图 7）。从某种程度上来说，这些国家强劲的投资与房地产部门有关，反映在 2000 ~ 2007 年房价几乎翻倍（见图 8）。在房地产泡沫破灭时，本地银行（对房地产部门的风险敞口很大）遭到严重的损失。爱尔兰和西班牙对银行业的救助加重了两国政府债务的负担。

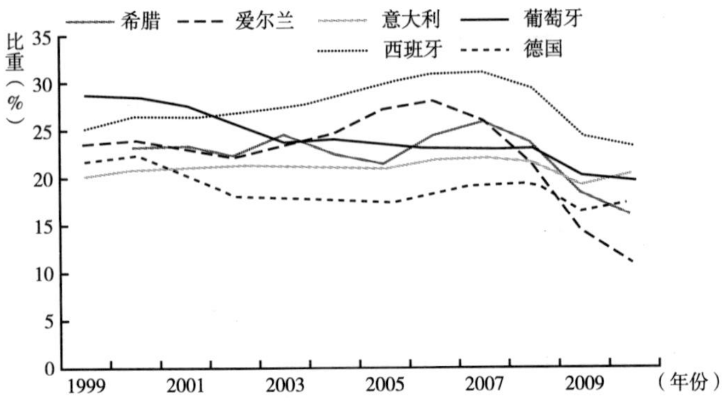

图 7　各国国内投资占 GDP 比重

资料来源：Haver Analytics、中金公司研究部。

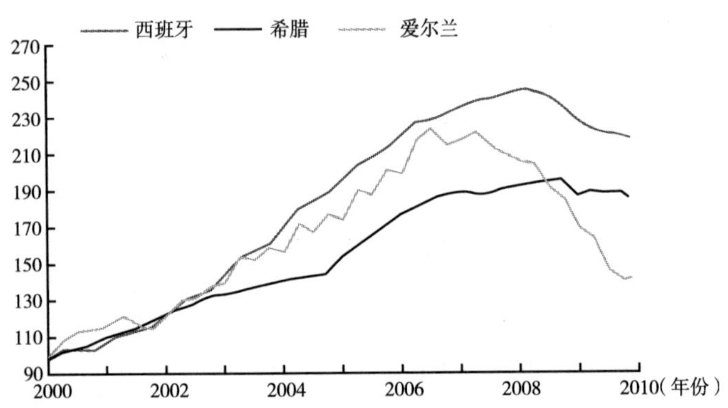

图 8　各国房价（2000 年 =100）

资料来源：BIS、中金公司研究部。

总而言之，欧元区债务危机的根源在于对外国资本的过度依赖。希腊和葡萄牙的巨额财政赤字导致了国内支出显著增加。同时，外国资本刺激了爱尔兰和西班牙的房地产市场繁荣，导致了房市泡沫。这四个国家在偿债能力未改善的情况下积累了大量外债。

欧元区的成立促进了周边国家从海外融资。在欧元推出之前，由于低通胀的存在，德国的利率比其他欧元区国家要低。但是在欧元推出后，投资者对除德国以外其他欧元区国家国债的风险溢价要求有所减少，原因是这些国家通过货币贬值或者通胀来减少负债的几率变小。结果，这些国家的长期国债收益率与德国收益率的息差缩小。长期利率的降低鼓励了周边国家增加对外借款。当 2007 ~ 2008 年金融危机蔓延全球时，外国资本不仅停止流入这些国家，并且还从这些国家撤离。与此同时，周边国家债券的风险溢价开始上升（见图 9），加重了这些国家利息支付的负担，最终迫使这些国家从 IMF 和其他较富裕国家请求资金援助。

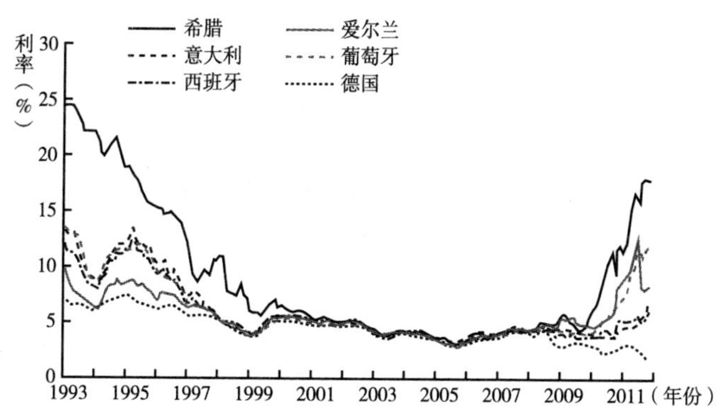

图 9　各国长期利率

资料来源：ECB、中金公司研究所。

由于过度的外部举债是危机的主要根源，解决危机就需要增加这些国家的外部竞争力，并降低其对外部资金的依赖。全球金融危机之前，周边国家工资成本的急剧上升推高了其生产成本，严重削弱了它们相对于德国的对外竞争力（见图 10）。然而，在统一的货币联盟中，央行无法通过贬值来恢复出口竞争力。在这种背景下，危机中受打击的国家需要通过强劲的生产力增长才能快速恢复出口竞争力。然而这只能是一个中长期的目标，需要通过结构改革来实现。较为直接的结构调整需要通过更低的工资，以及国内消费和投资支出的增长来进行。这将使政府和家庭部门的财富遭到更为严厉的削减，加重金融危机带来的打击。即使这样，仍不足以应对投资者信心崩溃所引发的利息成本飙升，而这一差距只能通过外部援助来解决。

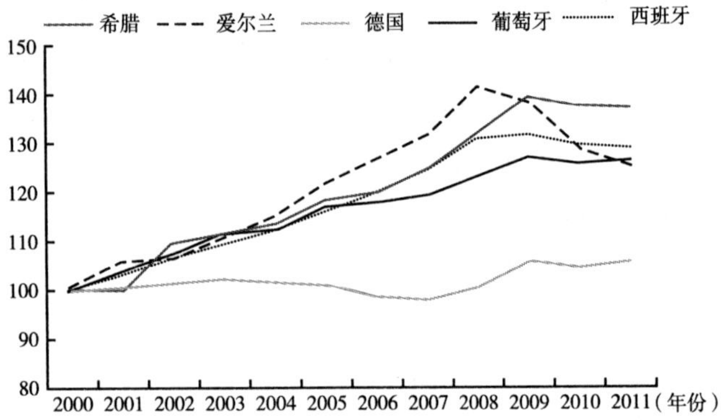

图 10　单位劳动成本（2000 年 =100）

资料来源：Eurostat、中金公司研究部。

2

欧元瓦解还是一体化？

欧元瓦解的后果

斯蒂芬·德奥 等*

摘　要

• 欧元不应像这样存在

要么得改变当前的结构，要么得改变当前对成员国资格的规定。

• 财政联合，而非瓦解

基础情境假设是欧元区缓慢地向某种形式的财政一体化迈进。风险情景（欧元瓦解）的代价要大得多，而且发生的概率接近零。成员国无法被驱逐，但主权国可以选择退出。但是，对欧元瓦解的普遍观点显著低估了它的后果。

• 经济成本

一个较弱成员国退出欧元区后，第一年的人均成本为9500～11500欧元。随后几年的人均成本可能为3000～4000欧元/年。

• 政治成本

欧洲的“软实力”和国际影响将不复存在。另一个值得注意的问题是，现代法定货币联盟的瓦解几乎都会导致某种形式的独裁、军人政府甚或内战。

---

* 作者为瑞银经济学家 Stephane Deo、Paul Donovan、Larry Hatheway，本报告发布于2011年9月6日。

欧元瓦解

“我相信欧元将促使我们建立一系列新的经济政策工具。目前不可能从政治角度采取这样的措施。但未来出现危机的时候，我们将建立新的工具。”时任欧盟委员会主席罗马诺·普罗迪（Romano Prodi）在2001年12月提到这一观点。

欧元不应该像这样存在。

更具体地说，欧元不应按照当前的结构和当前对成员国资格的规定而存在。至少对于部分成员国来说，这样的欧元带来的经济弊端大于经济利益——这一事实近年来对这些成员国来说越发明显。

《全球经济透视》汲取了瑞银在过去15年中对欧元及其存在状态的研究成果。如果欧元“不灵”（而且确实“不灵”），要么改变当前的结构，要么改变当前对成员国资格的规定。我们在本文中并没有提到怎样让欧元保持完整（虽然我们的基础情境及核心观点是财政联合），而是对欧元瓦解的后果进行了探讨。

欧元的问题

究竟为什么要探讨欧元瓦解的问题？瓦解是因为欧元“不灵”。从经济层面讲，如果不加入欧元区，成员国的情况可能更好。欧洲民众在欧洲货币联盟概念上普遍受到了误导。20世纪90年代，欧元通常被标榜为汇率一体化，即无危机汇率机制的代表。当时强调的是，欧元能消除汇率的不确定性，还能消除贸易及旅游的换汇成本。但汇率一体化可能是欧元最不重要的作用。欧元最重要的作用是货币政策一体化。从“欧洲货币联盟”这个名称中我们就能窥见一些端倪。但是，政界人士刻意回避这一点。如果以货币联盟而不是汇率一体化为宣传点，欧元在欧洲选民中推广的难度将会大得多。

从经济角度讲，如果成员国能构成最理想的货币区，货币联盟就是个好主意。但前提条件有二：一是整个货币区高度同质，所有经济体差不多在相同时间以相同速度朝同一方向行动。二是这些经济体的弹性非常大，任何经济发展差异都能很快消除。

这些经济体必须同质，因为整个货币联盟只有一项名义货币政策。倘若各个经济体的行动方向或行动速度不同，就无法制定最有利于整个联盟的货币政策。这种情况下统一货币政策将不适用于部分成员国。如果没有同质性（除了非常小的经济体外，同质性较为罕见），那就要有灵活性。如果联盟某一部分的名义经济活动与整个货币联盟的平均情况存在差异，那就必须进行某种调整来纠正这一状况，并迫使所有成员国处于同样状态。调整手段包括劳动力转移、名义薪资调整、物价调整或自动财政稳定措施（这是当前情况下较受青睐的欧元解决方案）。

如果没有这样的调整，联盟的某些成员国就会一直受到不恰当货币政策的影响。非常遗憾的是，欧元诞生初期，欧元区的货币政策倾向对一些成员国而言过于宽松。其结果就是，政界人士用“这次和以往不同”这样政治上有利的措辞掩盖了欧元区的问题，造成资产泡沫不断膨胀。政界人士通常只能认识到那些能立即产生负面后果的经济威胁——这就是他们如此急于禁止资产卖空的原因。他们一般都无法意识到经济威胁也会以泡沫的形式呈现出有利（而短暂）的一面。其破坏性与不利的价格波动完全相同，但出于某些原因，政界人士认为资产定价失当而“资产市场处于上升状态”是件好事，资产定价失当而“资产市场处于下跌状态”是件坏事。直到今天，那些急于禁止裸卖空的政界人士仍不会考虑禁止建立裸多头仓位。

其结果就是，在欧元诞生的头十年中，基本上没有人注意到其缺陷所带来的严重经济威胁。欧元区甚至进行了扩张（从经济角度讲这使情况越来越糟）。所以，当普罗迪预见的危机真的出现时，其破坏力甚至更大。

灾难情境——瓦解及其后果

在目前欧元“不灵”而且危机显得比应有水平更严重的情况下，时常出现解散欧元区（或者彻底分解，或者让一两个成员国退出）的说法在所难免。但政界及大众的看法往往没能准确体现出其中的含义。由于人们错误地将欧元视为某种超级汇率机制，他们往往认为欧元瓦解的后果不会比 1992 ~ 1993 年的欧洲汇率机制（ERM）危机及其部分解体严重很多。普遍存在的错误观念包括退出欧元区的国家都能促进自身经济增长，其他成员国能将某个国家驱逐出欧元区以及较强经济体退出欧元区不会有什么重大影响。这些都是错的。

我们认为，要拯救欧元，就得建立某种形式的财政联盟（或“财政联合”，后者带有瑞士色彩，让人感到可靠）。我们已经反复解释过这样做的依据。[①] 由于欧元瓦解的可能性是普遍话题[②]，因此有必要解释一下这到底意

---

① 请参见本文末尾列出的瑞银就欧元结构及存在状态所发表的报告。

② 就在本周，德国杂志《明镜周刊》（Der Spiegel）报道，一些德国议员希望能将某个成员国驱逐出欧元区。正如我们将看到的，这项建议是对现状的误读，不可能付诸实施。Hans-Olaf Henkel 是向德国宪法法院起诉希腊援助计划违宪的议员之一，他就建议奥地利、德国、芬兰及荷兰退出欧元区。这项建议可能成为现实，但结果并不会像 Henkel 先生预计的那么好。

味着什么。

欧元的瓦解不是一个简单的过程。瓦解可能意味着彻底解体，也可能意味着一个或多个成员国的退出。如果是退出的话，还包括强国退出和弱国退出两种不同情况。这个过程可能突然出现（如单边行动），也可能经过协商。我们将首先探讨与之相关的法律问题，接着说明退出的某些一般性后果。随后我们将看一看政治分裂和内乱会带来哪些具体问题。

法律地位①

理论上，像欧元区这样的货币联盟瓦解可能源于两种行动：一是某个成员国或某些成员国决定退出；二是联盟的大多数将某个或某些成员国驱逐。就目前情况而言，主动退出的代价非常高而且非常难，而驱逐是不可能的。

加州旅馆

眼下，相关欧盟条约没有就成员国退出欧元区做出规定。当然也没有将成员国驱逐出欧元区的条款。那些未经斟酌就声称弱国可能被迫退出欧元区的人，要么是没看过相关法律，要么是没有理解其中的含义。20 世纪 90 年代经济界对欧元的反对之声在很大程度上归咎于这个货币联盟的不可撤销性。成员国资格的任何失误都将产生永久性影响。欧元创始人之所以没有在相关条约中加入自愿退出条款，根本原因有以下三点。

（1）自愿退出条款可能会被视为成员国缺乏诚意。

（2）自愿退出条款——不论构成如何——将使成员

---

① 欧洲央行的报告《Withdrawal and Expulsion from the EU and EMU: Some Reflections》详细解释了相关法律，http://www.ecb.int/pub/pdf/scplps/ecblwp10.pdf。

国退出成为可能。将（目前的）不可能变为可能，会使退出的概率上升。

（3）未能确立退出的技术机制，这使退出成本大幅度上升。最后的结果就像“加州旅馆”中唱到的那样：“你可以结账，但你永远也不能离开”。

在详细探讨法律问题之前我们要指出，实际上还有一种选择，即欧洲或成员国的一部分宣布独立然后退出欧元区。持分离立场的比利时佛兰德（Flemish）政党在其章程中明确规定，比利时解体后成立的新国家将留在欧元区中。但成员国解体后，所有或部分新成立国家脱离欧元区的情况也可能发生。这些新国家将面临极为复杂的法律问题，存在解体可能的成员国也是如此。本文暂不对此予以讨论。

《里斯本条约》包含非自愿退出条款。该条约第 50 条明确了欧盟成员国的退出方案，并就退出程序提出指导意见；退出应由各成员国主动提出，须与欧洲委员会及欧洲议会进行协商并得到后者批准。但对此我们要从法律层面明确三个问题。

（1）第 50 条明确规定，退出要求将由成员国按照自身意愿提出。这就是说，任何成员国都能退出欧元区，但这并不构成驱逐任何成员国的法律基础。

（2）更重要的是，该条款并未提及实际退出机制的任何细节。它要求成员国在退出前进行协商；但既未就此提出解决方案，也未说明简化操作方法，只是建议开展协商。

（3）最重要的一点是，第 50 条所提供的法律框架只适用于脱离欧盟，而非欧洲货币联盟。有人认为该条款提供了脱离欧洲货币联盟的途径，但实际上该条款也指出，在未脱离欧盟的情况下脱离欧洲货币联盟在法律上不成立。

仔细阅读《里斯本条约》，会让人进一步质疑第 50 条是否适用于欧洲货币联盟成员国，或者该条款实际上只和欧盟中的非欧洲货币联盟成员国有关。的确，尽管明确提出了退出欧盟的方案，该条约同时明文规定，对欧元的采用“不可撤销”。在第 4 条第 2 款、第 118 条和第 123 条第 4 款中都能找到一些相关文字。虽然可以假设存在退出欧元区的途径，但从上文来看这种假设很难成立，这就是说最广为接受的解释是，第 50 条实际上不适用于欧洲货币联盟成员国。

因此，脱离欧洲货币联盟的唯一合法途径是通过协商对该条约进行修订，添加自愿退出条款。只有通过协商退出权，成员国才能行使新获得的退出权。这表面上可行，但实际上存在一些重大障碍。

相关协商可能耗时漫长。要知道拟退出的国家并不是和欧元区协商，而是整个欧盟。欧元的所有相关立法和条约都包含在欧盟条约中（实际上该条约构成了欧盟宪法）。欧盟 27 国中的一些成员国在修改条约方面要求进行公投，另一些成员国则可能选择进行公投。在针对退出权展开冗长谈判（任何国家的政府和选民都有权予以否决）的同时，打算脱离欧元区的国家还得面对下面提到的大多数或全部问题（银行挤兑、主权违约、企业违约以及“社会不安定”这种委婉说法）。

如果你用干草叉驱逐自然，她还会回归

退出是个复杂的问题。那么驱逐某个成员国怎么样？和退出一样，对成员国进行驱逐也缺乏法律依据。如上所述，《里斯本条约》第 50 条提供的是脱离欧盟的途径，而非驱逐欧盟或欧元区成员国的途径。

由于现行法律不允许驱逐成员国，要这样做就得修订《马斯特里赫特条约》。这需要欧盟 27 国一致同意。将被驱逐的国家首先要就是否接受驱逐机制进行投票。这相当于让这个成员国同意对自己的驱逐——可称为驱逐型退出。退出所面临的问题上文已有详述。

即使假设该成员国真的接受了驱逐机制（相当有勇气的假设），能否对其进行驱逐仍是个问题。对行为不当的成员国可以采取多种惩戒和纠正措施——经常提到的实例包括第 7 条第 2、3 款，它们允许欧委会在“成员国严重并长期违反欧盟条约第 6 条第 1 款中基本规定的情况下”暂时收回其部分权力（包括在欧委会的投票权）。但该条约的内容和精神显然都在于保证成员国履行其义务，而非进行惩罚。如果添加驱逐条款，就会和条约的其他部分产生冲突。成员国（即使它已经接受新添加的驱逐条款）可以向欧洲法院提出申诉，而后者可能以相互冲突为由裁定驱逐无效。冗长的条约修订谈判、对成员国进行驱逐的程序以及相关的法律挑战必将对经济产生无法估量的影响。

合法退出——没有漏洞

合法退出欧元区似乎并不可行。目前相关条约的设计都以不提供退出方案为准。这些条约可以修订，但漫长的修订过程会让打算退出的国家处于无可进退的尴尬境地——它们继续受到欧元区规定的制约，但退出即将到来，投资者也会就此做出反应。

欧元区由主权国家构成。因此，这些国家可以否决已经签署的条约并单边宣布脱离欧元区及欧盟。美国内战期间的南方邦联就是这样做的（当时南方发行了自己的货币 Grayback）。

单边退出——弱国的情况

任何父母都能证明，无论一个人的观点多么有逻辑，世界上的任何力量都无法制止一个蹒跚学步的小孩撅起嘴巴、举起臂膀并大喊“不”（表达能力较强的小孩会说“不行”）。那么，要是一个较弱的欧元区成员国决定不再使用欧元，并且高喊着“不行”而退出欧元区，会出现什么样的情况？

按道理讲，如果维持货币联盟成员地位的成本超过退出成本，一个经济体就会选择退出。一个国家自愿放弃自己的货币以及货币政策独立性而加入一个共同货币区后，退出该货币联盟并建立新国家货币（NNC）的成本将变得非常高。一些成本是确定的，另一些只是可能的。其中主要有以下 5 项成本。

1. 国内债务违约

如果一国选择脱离欧元区，它在国内主权债务方面基本上有两个选择。其一是保持主权债务不变——这就是说，仍然以欧元标价。这个选择面临的一个问题是所有债务就会是以一个外币标价，这样一来该新国家货币的成员国家就没有征税权。赚取欧元的唯一途径将是通过贸易，而贸易可能将受到严重打击——所以欧元标价的国家债务违约几乎是一定的。

第二个也是可能性更大的一个选择是强制性将欧元标价债务转为新国家货币债务。在多数投资者看来这将构成违约。主权债务违约——在上述任何一种情况下——将产生持续的经济后果，因为政府的长期资本成本将上升。然而，欧元区内外的一些国家可能会违约。在欧元流通的情况下，极容易出现与违约相关的主权债务成本上升的局面

（比如，债券市场已经消化了预期中希腊违约的影响）。进一步提升退出成本的是除了主权违约外，企业也可能违约。

国内企业的国际资本成本可能受到影响——不仅是因为“主权上限”（企业信用评级很少高于本国政府信用评级），还因为违约的特性。如果政府改用另一种货币，国内企业十有八九会被迫随之而变，从而分担政府违约。即使没有这样的压力，国内企业用按新国家货币计算的收入来偿还海外银行债务时也将出现问题。

如果退出欧元区，新国家货币不会仅小幅贬值。充其量调整10%或20%的观点是不切实际的空想（一个国家为什么要为了这么小的调整幅度经受如此大的痛苦?）我们必须假设在此过程中货币出现贬值——或者通过极端资本管制（实际上是让货币不可兑换）使其官方价值得以维持。苏联的卢布可作为前车之鉴。无论哪种情况，企业偿还非本国债务都会遇到问题。

2. 国内银行体系崩溃

如果新国家货币要正常运作，选择退出的国家必须强制性地以新国家货币重新为国内银行存款计价——否则新国家货币将纯粹是个抽象的概念。现实中的实施情况具有高度任意性。例如，是仅欧元账户必须强制性地重新计价，还是英镑和美元账户也必须以新国家货币计价？新国家货币建立之后，欧元就成了外币。如果一种外币要兑换为新国家货币，为什么不把国内银行体系中所有外币都兑换为新国家货币？兑换是仅适用本国公民，还是也适用在国内银行体系中开立账户的外国客户？对在国内银行海外分行开立欧元账户的外国客户应如何处理?

由于新国家货币的建立存在许多明显的不确定因素，任何在退出国银行体系开立账户的客户显然会以尽快从银行撤资作为应对之道。这可通过电子方式完成——除非政府实施严格的资本管制。在这种情况下，预见到新国家货币建立的储户会以现金形式取出欧元存款，装入手提箱中，从距离最近的边境出国——除非政府封闭边境禁止人员进出。如果发生这种情况，明智的储户会以现金形式取出欧元存款，装入手提箱中，然后将手提箱埋在自家的花园里。防止这种做法的唯一办法是完全关闭银行体系，或者对过渡期内的取款额设限。1932～1933 年美国货币联盟崩溃时就是如此。

防止国内银行体系出现挤兑潮的唯一有效方法是“突击式”建立新国家货币，完全令世界措手不及。鉴于建立新国家货币非常复杂，这在现实中可能性不大。实际上，欧元区部分国家即使仅隐晦地提到了退出问题，也已出现了取款突然增多的现象。

对于这场从退出国蔓延的危机，银行体系还可能是最直接的传导机制。如果退出国的银行挤兑潮和强制兑换也发生于欧元区其他国家，在任何被认为有可能退出的欧元区成员国，其公民出于恐慌心理将开始从国内银行体系中取出他们的银行存款。因此，在退出实际发生前银行挤兑潮就可能蔓延，成为欧元金融体系危机扩大的催化剂。

3. 退出欧盟

一国政府退出欧元区还期望保留欧盟成员国一切职能的可能性似乎很小。退出欧元区的行动就意味着单边违反了《马斯特里赫特条约》、《里斯本条约》和（进一步延伸）《罗马条约》。在条约未经修正的情况下上述法律地位对这一点做出了非常清楚的规定。封闭边境禁止资金流动或人员进出也违反了几个欧盟条约（从而也触犯了欧盟法律）。建立新国家货币的整个程序明显违反了欧盟规划的指导原则。如果脱离欧元区，退出国就违反了欧盟宪法（《马斯特里赫特条约》是构成欧盟宪法条约主体的部分内容)。

欧元区内部的不满声音经常抱怨欧洲央行购买债券已经违反了《马斯特里赫特条约》和《里斯本条约》，赤字上限规定也没有得到遵守。重点是没有违反这些条约的内容。虽然目的可能遭到扭曲，不过欧洲央行购买债券是经过批准的，成员国政府提高赤字也是经过批准的。实际上，几个条约明确允许这些行为。然而，脱离一个不可撤销的货币联盟不可解读为扭曲的目的。在这个问题上不存在回旋余地，这是确定无疑地违反欧盟宪法。经常有人辩称这个立场太极端。一个国家可以脱离欧元区然后再协商留在欧盟。对事实粗略地检验后发现情况并非如此。退出欧元区的国家也退出了欧盟——无法通过协商留在欧盟。这个国家可以努力通过协商重新加入欧盟。这是假设其余26个成员国或地区欢迎单方面选择放弃欧盟，并在此过程中没有造成什么损害的国家返回欧盟。同时不要忘了就技术上来说，根据当前各个条约的规定，退出国必须同意一旦满足《马斯特里赫特条约》所提出的经济条件就要加入欧元区。

即便假设有进行协商的可能性（这必须被认为是不可能的)，协商过程肯定也会比较漫长。批准也必须经过几个现有成员国公投。退出国将会多年时间被排斥在欧盟之外。

4. 贸易、关税和保护主义

退出国通过新国家货币对欧元贬值立即取得竞争优势的观点在现实中可能站不住脚。欧元区其他成员国（实际上是欧盟其他成员国）不太可能以漠不关心的态度看待退出。如果新国家货币对欧元贬值60%，欧元区向退出国出口征收60%关税（甚至更高）似乎是非常合理的。欧盟委员会明确提到了这个问题，表示如果一个国家要脱离欧元区，它将会为新国家货币任何异常走势做出“赔偿”。另需着重指出的是，如上文所述，退出欧洲货币联盟就意味着退出欧盟。这将使退出国与欧盟没有任何贸易协议。

5. 内乱

援引凯恩斯的话来说，“列宁无疑是正确的。让货币贬值才是推翻现有社会基础最巧妙、最可靠的方法”。如果一个国家采取极端手段逆转欧元的引入，那么离心力寻求分裂该国至少看来是合情合理的。如果部分地区或种族或语言群体希望继续留在欧元区内，那么可能就会产生瓦解国家的要求。需要指出的是，欧元区一些国家有内部分裂的历史——比利时、意大利和西班牙最为明显。

同样真实的是历史上货币联盟的解体几乎都伴有爆发内乱或内战的极端情况。我们将在结论部分谈到这一点。

值得注意的是，即使没有真正脱离欧元区，部分成本也可能会出现。如果有国家退出，其他较弱经济体也会选择同样做法的猜测就可能产生和退出非常接近的成本。这就是说，某个国家（或一个国家的部分地区）脱离欧元区的可能性非常低。如果一个国家相信保持成员国地位弊大于利，而且因此迈出决定性一步而脱离欧元区，那么其他处境类似的国家（或其中部分地区）保持成员国地位的相对成本将随之上升。这可能促使其他成员国也脱离欧元区。

那么所有这些意味着什么?

经济模型并不擅长处理如货币联盟分裂这类极端事件。这的确不是设计模型的初衷。不过，根据一些基本的假设，我们试图量化一个弱国选择离开欧元区的成本。

我们假定，弱国脱离欧元区后其货币对残存的欧元贬值60%左右。退出欧元不应与20世纪80年代或90年代初欧洲汇率机制（ERM）动荡的温和调整相比。可类比的情况可能是21世纪初拉美——阿根廷或乌拉圭的崩溃。从这个角度考虑，货币贬值50%～60%似乎合理。

规模主权和企业违约将使得资本成本风险溢价上升——假定国内银行体系无论如何都能提供资金。按照非常保守的估计，这将导致风险溢价激增700个基点。若银行体系完全瘫痪（阿根廷又一次提供了一些先例，或1932～1933年美国货币联盟崩溃期间的美国银行体系），那么事实上资本成本会无限量增长。在金融极端瘫痪情况下，无论以什么代价都无法获得资金。

我们假定贸易量下降50%。这基于从欧盟退出，并假定对欧盟其余一些国家试图通过征收关税来抵消退出国的货币贬值。

最终我们假定银行体系失灵将产生成本。如果我们以阿根廷的例子为蓝本，那么银行体系资本重整的成本可能由储户来承担。阿根廷以旧的官方汇率将美元账户转换为比索，之后对美元贬值。这种周密的机制并不重要，但它的确提供了一个不错的指标来衡量经济所受到的冲击和稳定银行体系所产生的成本。在这种情况下，以贬值60%为中值情境，我们假定成本相当于银行体系存款的60%。当然，我们还假设退出之前银行有挤兑现象。若退出之前（或银行体系因预期退出而关闭之前）50%的活期存款被提取，那么我们可以认为成本相当于半数活期存款的60%。

以南欧国家作为基准，我们可以估算出一个非常粗略的欧元区退出成本。将所有这些因素都考虑进来之后，一个国家从欧元区中退出时每人必须承担的成本为9500～11500欧元。应该记住的是，虽然银行资本重整可被视为一次性成本，但更高的风险溢价和贸易停滞成本将要年复一年地来承担。因此，初始经济成本将是每人 9500 ~ 11500 欧元，之后每年会背负 3000 ~ 4000 欧元成本。

这些都是保守估计。内乱、退出国的分裂等的经济后果并未包括在这些成本之内。

强国退出的经济论证

一个弱国离开欧元区的成本似乎相当可怕。然而，若一个强国决定退出欧元区，那么情况会有何不同？

基本假设是若一个强国打算离开欧元区，那么其货币将出现升值——假定强劲的新国家货币将被乐意（至少是欧元区其他国家居民）作为一种储备货币。因此，若一个强国退出，我们将假定其新国家货币相对于残存的欧元升值。这加大了贸易加权升值的可能性（以欧元区国家欧洲内部贸易的主导地位为起点）。一个强国的新国家货币是否也能对非欧元区国家货币升值，取决于残存欧元区的资本流入到新国家货币的规模，所实施的资本控制的程度等等。如果我们研究一个强势货币退出欧元的以下五个后果，我们会发现情况略有不同。

1. 国内债务违约

不同于弱国的情况，强国政府没有必要对其国内债务违约。确实，若新国家货币对欧元升值，那么财政状况可能会改善，因为以欧元计值的债务相对于新国家货币的税收来说是下降的。

关于退出欧元区之后该国政府就政治上而言能否以欧元偿还国内债券持有人，还是个问题。从法律上来说，这样做没有任何问题，但从政治上来说，债券持有人可能有些不愿意收益以欧元计，但债务（包括税务）却以新国家货币计。不过，即使政府将国内持有的欧元债券兑换成新国家货币债券，政府财政也不会恶化。

企业亏欠外国银行的欧元债务也不是问题——这些将仍以欧元计值。不过，企业亏欠国内银行的欧元债务可能有麻烦。若新国家货币生效，那么这些债务将不得不重新以新国家货币标价。在转换成一种新货币时，国内银行体系必须全面接受新国家货币。[①] 有很大一部分收入来自欧元计价的出口业务，但对国内银行体系负债的公司都容易遭受违约风险。值得注意的是，公司的资产负债表将受到影响，退出欧元区之后以新国家货币计价的海外资产出现较快贬值。

2. 国内银行体系崩溃

强国退出不太可能会引起银行挤兑，因为存款人无需担心存款大幅贬值，也就没有理由取出存款。确实，如果非退出国居民能够避开资本管制，可能还会有不少国际资金流入银行存款。然而，这并不意味银行体系完全不会受到货币瓦解的影响。

银行的问题当然是资产负债表。退出国的银行体系现在将出现新国家货币负债。然而，与其对应的将是来自前欧元区的一组资产，其中一些资产将重新以新国家货币标价，但也会有一些资产继续以残存的欧元标价（或更糟糕）。如果新国家货币对残存的欧元升值40%或50%，该国银行体系一定需要进行资本重整。这将给退出国政府带来一定的财政负担——这虽然或许不会引起债务违约，但

① 若银行系统未将欧元贷款转换成新国家货币，那整个资产负债表将包括欧元资产和新国家货币负债，这将要求大规模资本重整。若新国家货币成为退出国法定货币，那么银行系统必须转而采用新国家货币。否则格雷欣法则将发挥作用——劣币驱逐良币。人人都会囤积新国家货币，并试图通过欧元清偿所有债务。

可能给国内财政政策带来一定的压力。

3. 退出欧盟

关于这一点，我们对强国的看法基本上和对弱国的看法相同。法律上，一国要么在欧盟和欧元区内，要么不在。没有什么中间地带。

4. 贸易、关税和保护主义

强国退出欧元区可能将在很大程度上毁掉其出口业。强国脱离欧盟后，其出口业在主要出口市场上对主要竞争国将处于竞争劣势。没有理由相信，残存的欧元区会欢迎一个弃它而去的国家继续享受欧盟的自由贸易优惠。

贸易冲击会因新国家货币升值而变得更加糟糕（讽刺的是，这是瑞士当前面临的问题）。这正是德国在欧元建立之前所担心的问题。一个（或几个）强国退出欧洲货币联盟将导致残存的欧元区金融市场紧张升级，诱发资金逃往高质量市场。这样的资金流动将触发新货币快速升值。不仅升值对该国出口十分不利（丧失竞争力，但波动性大增也是一个原因），而且该国央行也会部分丧失对其货币基础的控制。

一个强国可以退出欧元区而不对留下来的昔日盟友造成任何后果——这样的说法虽然不是糟糕透顶，但也是站不住脚的。如果一个强国想要离开，它要拿出“破釜沉舟”的决心——清楚表明这个“不可取消”的货币联盟实际上可以取消。

这将给欧元区弱国直接造成压力，进一步加剧它们的离心力。紧随而至的内需后果很可能将复制我们的情境分析，而接下来将是出口市场严重被毁。因此，任何一个强国如果想寻求退出，将不得不考虑出口业在此过程将大部分被摧毁的后果。

5. 内乱

强国出现社会混乱的可能性可能没有弱国大。因为强国存款不会大幅贬值，经济后果也不一定会如此严重。然而，在此过程中可能会出现相当程度的经济紊乱。出口行业的失业工人可能将导致失业人口膨胀（如果他们的行业长期衰退，可能会形成结构性失业）。所以，退出欧元区的决定当然会引起社会紧张。

另外，强国的离开将引发人们对留下来的欧元区经济问题的疑问，并可能增加其他国家离开欧元区的压力。

那么所有这些意味着什么？

那么一个“强”国离开将付出怎样的代价？和弱国的情况一样，强国脱离货币联盟也无法用经济学模型进行分析——这种情况太极端，不可能用非常确定的可能性来进行计算。然而，我们可以对基本代价进行一些假设。退出的强国货币可能升值 40%。这是保守的假设，因为可能会有资金试图提前从残存的欧元逃往强势货币，但可能也会有资本管制或流动管理措施推出以应对退出引发的混乱（在这方面曾有捷克的先例，捷克与斯洛伐克的货币联盟在 1990 年代初解散）。

国内银行体系可能急需进行资本重整，并存在两个方面的代价。首先，风险溢价将上升。很明显升幅不会像弱国离开的情形那么剧烈，但上升 200 个基点的假设似乎应该是合理的，因为银行对存在的风险采用较高的风险溢价，并考虑企业部门违约风险上升的因素。其次，有银行资本重整的代价。在这点上，我们感兴趣的是银行资本重整的边际成本——这基本上意味着努力抵消新国家货币升值的后果对银行资产负债表的影响。诚然，会有一些负债以残存的欧元（德国银行提供起来会更容易）标价，这可能将减轻影响。另一方面，完全违约的风险对它们一些资产的影响（而不是“仅仅”币值升值40%）也是需要考虑的。

最后还有贸易影响。贸易受到的影响当然部分来自货币升值，所以我们竭力避免重复计算。然而，如果像德国这样的强国脱离欧元，还会产生非货币的贸易后果。脱离欧盟可能会意味着贸易壁垒和边境中断。另外，退出将给残存欧元区的增长造成沉重打击，从而损害退出国的出口潜力，我们预计贸易减少20%。这是非常保守的假设，但前提是新国家货币升值40%，升值将对贸易产生明显的进一步拖累。

强国以德国为例，如果德国要退出欧元，上述代价合计起来折合人均6000～8000欧元。和弱国退出的情况一样，银行体系重整可以视为一次性事件。然而，风险溢价和贸易问题在首年代价后还会继续有每人每年3500～4500欧元的遗留代价。

结合目前的现实问题来看，如果希腊、爱尔兰和葡萄牙全都宣布债务违约，采取削债50%，而余下的欧元区国家购买市场上所有的未偿公债（包括IMF债务），这将给德国造成人均略高于1000欧元的经济损失。银行体系会将其债务以市价出售给欧元区余下国家，这可能将令银行有必要在上述基础上进行更多的资本重整，因为银行可能无法以市值对现有债券资产计价。然而，欧元区购买上述3个国家所有未偿债务并接受50%的削债可以说是一种相当极端的拯救方案和想法。

货币联盟能在不引发内战情况下瓦解吗？

货币联盟瓦解是极为罕见的。并且，法币系统（也就是纸币）货币联盟瓦解极其不寻常。固定汇率制度经常发生崩溃。依赖铸币的货币联盟——19 世纪的拉丁货币联盟解散了几次——但应该更多地被视为固定汇率制度的一种调整。各国曾建立和取消金本位、银本位或双本位制，而这意味着建立或中断与其他国家货币的联系。

如果我们考虑解散一个法币货币联盟，一般来说导致其解散的经济环境以及解散造成的潜在经济后果都非常严重。对政府而言，需要有十分巨大的压力才会让其达到考虑取消本国法定货币的地步。解散引发的后果也会非常极端，纯以货币角度看，代价很高，无论是强国还是弱国退出。而如果考虑到失业方面的影响，实在是难以想象退出货币联盟会不引发严重的社会后果。

在社会混乱方面，前车之鉴值得警惕。历史上货币联盟瓦解的事例倾向于产生两种后果。要么是政府变得更加专制，从而控制或镇压社会动乱（这种情况下通常民主政府会变成专制政府或军政府），要么是另一种情况，货币联盟瓦解引发的社会混乱加上已经存在的国家分裂力量，将国家引入内战。这些后果并非不可避免，但表明货币联盟瓦解绝不能被当做一个随意的汇率政策问题加以对待。

即便案例研究不足，但我们掌握的证据支持关于政治代价的观点。很明显，一个分裂的货币联盟并不一定所有部分都一定会陷入混乱。重点不是每个人都会受损，而是先前货币联盟的一些部分很有可能会受损。

1993 年捷克和斯洛伐克货币联盟瓦解后，立即导致边境封锁、资本管制和银行取款限制。这与其说是退出货币联盟，不如说是破坏和取代（捷克斯洛伐克货币彻底消失）。尽管危机后建立的捷克共和国被认为是一个自由国家（采用自由之家定义），其政治权力相对之前的捷克斯洛伐克有改善（也被认为是自由国家），但斯洛伐克的政治权利和民众自由评价恶化，被归类为“部分自由”（也是采用自由之家的定义）。

类似的，苏联瓦解后退出的国家有些也建立了专制政体。当然，这较先前的状况并无改变，但这不是重点。问题不是一个自由民主政体是如何在发展，而是一个自由民主政体能否经受住围绕货币联盟解散所引发的社会动乱的冲击。我们没有足够证据来证明它可以经受住。

甚至 1932 ~ 1933 年美国货币联盟的瓦解也伴随着某种近似专制主义的形成。罗斯福的就职典礼被同时期一个记者描述为是在“战时被包围的首都”进行。民兵被召集起来对付当地民众，因为民众对货币联盟所发生的事情（具体而言是指他们从银行取款受到限制）不满而做出一些反应。

更早的例子帮助不大，因为它们往往更类似金本位制或其他国际货币安排下的固定汇率制度。不过，在爱尔兰脱离英国独立或欧洲拉丁货币联盟剧变（尤其是围绕 1870 年的普法战争及其后续影响）这两次货币联盟解体中，联盟中一些部分所经历的动荡存在程度上的差异。

哈佛经济学家 Martin Feldstein 在 1997 年提出的一个观点具有惊人的预见性。他说，“任何时候一旦成员国的周期性状况出现差异，统一货币政策和不灵活的汇率将会引发冲突，尽管主权国家原则上可以退出欧洲货币联盟，但潜在的贸易制裁和其他压力可能会导致欧洲货币联盟的成员关系无法撤销除非欧洲发生大范围的经济动荡，或者（更为总体上的）欧洲成员国之间和平共处的局面被打破”。

当我称呼欧洲时，我指的是谁？

另一个值得关注的问题是，欧元的瓦解以及欧盟的解体将对欧洲的国际地位造成负面冲击。欧盟是（取决于所采用的衡量标准）全球最大或第二大经济体。欧盟单个的成员国——尤其是那些来自前欧元区的国家——将被实质性削弱。事实上，一些国家可能再次成为重新启动的马歇尔计划的候选国。

国际影响力有着怎样的价值？一些人可能会把在国际舞台上扮演角色当做一个负担而不是一个好处。然而，当世界面临全球经济、环境和政治风险时，全球影响力会发挥很大作用。过去20年的全球化，即便其停止也证明在全球舞台上发声越大对自己越有利。环境问题要求全球性的解决方案，而消息灵通的政客如果想要他们的观点不被竞争性观点的嘈杂声所淹没，就需要尽可能大地发出声音。欧元瓦解后，欧元区国家——甚至是人口较多的国家——即便在国际舞台上想要轻微发出声音也将变得很难。

记住我们最初的目标

1994年，不止Helmut Schlesinger（德国央行前总裁）一人宣称“最终目标是一个政治联盟，其中经济联盟是达到这一目标的一个重要工具。自1952年创立欧共体以来，无论是过去还是现在，欧洲的最终目标一直都是达成某种形式的政治统一，比如联邦国家、国家联盟或更高形式的统一。这个政治目标从最初以来一直指引着德国，并且未来一定会继续如此。”欧元瓦解的经济代价很大，并且极具破坏性。欧元瓦解（即便是部分瓦解）的政治代价太大，以致无法简单地用金钱来计算。

瓦解情境下的投资策略

我们关于欧元的基础情境是货币联盟保持完整，但建立某种形式的财政一体化（为经济体提供自动稳定机制）。这是20世纪30年代美国重新建立货币联盟时采用的做法，也是英国货币联盟以及德国货币联盟事实上所采用的做法。

但万一灾难情境发生怎么办？如果投资者相信会发生瓦解（无论可能性多么小），他们应该如何进行投资？简单的回答是他们不能做投资。不能在瓦解情境投资是因为，欧元一旦瓦解，欧元区不会有赢家。在任何瓦解情境下，经济增长方面的后果都会非常糟糕。社会混乱的风险将引发对法制以及财产权等基本问题的疑问。甚至那些幸免于内部冲突和分裂的国家，也可能将不得不采取行政控制来避免它们市场中的极端投资行为。

对冲欧元瓦解风险的唯一途径是完全不持有欧元资产。

货币联盟瓦解简史

斯蒂芬·德奥 等*

摘 要

• 货币联盟如何走向没落

欧元不应以当前状态存在，但欧元瓦解的代价过大，几乎无法想象。本文主要分析了货币联盟瓦解的历史案例，“以史为鉴”，得出欧元相关结论。

• 货币联盟何时不再有意义

一些被称为货币联盟的实体名不副实。一个货币联盟要有统一且唯一的法币、唯一的货币管理机构（央行）、唯一的利率和汇率以及唯一的法律实体。欧元符合上述定义。我们选出了同样满足上述条件的四个货币联盟，在20世纪这四个货币联盟均瓦解。

• 以史为鉴

以往货币联盟的瓦解往往有四个明显特点。其一，任何货币联盟“分崩离析”的特点都是在联盟中、资金从“弱”流向“强”。其二，政府通常将货币联盟的瓦解视为夺取居民持有的现金或资产的机会。其三，瓦解初期往往实施资本管制，外国人持有的资产经常受到不公平的对待。其四，货币联盟的瓦解通常伴随着社会动荡和政府专制。

---

* 作者为瑞银经济学家 Stephane Deo、Paul Donovan、Larry Hatheway。本报告发布于2011年10月11日。

眼下，欧元的存在备受争议（即便尚未受到直接的质疑），因此我们难免会回顾历史，看看以往货币联盟瓦解时发生的情况。遗憾的是，对于现代经济学家，可供参考的、货币联盟瓦解的先例非常少，因而更显珍贵。这可能也不算太意外。货币联盟瓦解带来的经济、社会、政治及人道后果太过惨重，因此只有在别无选择的情况下，货币联盟才会瓦解。

在下文中，我们列出了一些现代货币联盟瓦解的例子，在考量欧元瓦解时，这些例子或可作为指引。这些例子能说明一些问题，但未必够详尽（尽管已经覆盖了主要的瓦解事件）。我们还纳入了一些非货币联盟瓦解的例子，尤其是拉丁和北欧“货币联盟”的瓦解。我们之所以将其纳入本文，不是因为它们带给我们关于欧元瓦解的启示，恰恰是因为它们存在一些不能说明的问题。但这一切都不表示我们认为欧元有可能瓦解。正如我们在2011年9月6日的全球经济透视报告《欧元瓦解的后果》中所述，我们认为欧元瓦解的几率非常低（一旦发生，将是彻头彻尾的灾难）。

定　义

在回顾历史之前，我们要给出正确的定义，这很重要。到底什么是货币联盟？货币联盟不是货币局制度或固定汇率，也不是几种货币同时流通的联盟。为了解析欧元，货币联盟必须是从某种角度类似于欧元的实体。这意味着在一个地理区域内采用唯一的货币、唯一的货币管理机构、唯一的汇率，而且没有资本管制限制这种唯一货币在上述地理区域内的流动。目前为止还没有问题，但我们还得更深一步。这种唯一货币还得是法币，也就是说，得是纸币。允许金币在一个地理区域内流通并不能成为货币联盟，只代表该地区的民众了解金币中黄金的内在价值。最后，货币联盟在法律上必须有唯一货币。货币联盟某组成部分所签订的合约中提及的货币必须和另一组成部分是一样的。我们要寻找与欧元有可比性的货币联盟，这点很重要。如果共同货币区的不同组成部分有不同货币，这个货币区的瓦解就会容易得多——因为就算联盟瓦解，合约也不会失效。

带着上述定义，我们现在来回顾以往共同货币瓦解的情况。依赖于铸币（一般是金币及银币）的货币联盟与依赖于法币（纸币）的货币联盟之间存在根本的区别。前者对我们了解当前危机几乎没有帮助，后者却能给我们一些意味深长的启示。

新英格兰殖民地，1744 年

在独立前，新英格兰（原为英国殖民地）有一个有限的货币联盟。铸币（金币和银币）支付占主导，但殖民地也发行纸币。同时发行了信用票据，以平价在殖民地之间交易（也就是说，来自一个殖民地的信用票据在另一个殖民地以票面价值被接受、用于支付）。这显然不是我们今天所知道的货币联盟。当时没有央行、没有唯一的纸币发行机构，系统往往被滥用。而真实情况是确实被滥用——罗德岛开始大举印钞（1710～1744 年，来自罗德岛的信用票据以年均 14.4% 的速度增长，其中大多数最后流通至其他殖民地）。结果，各州纷纷通过法律禁止其他州的信用票据在本州地界流通（最先是马萨诸塞州，1749 年）。对于现代发生的情形，这没什么可以借鉴的。这是一个权宜的货币联盟——暂时性的固定汇率机制，在一个经济体印发太多“本币”的重压下瓦解。这根本不是合理意义上的货币联盟。

美国，1861 年

美国内战爆发，南方联盟发行自己的法币（被称为“灰背”（Greyback），因其印制过程相当原始，色彩有限）。这不能算巨大成功——虽然每张纸币上都有签名。北方联盟也发行了自己的法币——“绿背”（Greenback）。同时，加州（北方联盟的组成部分）也允许合约具体阐明如果用铸币支付的情况。当时的北方联盟财政部长认为，这种“金背”（Goldback）货币违反了有关联盟法币的法律——因为债权人可能拒绝 1000 元“绿背”（票面价值），而坚持要 1000 元黄金。

美国货币联盟的瓦解存在有意思的发展变化，因为从根本上说，一个基于铸币的系统被明确的法币机制取代（除西部以外）。法币的地位被写进了法律（直到南方联盟战败，当然“灰背”成为废纸）。不过，对于今天的欧元，能从中学到的也甚少。这就是一种新法币的诞生（或者两种法币），从理论上说，是现存基于铸币的美元的延伸。没有法币联盟像这样瓦解，因为在战争前并不存在法币联盟（确实，法币的诞生备受争议。当时的北方联盟财政部长 Salmon P. Chase 也是最高法院首席大法官，他判定“绿背”违宪）。

拉丁货币联盟

拉丁货币联盟经常被引用作为成功瓦解的货币联盟的例证。该联盟由比利时、法国、意大利和瑞士四个欧洲国家于1865年成立。不过，虽然名为货币联盟，但它从来都不是一个真正意义上的货币联盟，仅仅是采取了普遍通行的铸币（该联盟也可被看做一种以黄金和白银为标准的固定汇率机制）。四国在1865年签署的这份协议开局良好。序言中称签署协议的目的是“建立一个货币联盟”。这句话白纸黑字地声称目的是建立一个货币联盟。但下文却是“以达成度量衡和货币的统一”。

该联盟关注的完全是（像英国那样）采用金本位制，还是采用复金属或金银复本位制作为铸币基础，而现在，这样的讨论实在无关紧要。法国是金银复本位制的强烈拥趸，法国政府还将这种观点强加于联盟其他国家。联盟的目标是允许各成员国的铸币在这些国家之间无障碍地流通，并在各国都被认定为法定货币。但银行票据（法定货币）不被视为通行货币，不得在联盟内不同国家之间流通。总的来说，该联盟只是要求各成员国都发行大小和质量相同的铸币。

这意味着拉丁货币联盟根本不是一个货币联盟。协议中提及的都是本国货币（里拉、法郎或德拉克马）。这些货币的铸币可以互换，但它们没有理由不可以互换。联盟协议对这些铸币做了详细规定，因此除了上面的图案，这些铸币（从含金量等来看）实际上完全相同。例如，100法郎铸币的重量为32.35806克，黄金成色为0.900，直径为35毫米。2法郎铸币的重量为10克，白银成色为0.835，直径为27毫米。铸币的内容规定得如此精确，以至于没有必要对其加以区分。

但银行票据却是另一回事。意大利从货币联盟诞生伊始便发行了大量银行票据。虽然这些银行票据在发行国意大利是法定货币，但在联盟的其他国家并不被认定为货币。

拉丁货币联盟经历了一系列动荡，从 1878 年起实际上转变成了金本位制（即一种固定汇率机制）。很能说明问题的是，在后来的 1885 年，“地位低下的”银币将被发行国赎回（换成金币）。铸币统一已不再具有意义。在变身为固定汇率机制前，拉丁货币联盟的确只是度量衡的标准化。在此意义上，该联盟与其说是一个货币联盟结构，不如说是对公斤或公里的使用说明。拉丁货币联盟并非现代意义上的货币联盟，因此对欧元的指导作用微乎其微。

斯堪的纳维亚货币联盟，1905 年

瑞典和丹麦于 1873 年建立通货联盟（当代称为货币联盟），之后挪威于 1875 年加入。起初该货币联盟效仿拉丁货币联盟，只是对度量衡进行标准化。以标准化的金币（克朗）为基础确立了十进制。纸币没有跨境流通（至少没有被作为法定货币），就此而言这并非我们现代意义上的货币联盟。实际上这三个国家各自的铸币（银币）早前已在三个国家之间流通，没有多大分别。标准化只是接受约定俗成的行为并加以正常化。

辅币（面额较小，不含铸币）可按面值转换成黄金。因此，一家斯堪的纳维亚央行制造辅币并分发给邻国以换取金币在技术上是可行的。自身利益以及所有辅币被认为可与黄金兑换的事实限制了这个可能性。

1894 年出现了更为重要的变化，挪威和瑞典央行同意按票面价值接受对方的银行票据。丹麦于 1901 年加入了这个法定货币联盟。在这点上，与我们所熟知的欧洲货币联盟有更接近的地方。这是一个法定货币联盟，尽管基于铸币。只要能转换成黄金（至少在理论上），票据就可

被接受。但这三种货币仍以不同形式存在——瑞典的银行票据不是挪威和丹麦的银行票据，而且由各自国家控制着银行票据供应。在这个意义上，每个国家的法定货币也是不同的（而非当今，一份希腊合同中的欧元指的就是德国合同中相同的货币欧元）。此外，也没有共同利率（因为没有共同货币——相反是有三个被接受的有相同价值的独立货币）。事实上，对于联盟的多数国家来说，丹麦的贴现率明显低于挪威和瑞典。

该法定货币联盟于 1905 年瓦解，各央行之间不再兑换。该联盟更多的是一个固定汇率制，票据和铸币在三个成员国之间流通，而这个事实加速了其瓦解。因此，比如说在瑞典签署的一个法律合同指向的就是瑞典克朗。在该法定货币联盟之前或之后，瑞典克朗就是瑞典克朗。即使价值改变也不会违约，只要瑞典克朗以某种形式用来支付。

这是以铸币为基础的联盟且有一个通货联盟（而非一个货币联盟）暂时并行运转，这个事实意味着欧元几乎没有可指望参考的先例。我们现在应该看看真正的法定货币联盟，对当代世界中货币联盟瓦解的影响，并获得一个更直观的看法。

奥匈货币联盟，1919 年

第一次世界大战的结束使得奥匈帝国分裂，被占领地区宣布独立。奥地利和匈牙利之间自 1878 年（当时奥匈银行成立）就有一个法定货币联盟。发行的货币克朗，是两国的法定货币。该货币也在帝国其他地方使用，不过也有其他货币存在。走出战事的塞尔维亚、克罗地亚和斯洛文尼亚王国在其领土内流通的货币有克朗、第纳尔、

Perper 和列伊。

帝国通过债务货币化以及加强资本控制来维护皇冠的国际价值，以此来支持战争。战后，除了奥地利和匈牙利，捷克斯洛伐克、意大利、塞尔维亚、克罗地亚、斯洛文尼亚王国、波兰以及罗马尼亚都有代表在奥匈银行。这些国家在其所有或部分领域内都接受克朗。但该货币联盟很快解散。民族情感、双重货币制度以及克朗通胀倾向，导致一种不可抗拒的离心力。自 1919 年起，各领地创立了自己的货币。与奥匈帝国崩溃分拆的进程，可能是我们研究欧元解体前景最贴近的模型。各国独立行事，旧的奥匈克朗在此进程末期实际已不复存在。主要方式就是加盖现有票据。

因此，在塞尔维亚、克罗地亚和斯洛文尼亚王国领域内，所有的奥匈票据都被收回并被加盖国徽。这就成为法定货币（而未被加盖国徽的票据不是法定货币）。但不幸的是，加盖国徽很容易被伪造——因此该程序不得不在 1919 年 11 月重复上演。有了第二次加盖，政府保持了 20% 的票据并将其投资于政府债券（当然是代表这些票据的拥有者）。其余加盖后的票据之后在 1920 年以固定汇率兑换成（现有的）斯洛伐克第纳尔。该汇率比在维也纳克朗兑第纳尔的市场汇率更糟糕。

捷克斯洛伐克在 1919 年也加盖了票据，票据拥有者也不得不拿出一些现金“投资于”政府债券。这种被迫贷款支付 1% 的利息（考虑到当今现行的美国财政部债券收益率，这也许并没有起初看起来的那么糟）。加盖的票据被转换成捷克克朗，一比一的比率旨在结清未偿债务。

奥地利也在 1919 年加盖票据，冻结了 50% 的银行存款作为运作的一部分资金。克朗债务按面值被转换成了加盖后的克朗债务。但很多市民都保留着未加盖的票据，希望能将其转换成匈牙利或其他货币。奥地利的出口不得不以外币来标价。双重货币体系也出现演变（与种族隔离政策下的南非兰特并没什么不同），外国人没有限制地持有克朗（以外国账户），奥地利市民持有的国内账户仅能用于国内用途。

匈牙利是最后一个摒弃奥匈克朗的国家，于1920年加盖票据。因其是最后一个加盖票据的国家，且匈牙利货币强于加盖后的奥地利货币，因此有跨境套利的情况。

理论上讲，该解体模型适用于整个欧元区。由于资本控制（以及对跨境人员流动的一些禁令），欧元本身可被加盖并被转换成本国货币。银行账户首先可被冻结，之后以一种套利汇率（有或没有被迫贷款）进行转换。当然，债务被强迫转换成新货币可被视为外国贷款人的违约行为，政府债务也可被视为违约——虽然被迫贷款（实际上是一种财富税）可能会降低财政政策风险。对加盖票据的任何预期可导致较弱货币的银行挤兑——或者人们囤积未加盖的欧元票据以期能在另一个地域进行转换——这是奥匈经验的一个特征。

奥匈货币联盟解体的先例并非一个全然乐观的例子。奥地利和匈牙利成了恶性通胀和独裁政府，且奥地利被迫请求国际联盟来管理其货币，该货币最终转换成一个新名称——先令，并一直持续到1999年。

美国货币联盟，1932～1933年

从多个角度来看，1932～1933年美国货币联盟的瓦解在货币联盟历史上都是个异类。这次瓦解既没有产生新

货币（至少没有正式出现），也没有真正实现——1933 年罗斯福政府对该联盟进行了改革。

尽管美元仍是美国的单一货币而且作为法定货币流通（只是和黄金挂钩），但实际上各州都制定了和货币联盟相悖的法律。1931 年银行业危机期间，过半数的倒闭银行都属于芝加哥和克利夫兰联储辖区（按存款规模加权计算）。到 1932 年年底，整个联盟中的公司都开始把存款从当地银行转移到纽约的银行。这促使各州纷纷宣布银行歇业——实际上就是要制止资金转移——反而让资金加速流入银行未歇业的地区。密歇根州银行歇业让局势进一步恶化。纽约联储下调了票据收购价，但由于这只是返还资本而非资本回报，因而未能明显缓解资金流入压力。

1933 年 1 月芝加哥联储停止为纽约联储票据提供贴现业务（即拆借资金）。至此美国货币联盟的统一运作实际上已经终止——各州银行法规也开始了事实上的资本管制。1933 年 3 月罗斯福上任时美国有 35 个州宣布银行歇业，未歇业的州大多也都对取现做出了限制。美元并未消失而且仍是法定货币，但除了现金，美元其实已经不能跨州流通（而且取现也越发困难）。以物易物开始取代货币—商品交易。

1933 年 3 月的联邦银行歇业让局势得到缓解——这实际上让整个货币联盟停止运转了两周。随后银行逐渐开始重新营业，美元再次实现跨州流动。

这次事件对欧元区的意义不仅在于它获得了成功，也在于美国货币联盟没有真正分裂。劳动力的流动性、银行业改革和资本重整以及更完善的财政体系让美国货币联盟以更可行的方式实现了重组。

它在货币联盟分裂方面的教训是，各州为了实施资本管制而停止银行系统的运作（或某些州限制提取存款），让联盟出现事实上的分裂。如果要退出欧元区，就不可避免地要采取类似的行动。1932～1933 年美国的情况也可能成为应对希腊违约的有益指南。鉴于不利局面扩大的担忧集中在欧元区银行体系上，宣布银行歇业或在整个欧元区内限制取现并等待从政者拿出更有效的解决方案可能是个行之有效的过渡措施。这当然不是解决方案（其作用不会超过 1933 年的联邦银行歇业），但会为寻找解决方案赢得时间。

苏联货币联盟，1992～1993 年

苏联货币联盟的解体在很多方面都和奥匈帝国相似。两者都先后经历了政治和经济分裂。其过程也都包括货币本国化、使用另一种货币以及经济和政治冲突。1991 年苏联解体，15 个独立的央行代替了原来的苏联中央银行。俄罗斯央行垄断了卢布发行权。

苏联解体后一段时间内，货币市场几乎陷入混乱。俄罗斯掌握了印钞权，但各个央行并没有在货币政策领域展开协作。部分国家的信贷扩张给银行系统带来压力。为应对这样的局面，1992 年俄罗斯缩小了卢布发行规模（试图通过限制狭义货币供应来控制广义货币的增长是个相当极端的做法）。跨国支付系统也受到限制（实际上制约了苏联加盟共和国之间的卢布兑换）。

俄罗斯减少货币发行的主要影响是有几个国家出现了现金短缺的不利局面。它们因此开始采用平行货币（其中乌克兰最早，1991 年 11 月就推出了代金券；白俄罗斯也在 1992 年 5 月开始使用代金券）。

1992 年下半年俄罗斯开始扩张信贷，货币联盟的解

体就此开始。克朗成为爱沙尼亚的平行货币，随后变成了唯一的法定货币。其他波罗的海沿岸国家也随之而动。乌克兰的平行货币在 1992 年 11 月成为法定货币。

随后俄罗斯加快了货币联盟瓦解的步伐（同时为了防止大量货币回流）。1993 年 7 月，俄罗斯宣布 1993 年之前发行的货币将不再作为法定货币使用。俄罗斯民众可将一定数量的 1993 年之前发行的货币兑换为新币。超过该限额的部分将存入银行，锁定 6 个月（在当时的情况下，这种做法无异于通货膨胀税）。1993 年发行的卢布一直在俄罗斯国内流通，这实际上让其他苏联加盟共和国持有的卢布变得毫无价值。

鉴于当时金融体系的成熟程度和政治结构，苏联解体和当前欧元区的情况几乎没有类似之处。但在货币联盟内部发行代金券（就像苏联货币联盟解体前那样）是个值得关注的思路。加利福尼亚州政府也曾有过类似措施——把借条作为“代币”。

捷克斯洛伐克货币联盟，1993 年

1993 年捷克斯洛伐克的解体过程相对稳定，只是双方的政局走势有所不同（斯洛伐克政府在随后一段时间内变得较为专制）。捷克和斯洛伐克都经历了两次货币联盟瓦解——1919～1920 年和 1993 年，这可能会让它们看上去有些不可靠。

1992 年大选产生了两种不同的政策方向，捷克和斯洛伐克随即同意各自为政。货币联盟即将分裂的预期促使资金从斯洛伐克流入捷克；人们对后者未来的经济政策更有信心（而且认为捷克的货币终将升值）。1992 年 10 月捷克和斯洛伐克宣布，从 1993 年 1 月 1 日起至少将货币

联盟（实际上就是原联盟的延续）保持6个月。暂时保持这样的联盟当然只会让资金更快地逃离斯洛伐克（目的是在局面失控之前脱身）。

捷克斯洛伐克货币联盟并不理想（欧元区当然也好不到哪去）。跨境流动的劳动力较少，而且尽管作为统一的社会主义国家存在了很长时间，但两者的经济体系相互独立。因此，一旦失去统一的财政体系（由于在政治上一分为二），货币联盟在经济意义上的停转就变得非常有可能。

当人们发现货币联盟的瓦解不可避免时，逃往捷克的资金就变得势不可当。双方的边境遭到封锁，以防范现款转移；金融交易暂停；从银行取现受到限制；货币再次像奥匈帝国分裂时那样被加盖国徽，这种局面让人感到有些诡异。

和前文所述的情况一样，可兑换新币的旧币数量受到了限制。超过该限额的旧币都存入了银行。

对欧元区来说，捷克斯洛伐克解体的教训似乎是不能提前宣布解体，因为这只会加速投机（人们可能认为这一点相当明显而且应当预见到）。在现款已经开始全面转移的情况下，限制银行取现（美国部分地区当然也采取了这种措施）也很重要。

历史教训

那么我们在货币联盟分裂史中能找到哪些可能和现在的欧元区有关的因素呢？能发现的不多。法定货币联盟在历史上并不普遍，货币联盟的瓦解就更少。多数联盟非常稳固——在很多情况下，成功的货币联盟都通过共同财政体系来减轻统一货币政策对经济的损害，而且通常也会有一个运转正常的单一政治体系。也正因为如此，货币联盟瓦解将产生巨大的经济和政治影响，这会让大多数成员望而却步——除了最为坚定的那些成员，或者说，除了那些蒙受异常巨大经济损失的成员（由战争或经济衰退造成）。我们认为，历史情况表明货币联盟的瓦解有以下四大共同趋势。

共同趋势1：资本外逃

当人们预计货币联盟将要分裂时，一个明显趋势是普通民众非常善于把现金转移到他们认为实力最强的成员国中。奥匈帝国瓦解时这种趋势就非常清晰，当时人们都不把克朗兑换为当地货币，而是持有那些未加盖国徽的克朗并打算把这些钞票带到实力较强的地区，去加盖那里的国徽。美国货币联盟分裂时也出现了这样的情况——民众相信在纽约的美元比在芝加哥更有价值（至少把钱存进银行时是这样）。另一个例证是大量资金从斯洛伐克流入捷克。苏联解体时资金的流动不那么明显，这可能是因为人们在短时间内无法断定哪种货币的前景更好。

资本外逃的结果是人们认为实力较强的那些地区可能出现通胀问题。至少那里可能出现货币供应引发通胀的风险。奥匈帝国分裂时流入匈牙利的现金较多，这造成匈牙利在分裂期间出现通胀。1993年流入捷克的资金影响相对不大（原因是捷克斯洛伐克货币联盟持续的时间较短），但如果不加控制，也可能带来通胀。苏联解体时出现的主要是来自狭义和广义流动性以及这些流动性在货币联盟中跨境流动所带来的通胀压力。

对欧元区来说，这些情况表明，如果决定进行自杀式的解体，首先感受到压力的将是银行系统。目前在实力较弱的欧元区成员国中，人们还没有为了提现而在银行外面排起长龙，这可能是个有利迹象，对欧元区将瓦解的预期也是个反击。如果出现预示着货币联盟解体的恶性循环，欧元区可考虑对银行提款做出限制。

共同趋势 2：夺取民间资金

另一个共同趋势是货币联盟瓦解是夺取民间资产的良机（当然是为了更大的利益）。奥匈帝国政府要求超过新、旧币兑换限额的资金购买债券以及俄罗斯政府要求兑换限额以上的资金存入银行都清楚地展示了政府让自己获得廉价资金或对所辖民众征税的过程。当然，美国货币联盟分裂时没有夺取银行存款——但一些州将存款冻结了相当长的时间。美国所做的是夺取民间铸币（金币和金条），鉴于当时美国实行的是金本位制，再加上这些铸币后来贬值为国有黄金，这样做与征税无异。捷克斯洛伐克货币联盟即将分裂时曾对现金兑换数额做出限制。

此前设定的欧元区瓦解情境显示，现款和银行所持现金不太可能在不纳税的情况下就可兑换成新的货币。政府通过这种方式为负债融资轻而易举，而且对希望退出欧元区的较弱经济体来说也会有吸引力。当然，这种方法不太可能全面夺取民间储蓄，否则就可能引发社会动荡。以往情况还表明，这种预期（特别是将对资产征收这种税负的预期）可能提升通胀（原因是人们愿意持有商品），还可能在人们认为将免于征税的资产中创造一些泡沫。

共同趋势 3：实施资本管制，夺取外国人的资金

货币联盟的分裂会带来资本管制，这一点相当明显。

资本外逃和对民间现金及其他资产征税意味着打算退出货币联盟的经济体在实施资本管制的同时，可能对外国人资产征收更多税负。显然，以国内政治和社会成本衡量，这样做的不利影响较小，而且比较容易实施，因为资本管制将使资金无法离境。苏联解体时，俄罗斯实际上就采取了这样的措施，办法是拒绝承认外国人持有的发行时间较早的钞票。奥匈货币联盟瓦解时，外国人和本国人统统被区分开来。

共同趋势4：社会动荡或更糟的局面

如果货币联盟解体涉及法定货币，就可能造成严重的社会动荡。这种情况也许无法避免。法定货币的立足基础是对政府作为唯一货币发行人的信任。如果对货币的信任不复存在，那么对政府（政府体制）的信任也可能面临同样命运。

由于成本过高，货币联盟瓦解时，经济环境往往变得极为严峻。这就是说，至少一部分地区可能出现社会动荡。同时，政府的专制程度可能上升，而且实际上过去一百年间货币联盟解体时往往会出现这种情况。此外，由于货币联盟瓦解往往会让政治统一性受到质疑，还存在爆发内战的可能。

例证不足

由于经济、社会和政治成本过于巨大，货币联盟的解体并不多见（见表1）。因此，可供推演的数据有限——尤其是在我们想要找到和当前局势有很大关联性的法定货币联盟的情况下。以上文中提到的四个例子作为推演基础并不会让经济学家们感到完全放心。

表 1　货币联盟解体的基本情况

名　称	国　　家	解体时间	是否有法定货币	利率是否统一	是否实施资本管制	是否采用单一货币	是否“真正的”货币联盟
美洲殖民地	新英格兰殖民地	1744 年	是（从某种程度上说）	否	在解体时实施	否	否
美国货币联盟 1779～1865 年	美国	1861 年	解体前不是法定货币	否	否	是（铸币）否（法定货币）	否
拉丁货币联盟	法国、意大利、瑞士、比利时、西班牙、希腊	1871～1878 年（实际上）或 1972 年（法律上）	否	否	否	否	否
斯堪的纳维亚货币联盟	瑞典、挪威、丹麦	1905 年	是	否	否	否	否
奥匈货币联盟	奥地利、匈牙利、其他国家	1919 年	是	是	是	是	是
美国货币联盟 1914～1932 年	美国	1932 年	是	解体前是	1932 年实际上采取了这种措施	是	是
苏联货币联盟	前苏联	1922～1993 年	是	苏联解体前是，解体后不是	是	是	是
捷克斯洛伐克货币联盟	捷克、斯洛伐克	1993 年	是	是	在解体时实施	是	是

资料来源：瑞银。

也许，能说明货币联盟解体后果的最理想例证并不是以往解体的那些货币联盟（这种例子少之又少），而是与之类似的情况。在《欧元瓦解的后果》这篇报告中，我们把2001年阿根廷比索和美元脱钩作为案例研究的对象。说到法定货币不再受到信任会有什么样的后果，另一个和欧元区解体类似的情况可能是陷入恶性通货膨胀的津巴布韦或魏玛共和国。从经济增长受影响的程度而言，当时津巴布韦或魏玛共和国的情况和我们设定的欧元区解体情境相差无几。

欧洲结局
——什么样的财政统一

斯蒂芬·德奥 等*

摘　要

• 欧元不应该（像这样）存在

以目前的结构和成员国构成情况，欧元无法正常运转。要么是目前的结构必须改变，要么是目前的成员国构成必须改变。

• 已经做了哪些努力？

本文基于朝财政统一方向已经做出的决定以及已经采取的措施进行讨论，其中许多都是多数投资者已经在密切关注的。

• 什么样的财政统一？

我们的观点是"财政统一"，将意味着部分权力从成员国向欧盟的转移。欧盟将能更好地监测成员国预算情况，并建立失衡预防机制。在预算不达标的情况下，欧盟还有强制纠错机制。

• 如何做到？

我们对其中 3 个主要方案进行了探讨。

---

* 作者为瑞银经济学家 Stephane Deo、Paul Donovan、Larry Hatheway 与助理分析师 Matteo Cominetta。本报告发布于 2011 年 11 月 17 日。

我们长期以来的观点是，欧洲危机最终会导致某种形式的财政统一。因为我们认为，既然排除了分裂的可能性，那么唯一可行的途径是制定更多财政规则，最终通向财政统一。正如 Sharon Bowles 所言“当你排除了最不可能，剩下的只有很不可能”。然而，我们在措辞上一直非常小心，因为“财政统一”的概念可以非常宽泛。本文试图将这个概念进一步具体化，首先是因为相关讨论正在进行。其次，并且也更重要的是，已经朝财政统一方向迈出了很多步。因此我们现在对结局和财政统一的形式有了更清晰的想法。

我们的观点是“财政统一”将意味着成员国权力向欧盟（很可能是欧洲理事会）的转移。欧盟将能更好地监测成员国预算情况，并建立失衡预防机制。在预算不达标的情况下，欧盟还有强制纠错机制。财政政策仍将是成员国政府的任务，但任意而为的空间将受到严格限制。

这是一个有限的财政统一，或者说初步的统一。这样的统一是会带来稳定还是必须进一步拓宽范围还有待观察。一个热议的话题是财政转移支付。欧盟预算主要是财政转移支付，形式包括农业补贴、结构性基金等，历史上每个货币联盟是最终在某种程度上都必须实行的制度。关于将欧盟预算重新朝这个方向调整的呼声越来越高，但这些都是非常初级的方案。因此我们要讨论的是欧洲统一的下一步，我们称为本次危机的“结局”，但是当然，未来还会有更多“结局”。

本文分 3 个步骤进行阐述。首先，我们来看政府方面已经做了哪些努力。我们实在非常惊讶，像“欧洲学期”这样的计划竟然没有得到评论人士应有的关注。其次，我们根据对先前决定的案例研究，得出它们的共同特征以及欧洲可能前行的方向。最后，我们看政策措施的实施情况和法律进展。

已经做了哪些努力？——3个案例研究

我们的分析基本上是基于已经采取的3项危机应对措施，而我们认为这些措施都是朝着财政统一方向做出的努力。这3项措施分别是欧洲学期、EFSF 2.0版和ESM。

“欧洲学期”

本次危机暴露出的一个重要制度缺点是缺乏一个防范超额赤字的提前干预机制。“欧洲学期”是用来解决这个问题的一个新制度程序。具体是指，对赤字进行事前讨论，并且为欧洲中央机构在强制成员国改善预算管理上提供一些途径。

取名“欧洲学期”是因为该程序历时6个月，从1月开始，至6~7月结束。这个程序中重要的一个环节是，各成员国政府被要求将它们的“稳定和融合计划”先提交给欧洲理事会，然后再提交给本国议会。这项新的监管机制于2010年9月29日正式提出，其中涵盖六大主要法律调整。因此该提案经常被称为“6条”提案。

（1）提议制定一条理事会规则，对超额赤字程序（规则第1467~1497条）进行修改。目的是提高超额赤字程序执行速度，增加其透明度和效率。

（2）加强对预算政策的监管和经济政策的协调（规则第1466~1497条）。

（3）就发现和修正宏观经济失衡制定规定。欧洲议会和理事会将是主要负责机构。

（4）理事会对预算计划进行指导。

（5）实施有效的预算监督。

（6）建立应对宏观经济失衡的机制。

可以看出，该计划颇为雄心勃勃。有几点值得关注。

首先，和现有的超额赤字程序不同，“欧洲学期”包含一个提前干预步骤，成员国政府只有在取得欧盟委员会批准后才能通过预算案。还有一点很重要的是，欧盟委员会的监管力量将增强，地位将提升。

其次，上述提议包含半自动制裁。讽刺的是，这是一个很早以前就争论过的话题。在就《马斯特里赫特条约》进行谈判时，一些国家（尤其是德国）表示应该对超额赤字自动启动制裁。它们认为只有这样，条约才能真正发挥制约作用。另一些国家（以法国为首）则认为，自动制裁可能将一些国家推向危险境地。在一些特殊情况下（比如发生不可预测事件），不严格遵守财政规定可能是明智的。事实上，如果 2009 年在雷曼破产后还坚持 3% 的目标，后果将是灾难性的。持后一种观点的一方基本上赢得了胜利，在《马斯特里赫特条约》中，自动制裁被削减至极低水平。介于这两个选项之间的某种更平衡的方案正在研究中。

最后，有必要强调欧洲学期不只与财政问题有关，它涵盖的范围还包括所有可能发生的宏观经济失衡问题。因为比如对于爱尔兰和西班牙的危机而言，通常认为它们的财政政策并无问题，问题在于私人部门过度借贷导致了失衡。所以在众所周知的“超额赤字程序”基础上，新的“过度失衡程序”将处理与整体经济失衡有关的问题。

这个计划的一个关键问题是其效率。2011 年实施的结果有好有坏，因为成员国没有时间来很好地适应整个程序。但原因还在于法律框架尚未全面建立，在许多方面还存在不确定性。一个要考虑的重要问题是，许多成员国的国内法律必须进行修改，以便和该程序保持一致性。理论上欧盟 27 个成员国或地区都应该这样做，但它们是否都会切实实施相应法律还存在疑问。就我们理解，程序主体似乎是欧洲理事会，而不是欧洲议会。因此很重要的一点是，具体执行机制是什么样还有待观察。

EFSF 2.0 版

关于 EFSF 到底怎样才能达到 1 万亿欧元的规模，目前还不得而知。EFSF 可能不会向求援国提供资金，而是提供保险，至少对部分国家会是如此。然而，我们注意到对于希腊，“三驾马车”不愿触发 CDS，而是主张实行“自愿”债务减记。因此，假如任何重组都能被认为“自愿”，那么对初步亏损进行担保的方案的可信度就令人怀疑。这样一来，EFSF 实现其融资能力可选择的方案就非常有限。事实上，我们认为 EFSF 的信誉已经受到严重伤害，并且达到无法修复的境地。由于该计划相当复杂，市场反应也较为冷淡。因此我们十分质疑 EFSF 在未来发挥重大作用的能力。

事实上，我们仍然不清楚 EFSF 到底将怎样达到其所称的 1 万亿欧元规模。然而，我们认为 EFSF 仅仅是一个开始，因为我们认为这是迈向共同债券的第一步。但有几个特征使 EFSF 与共同债券之间还存在很大差距。首先，该基金规模受到严格限制；其次，EFSF 存续时间仅限 3 年；最后，也可能是最重要的，EFSF 仅限于已经收到 IMF 援助的国家。EFSF 是为特殊情况设计的一个临时工具。

最近的一些调整大幅缩小了 EFSF 与共同债券的差距，主要有以下几个方面。

首先，基金规模扩大一倍以上，意味着规模的限制并非不可更改。但我们也要强调，EFSF 可能永远不会无限扩张，这与欧洲的行事风格相背，并且我们也怀疑很多成员国不会接受。然而，毕竟 EFSF 成立不到一年，其严格的规模上限就调高了 1 倍以上。

其次，如果 EFSF 确实将在 2013 年 6 月撤销，其已经担保的贷款和已经发行的债券不会消失，将由 ESM 继续负责。

最后，也是最重要的，EFSF 目前已经扩大至未得到 IMF 援助的国家。我们认为这是一个重大进步，因为这意味着 EFSF 不再仅作为紧急情况下的特殊工具，而变成一个更加常规的工具。

简而言之，EFSF 创立之初并不是一个债券机构，而是一个应对极端情况的机制，通过 IMF 的干预发挥作用。目前它仍然还不是一个债券机构，距此还有很大差距，但我们认为 2011 年 10 月 23 日的决定朝这个方向又迈出了一步。该基金的复杂性及其法律基础的争议性令人对其发挥重大作用的能力感到怀疑。但我们认为颇有意思的是，它被迫从一个紧急工具演变成一个更加宏大的计划。这离 EFSF 的初衷太远了，因此这个任务更有可能由 ESM 来承担。

欧洲稳定机制

2011 年 6 月 24 日，欧洲理事会决定成立一个永久性危机解决机制——欧洲稳定机制（ESM）。成立该机制的目的将是取代并永久性担负起 EFSF 的职责，在发生金融危机之际为欧元区国家提供支持。

欧洲稳定机制由 3 步程序构成。第一步是提供一个防止当前危机重演的机制。可能会制定一系列监督、监测和惩罚措施，以确保成员国财政政策保持在合理范围内。第二步，如果该机制无法阻止危机发生，欧洲稳定机制将提供一个更强有力的流动性支持机制，同时将对《欧盟条约》进行修改以提供适当的法律基础，从而增强该机制的威信。第三步，如果流动性支持仍然不够，出现无力偿债问题，那么将启动违约机制。

由于是永久性组织，欧洲稳定机制的管理结构将比EFSF更加复杂和完善。欧洲稳定机制将会设理事会，理事成员由欧元区成员国财长组成，并享有投票权，同时由欧洲委员会经济和货币事务委员及欧洲央行行长担任观察员。欧洲稳定机制还会设董事会，每个欧元区成员国将任命一名董事和一名替补董事。理事会将任命一名常务董事负责ESM的日常管理。

《欧盟条约》修订案应该在2013年1月前获得通过，欧洲稳定机制应在2013年中（EFSF到期）之前启动运行。但也有人呼吁2012中就启动ESM。

欧洲稳定机制注册资本将为7000亿欧元（800亿元实收资本，6200亿元可赎回的资本和抵押品），每个欧元区成员国按照其在欧洲央行的贡献比例进行缴纳。由于拥有实收资本，欧洲稳定机制应该不会像EFSF一样需要超额担保才能获得AAA评级。根据正式的欧盟文件，欧洲稳定机制贷款能力将设定在5000亿欧元。

表1　ESM贡献明细

单位：%

国　家	占总额比重	国　家	占总额比重	国　家	占总额比重
德　国	27.146	希　腊	2.817	斯洛文尼亚	0.428
法　国	20.386	奥地利	2.783	卢森堡	0.250
意大利	17.914	葡萄牙	2.509	塞浦路斯	0.196
西班牙	11.904	芬　兰	1.797	爱沙尼亚	0.186
荷　兰	5.717	爱尔兰	1.592	马耳他	0.073
比利时	3.477	斯洛伐克	0.824	总　计	100.000

资料来源：欧洲理事会。

在欧盟成员国提出援助请求后，欧洲稳定机制根据欧洲委员会和 IMF 进行的债务可持续性分析，判定其属于流动性危机还是偿付危机。

如果是流动性问题，欧洲稳定机制将根据一项经济和财政调整计划提供支持。这将由欧洲委员会、IMF 和申请援助国进行协商，并签订一份详细的谅解备忘录（和标准的 IMF 程序相同）。

如果债务可持续性分析显示一国可能无力偿债，申请援助国必须与其私人债权人协商一个债务重组计划（PSI），之后才能获得由欧洲稳定机制提供的资金援助。换言之，对于发生偿付危机的国家，进行债务重组将是获得 ESM 援助的前提条件。欧洲稳定机制实际上将充当流动性缺乏但有偿债能力国家的最后贷款人，以及为无力偿债国家提供一个违约解决机制。

欧洲稳定机制贷款将享受优惠债权人地位，仅次于 IMF 贷款。

为配合今后潜在的重组谈判，从 2013 年 6 月起所有新发行的欧元区主权债券都必须包含集体行动条款。这些条款将对所有国家实行标准化和完全统一，将为主权国家与债权人之间进行谈判提供法律基础。根据集体行动条款，债权人达到一定的多数比例就可以通过对偿债条件进行修改的一致决定。重组可能采取暂停偿付、延长还款期限、削减利息或削减本金的形式，取决于当时的具体情况。

集体行动条款应该包含允许一国 2013 年之后发行的所有新债券一起进行重组谈判的条款。

朝哪个方向行进——我们从现有计划中了解到的信息

在讨论我们从上述 3 个案例研究中获得的主要发现之

前，我们想提醒读者回顾一下德国总理默克尔2010年5月的一次讲话。我们曾在研究报告中反复引用其讲话内容，因为我们认为它代表了德国一直以来的态度，并且目前事情的发展确实看起来与其讲话内容非常一致。默克尔的讲话中包含如下计划。

（1）对欧盟成员国的预算进行更严厉的监测，并将利用独立外部机构进行监控，比如欧洲央行或研究机构。

（2）在预算问题上必须尊重国家主权。

（3）所有欧盟成员国应该制订债务上限并严格遵守。

（4）必须进行更有效的制裁，对于违规国家，应该暂时取消欧盟补贴（结构性基金）。

（5）对债务水平过高国家采用快速赤字程序。

（6）违反欧洲货币联盟（EMU）规定的国家，暂停其欧盟理事会投票权1年。

（7）单个国家的问题必须拿出来更公开地进行讨论。

（8）加强经济协作。

（9）除7500亿欧元的一篮子计划外，还设立有序违约程序，作为危机管理机制的一个组成部分。

我们认为，随着方案日益明朗化，未来“财政联盟”的一些特征正清晰显现出来，主要特征实际上与上文所述默克尔的讲话内容十分一致。

提前干预

目前的“超额赤字程序”主要是针对赤字超过3%规定的国家。关于该项规定从未真正得到执行，人们已经谈论了很多，但很少谈到这是一项事后追溯性规定。希腊于2009年2月被纳入“超额赤字程序”；执行程序明显效率较低并且为时已晚。欧洲学期和ESM都提供了一些避免发生超额赤字的工具，而不仅仅是事后才进行修正。我们认为这是一个令人欣喜的进步，但需要制定更多的监测程序。

这也意味着该程序必须在监管方面进行完善。所提供数据的质量特别令人担忧。关于希腊财政数据质量的问题，人们已经谈论了很多，但其他国家可能也存在类似的问题。

更有力的执行机制

“超额赤字程序”耗时很长而且非常复杂，违反者最终所受的惩罚却很小。1999 年发起建立欧元区的 12 个国家中，只有卢森堡和芬兰的财政赤字从未超过 GDP 的 3%。其他国家共越线 41 次，但没有哪个国家受到过惩罚。

越发受到关注的一个方案是实行自动或半自动惩罚。12 个发起国商讨《马斯特里赫特条约》时的主流观点是自动惩罚机制可能存在风险。某些情况下需要从政治角度做出判断，如果在雷曼兄弟倒闭后盲目执行这条规定，就可能出现灾难性的后果。但允许政治干预也是违反者从而受到惩罚的关键原因之一。可以预见，自动执行会让规定变得更可靠。

那么关键问题就是进行什么样的惩罚？可以从《里斯本条约》的现有制度中借鉴一二。比如，如果违反该条约规定，成员国将暂时失去投票权。可以想见，这可能让惩治财政违约变得切实可行。另外还有其他方案。其中之一显然就是超额赤字程序在理论上采用的财政惩罚措施。另一个方案是减少或取消欧盟的财政转移支付。很大一部分欧盟预算实际上是以结构性基金、共同农业政策等形式出现的财政转移支付。设计惩罚机制是该程序的一个关键部分，在商讨《马斯特里赫特条约》的过程中，当时实力较弱的国家认为财政惩罚措施对它们来说可能并不合适，因为它们的人均 GDP 本来就低于那些实力较强的国家，而受到财政惩罚可能让它们的处境变得更差。因此，这些国家需要更多的结构性基金来加快追赶强国的步伐并受到相同的待遇。

极端事件应对方案

上文提到的方案都不错，但问题在于避免解决一个危机后陷入新的危机。EFSF 是这个问题的初步解决方案。但我们得说，EFSF 的法律基础并不稳定，因为《里斯本条约》第 125 条禁止成员国之间进行救助。因此 EFSF 在法律上受到了限制，而且扩容也存在问题。第二个问题显然是可行性，EFSF 的规模可能足以为获得 IMF 支持的三个国家（希腊、爱尔兰和葡萄牙）提供支持，但我们非常怀疑在当前条件下它是否能为意大利和西班牙提供充分且可靠的援助。

这种情况下，ESM 将成为一个重要补充。如上文所述，ESM 的资金结构更有吸引力，而修改条约有望为其扫清法律障碍。不过创新并不会就此结束，它还将包括针对最坏情况的终极手段，比如违约程序。

怎样做到这一点——待实施步骤和可能途径

我们认为主要有三种方案。首先提到的方案是修改条约，这种方法最复杂，也最为笨拙。从机构角度而言，最后一种方案较为轻松，这就是设立“预算管理人”，或者按《马斯特里赫特条约》的说法，“欧洲财政部长”。中间一种方案是重新采纳 20 世纪 90 年代初德国国务秘书 Jurgen Stark 提出的“货币主义申根协定”。

方案1：修改条约

德国政府对这个方案情有独钟。将现行规定在财政方面的长处纳入一个欧洲条约。德国财政部长朔伊布勒最近接受《金融时报》采访时就表达了这一观点，德国政府成员在多个场合也曾这样说过。

10年来法国前总统瓦莱里一直在负责撰写欧盟宪法，在耗时漫长的谈判过后，该法案遭到许多成员国否决，后经重新商讨和调整，最终以《里斯本条约》的名义获得通过。整个过程用了10年时间。2009年12月1日条约生效后，瓦莱里直言不讳地说这项工作已经进行了50年。而仅仅两年后我们就要探讨再次修改条约。不过，根据以往经验和这项工作所消耗的时间，我们相当怀疑商讨新条约的计划能以何何形式和本次危机扯上关系，更不用说对市场产生影响。尽管这个方案有其优势，但我们不相信它真的能够付诸实施。

不过，凡事都不会那么绝对。2011年10月26日的欧盟峰会决定，按照《里斯本条约》中加速进行“有限修正”的规定来修改该条约。这种情况下就可能不需要举行公投，而只需要获得议会批准。

该方案的另一个问题在于，由于27个成员国或地区都要就此投票，一些国家（如英国）可能借此要求大规模收回权力，同时可能提出与欧债危机无关但备受争议的问题。其中一些问题可能还是需要公投。修改条约不一定要进行公投，但重大修改，特别是可能改变成员国宪法的修改在一些国家确实需要公投，还有一些国家可以选择就此举行公投。和上面的情况一样，这就可能引发对某个成员国所提要求的争论。

方案 2："货币主义申根协定"

方案 1 的一个问题在于，修改《里斯本条约》需要欧盟 27 国审核并通过（而不仅仅是欧洲货币联盟的 17 个成员国或地区）。另一个方案是利用该条约中允许部分成员国推动欧洲融合的条款。1985 年，欧洲经济共同体 10 个成员国或地区中的 5 个签署《申根协定》时就以此为法律依据。《申根协定》签约国现在已达 25 个，它也成了欧盟条约的一部分。"货币主义申根协定"的想法实际上由时任德国国务秘书的 Stark 提出，目的是作为《马斯特里赫特条约》的补充条款，适用于加入欧元区的国家。其思路是在赤字方面做出非常严格的规定，从而为《马斯特里赫特条约》的财政条款提供补充。简而言之，这是一种迷你条约，只适用于加入欧洲货币联盟的国家。该方案遭到否定的原因是，在《马斯特里赫特条约》的基础上附加第二项条约过于复杂，特别是在前者已经包括执行机制的情况下。

现在，这个方案再次浮出水面。如果说让 27 个成员国或地区意见一致过于复杂，那么其中一部分国家就财政规定、监管和惩罚机制等问题达成协议可能要容易一些。这样，一部分成员国就可以在未获得其他国家同意的情况下执行相关规定。《申根协定》的经验表明，其他国家随后可以加入，而且申根地区现在确实已经扩展到了 25 个国家，甚至包括尚未加入欧盟的北欧国家。

按理说，一项条约可能会产生离心力。如果某个国家决定不加入这个"货币主义申根协定"，那就相当于向市场宣告它不想遵循严格的财政规定，而希望保留存在较大赤字的权力。任何国家都不想对市场发出这样的信息。相反，如果选择加入，这个国家就会像该协定一样拥有可信度。如果其中的条款妥帖而且可靠，那么离心力就会相当大。我们了解到的情况是，这个方案正在引起关注，尤其是在欧委会内部。

方案3：欧洲财政部长（或管理人，或等同职务）

欧央行前行长特里谢曾发表过一次著名演说，其中就建议设立欧洲财政部长。也许这个想法依然遥不可及，不过，其缩减版有望很快付诸实施。这个缩减版就是“预算管理人”，或者说让经济与货币事务司像竞争司那样具有独立性。

“预算管理人”可以让欧委会获得各成员国的预算管理权，并更多地进行干预。成员国可授权各司司长从事上述各项工作，包括：监测预算乃至宏观经济失衡问题，并在必要时进行纠错，包括给予惩罚。

让经济与货币事务司获得与竞争司相同的独立性及地位和“预算管理人”思路相同，而且可能就是设立“预算管理人”的法律途径。竞争司地位独特，其决策实际上比欧委会其他机构更自由，对成员国的约束力也更大。

双轨欧洲？

上述讨论意味着财政统一很可能只在欧洲货币联盟的17个成员国或地区之内实现，而非欧盟27国。由此产生的问题是，另外10个欧盟成员国的财政统一会达到怎样的程度。对仍计划加入欧元区的国家来说，和欧元区17国站在同一阵线上可能让它们受到优待，至少将处于有利的特殊位置。

还不能确定这项方案有没有吸引力。我们曾在之前的报告中指出，欧元区扩容将延缓财政整顿步伐。我们假定，加入欧元区的条件必然会更加苛刻。除了放弃货币主权外，要加入欧元区的国家还得放弃一部分财政主权。一些国家能否接受这样的现实尚未可知。某些国家可能将这条新规作为不加入欧元区的又一条理由。

这可能让欧洲出现“双轨”局面，即欧洲货币联盟成员国将进一步融合，其他国家则非常可能组建没什么额外内容的自由贸易区。英国或瑞典这样的国家会被动接受这样的局面吗？或者，欧盟会不会像欧洲自由贸易区和欧洲经济共同体那样进行自我重组呢？双轨局面就是可能结果之一。

果真会出现双速欧洲吗

斯蒂芬·德奥*

长时间以来，我们一直在说当前的危机将把欧元区推向某种形式的财政统一。上周采取的步骤印证了这一发展方向。不过，尽管采取的主要措施和我们的预期一致，但还是有一些内容出乎我们的意料。因此我们重新审视了先前的看法，对关于欧洲结局的看法也进行了一些调整。

超级《马斯特里赫特条约》

周末宣布的决定本身并不算太让人意外。

首先，大多数措施事先都已经被谈论或“放出风”来，因此宣布只是确认了当周流传的消息，而不完全算意外。

其次，宣布的措施和在欧洲层面已经形成的一些决定非常一致，和之前采取的步骤也是一致的。比较显著的是，我们认为所谓的“欧洲学期”（也称“6 条”提案，是基于条约第 121 条和第 148 条的完善）已经实施，而且非常接近上周末达成的协议。大约一个月前我们已经对这

---

* 作者为瑞银首席欧洲经济学家 Stephane Deo。本报告发布于 2011 年 12 月 14 日。

些变化和已经实施的步骤进行了点评，其中许多都已得到投资者的密切关注。

最后，周末的决定并不意外的第三个原因是，它非常符合德国政府的要求（德国总理默克尔早在 2010 年 5 月的一次讲话中就表达了德国的要求）。我们反复引用这次讲话有很充分的理由：自那时以来德国政府的立场一直未变，而周末的决策也只是将德国的提议正式形成决议。这也是我们确信德国的提议可能会是最后结果的一个原因。

关于这个结果我们已经做了很多点评，大体上我们认为它可以被称做“超级《马斯特里赫特条约》”：更密切地监控各国，在财政整顿方面进行更多提前干预，而非等到一国陷入严重困境后再采取行动，以及建立可信的执行机制。

货币申根协定

法律方面的决策也不令我们意外。关于修改《里斯本条约》的困难我们已经写了很多（采用这个方法可能要花近 10 年时间才能获通过），但忽略了一点，其实修改该条约有快得多的办法。

其中一个方法是利用《里斯本条约》中允许部分成员国推动欧洲一体化的条款。1985 年，欧洲经济共同体 10 个成员国或地区中的 5 个在签署《申根协定》时就以此为法律依据。《申根协定》签约国现在已达 25 个，该协定也成了欧盟条约的一部分。“货币申根协定”的想法实际上最初是由时任德国国务秘书的 Jurgen Stark 提出，目的是作为《马斯特里赫特条约》的补充条款，适用于加入欧元区的国家。

另一个方法是达成一个政府间协议——一种较弱的内

部条约形式。这将是避免需要全面修改《里斯本条约》的另一个办法，因为全面修改条约必须获得欧盟 27 个成员国或地区通过。

欧洲将会是何种格局?

上述方法意味着修改条约并不需要欧盟 27 国全体通过。我们之前的观点是“货币申根协定”大概只适用于由 17 个成员国或地区组成的欧洲货币联盟（EMU）。这将产生一个双速欧洲，其中欧洲货币联盟成员不仅将放弃货币政策主权，还将部分放弃财政政策主权。我们认为，另外 10 个未加入欧洲货币联盟的欧盟成员国将组建一个非常类似于自由贸易区的组织。这就是双速欧洲的建立过程。

表 1　欧盟及欧洲货币联盟成员国

欧盟		
欧洲货币联盟		
奥地利	卢森堡	匈牙利
比利时	马耳他	捷克
塞浦路斯	荷兰	瑞典
爱沙尼亚	葡萄牙	丹麦
芬兰	斯洛伐克	拉脱维亚
法国	斯洛文尼亚	罗马尼亚
德国	西班牙	保加利亚
希腊		立陶宛
爱尔兰		英国
意大利		波兰

资料来源：欧委会。

但这种观点似乎有误。“货币申根协定”或等价组织的妙处在于其成员国数量比较灵活，而《里斯本条约》

的要求是“至少 8 名成员”。而且之前我们确实认为 17 个欧洲货币联盟成员国不会都加入这个组织。但事实证明我们错了：不仅 17 名欧洲货币联盟成员都希望加入，另外 10 个欧盟成员国中也有 9 个批准了这项方案。众所周知，只有英国置身事外。但我们并不相信所有这些国家确实都会就此采取行动，或者所有这些国家的议会确实都愿意放弃部分主权；但的确存在这样一种可能，即愿意接受这些规定的国家远比预期的多。这可能并不是那么出人意料，毕竟正如欧委会指出的那样，2011 年爱沙尼亚和匈牙利等东欧成员国对欧洲学期表现得最为热情。

由于绝大多数国家都可能接受新规定，欧洲有可能出现严重的一边倒局面。如果出现这种情况，我们确实也会认为其他国家留在欧盟的依据将受到极大冲击。我们认为欧元区不会分裂的论点基本上有三个，而这三个论点都不适用于打算退出欧盟的国家。

（1）法律论点。《里斯本条约》中没有成员国退出欧洲货币联盟的规定。但第 50 条允许成员国申请退出欧盟。请注意，这种情况下其他成员国不能对退出申请提出异议。更多论述请参见本书第 2 部分 2011 年 9 月 6 日的报告《欧元瓦解的后果》。

（2）政治论点。我们相信成员国非常希望欧元区保持完整。当然，如果考虑到英国留在欧盟的意愿，这个政治论点的说服力就会大打折扣。

（3）退出成本。不过，即使不是全部成本，多数成本也都会来自货币联盟的瓦解。尽管可以说退出欧盟还有其他成本（如政治成本），但如果是退出欧盟而非欧洲货币联盟，这一论点的说服力就会明显减弱。

总之，尽管我们相信说明成员国不会退出欧洲货币联盟的依据很有说服力，但我们认为就退出欧盟而言，其说服力会明显下降。因此我们认为，成员国退出欧盟的可能性确实存在。对担心欧盟成员流失的评论人士来说，我们建议它们参考瑞士在类似情况下的成功经验（请注意20世纪90年代瑞士实际上曾与欧盟就具体协议进行过协商）。

这样就不会出现我们所预期的双速欧洲，取而代之的将是一个缩小了的单速欧洲。

欧洲央行为什么不实行量化宽松

最后要说明的一点就是欧洲央行的态度。我们认为欧洲央行处境较为困难：银行无法强制实行财政整固，因此其干预或许会向政治家传递错误信号，而过于激进地下调市场利率则会使政府丧失削减赤字的动力。这是一个经典的道德风险范例。上周末的转变希望能提供保障体系，因为政府的操作空间有限。我们希望欧洲央行能提供更大的帮助。

不过，我们预计欧洲央行不会启动全面的量化宽松计划，原因有以下几点。

（1）我们所要的并不是量化宽松。量化宽松的本质是央行买入风险最低的资产来向市场提供流动性。但真正想要欧洲央行采取的行动并非是量化宽松，而是去购买风险最高的资产（即意大利和西班牙债券），以降低收益率溢价。

此外，就欧元区而言，欧洲央行已经通过回购操作的“全面配置”向市场提供无限量的流动性。事实上，当前操作动用的金额在6560亿欧元左右，而正常情况下仅为4500亿欧元。正如欧洲央行副行长Constancio近期指出的：“可以变现的抵押品总额非常高，约为13万亿欧元，相当于欧元区GDP的140%左右。在这些总额中，欧元区银行的资产负债表上约有4万亿欧元，其中1.8万亿欧元已经获准使用，而这也给我们的流动性带来了必要的操作空间。”

（2）法律问题。一种观点认为，如果欧洲央行为某个国家设定一个收益率目标，那这就类似于以某个固定价格为该国提供融资担保，以用于消化赤字。这可以被视做对条约第125－8条的违背——禁止央行为削减赤字而提供资金。

（3）高级债问题。希腊债务重组计划（PSI）理论上不会牵涉欧洲央行。我们理解央行为什么不愿意面对削发；不过这也会产生未曾预想的后果：欧洲央行购买的债务具有了事实上的高级债资格。如果欧洲央行真的并未牵涉到希腊PSI中，市场将必须假定通过证券市场计划（SMP）购买的所有意大利和西班牙债券相对其他债务都成为高级债——换言之，市场债被降级。

（4）政治解体。对量化宽松的主要批评之一也许是政治解体，因为某些国家极不愿意采取这一政策。这也许会在中期内造成严重的紧张局面。

简而言之，我们认为欧洲央行不会开始进行大规模购买。我们认为公布购买金额目标或利率目标的可能性微乎其微。不过，欧洲央行仍然会在市场上发挥作用，并继续扩大其资产负债表规模。这将会产生很多后果，其中一个重要后果就是欧元兑美元汇率的表现，如图1所示。

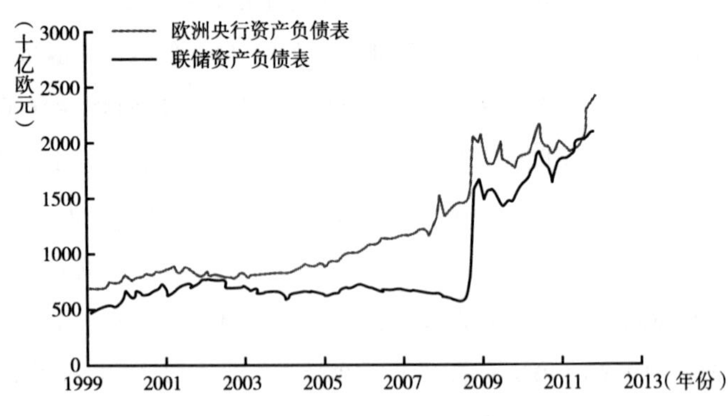

图1　欧洲央行与联储资产负债表的增长

资料来源：Haver。

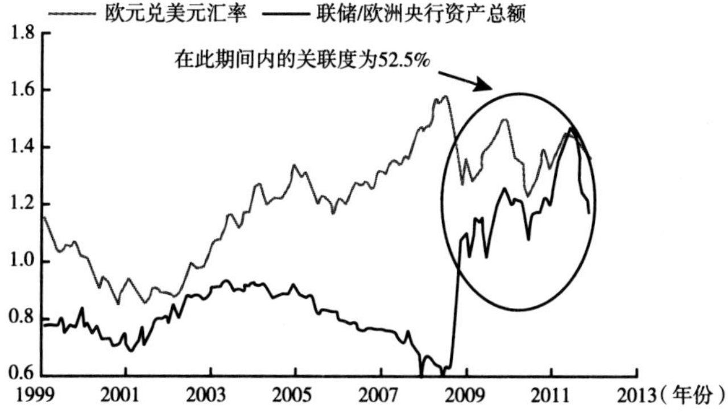

图 2　欧元兑美元汇率受到货币创造的影响

资料来源：Haver。

3

欧债问题走向解决

猜透欧元迷局

伊阿果斯·亚历克索普洛斯 等*

2012 年 1 月 30 日的欧盟峰会将成为决定多项欧洲问题提案的关键。会议将会签署最终版本的欧洲稳定机制并以之取代欧洲金融稳定基金。所谓的“财政协议”也将最终完成并于 2013 年正式生效；我们还将了解到关于希腊“私有部门参与计划”，以及希腊第二个一揽子援助计划的澄清说明。最后，欧盟领导人宣布经济增长预测的可能性将越来越大。

我们认为，“财政协议”是为了在欧元区进一步巩固一个更坚实的财政纪律框架，但我们认为该条约本身仅为一项政治要求，而不是一项技术性进步。也许更重要的方面是，该财政条约是为了满足欧洲央行的需求及德国的要求以进一步达到经济整合的目的，其中包括了如欧元债券等互助化政策。

欧洲稳定机制条约的最新版本展现了一个可以用于

---

* 作者为瑞信研究分析师 Yiagos Alexopoulos、Christel Aranda-Hassel、Steven Bryce、Violante Di Canossa、Neville Hill、Axel Lang、Giovanni Zanni。原文为英文，博源基金会译。本报告发布于 2012 年 1 月 27 日。

应对欧元区危机的更为灵活并且有效的工具，资金供应将更为迅速，针对借款人的成本和条件会比希腊案例中的更好。

然而，在我们看来，私有部门参与计划的存在仍然是一个问题，尽管最终文件已经明显地淡化了措辞，并附以欧盟官员的严正声明，强调希腊的私有部门参与计划是一个特例。投资者可能仍会感觉不放心，周边国家债券市场的投资在一定时间内可能会持续受挫。葡萄牙国债的价格尤其反映了这些担忧。

我们同时理解，峰会的最后决定将涉及经济增长和就业的重点，但该声明的具体程度显然是其中的关键。我们不会对此屏息以待，但显然我们此时已无法再回避这个问题。我们还期望，在不太遥远的将来，正式的讨论会转向普及欧元债券，以及加强财政转移支付手段比如完成欧洲（货币）联盟的体制框架所必需的欧盟结构基金。

您是否已经预备好接受条约？

2011 年 12 月，几乎所有的欧盟领导人（英国是一个例外）都承诺签署一项新的条约，其作用是加强欧洲，尤其是欧元区的财政合作和稳定。

虽然我们认为，该协议仅在“六项规则”立法以及《欧元附加条约》提出的变化之后，该条约仅能为已经建立的财政基础设施提供增量改善，但我们相信由于其强大的政治属性，以及给予欧洲央行长期以来所期盼的额外宽慰以执行非常规政策，例如最近出台的三年期再融资操作。欧洲央行行长德拉基说，“对于欧元区各成员国，这将成为一份有效财政条约以及对经济政策更有效约束的基础”。

目前条约正处于起草阶段，面临的主要问题是如何在保持协议的精神完整的情况下，增加技术和法律细节。其目标应该是尽可能在周一举行的欧盟峰会上签署该条约。

我们尝试回答以下 7 个问题。

（1）该协议有哪些内容？

（2）平衡的预算规则意味着什么？

（3）欧盟机构扮演了什么角色？

（4）协议的其他部分是否具有新意？

（5）英国所处地位及其法律影响是什么？

（6）时间安排和具体执行是什么？

（7）还缺少哪些内容？

1. 该协议有哪些内容？

根据最新草案，我们已经看到了（当然最后一分钟出现变化也是有可能的），缔约双方同意就以下一系列观点达成一致。

（1）一般的政府预算状况应达到收支平衡或享有盈余。如果出现结构性赤字（即针对经济周期和一次性措施进行调整）超过 GDP 的 0.5% 的情形，将被视为违反了财政规则。国家宪法将负责评估是否违反规则。

• 欧盟委员会提出一个快速整合平衡预算的时刻表，同时会考虑各国的具体情况和可持续性风险。

• 仅在“特殊情况”或“严重的经济衰退”情况下才可能偏离提出的时间框架。虽然最初没有具体说明这一条，但在我们已经见到的最新条约版本中，该条款的定义将类似于当前记入《稳定与增长公约》的条款。

• 如果发现严重偏离目标的预算情况，一个自动修正机制将会被启动。关于机制的细节内容必须在欧盟委员会共同原则的基础上，由国家层面提供。例如可能会引发支出冻结。偏离的国家将必须在一个特定的期间内执行一定的修正措施。

• 在该新条约生效后一年内，通过将这些规则纳入国家法律（最好在宪法层面）将保证这些规则得到应有的重视。

• 欧洲法院将检查这些规则在被纳入国家法律之后是否符合本协议中的定义，换言之，欧洲法院不能直接制裁不遵守规则的国家，前提是每个国家将会有制裁违规行为的法律或宪法。

（2）如果一个国家的公共债务高于国内生产总值的60%，该国将必须减少其过多的公共债务，对60%以上的债务，平均每年减债比例为1/20（例如，意大利有120%的债务，最初每年的减债比例应为3%）。此规则已经纳入了2011年《欧元附加条约》决定的条约项下，从而在政治层面上强化了该承诺。

（3）各成员国同意，如果进入过度赤字程序，即，不符合《稳定和增长公约》项下设定的GDP 3%的公共赤字限额，该成员国将向欧盟委员会和其他政府提交方案，详细介绍必要的结构性改革，以确保有效和可持续的赤字修正。这是另外一个步骤，这类调整不会只集中在削减赤字，而是在经济改革的基础上使其本质更具有结构性。

（4）扩大反向少数服从多数制度。各国还同意，如果在没有多数成员国反对的前提下，将启动由欧盟委员会提出的过度赤字程序。这个已经在现有的过度赤字程序制裁部分中使用的反向少数服从多数的制度在这里也可以用来启动该程序。

（5）事前的政策协调。针对欧元区国家计划实施的主要经济政策改革进行预先讨论，以及成员国关于其国债发行计划的预先报告的机制将被启动。

2011 年 12 月关于财政条约达成的协议具有普遍性，其中每一个要点都要求在实施、制度使用、时间表、制裁的严重性和例外情况方面给予更为详细的说明。新闻界透露的财政条约草案已经澄清了一些要点，但仍然不够完整。同时，条约规则通过国家法律的实施将必须在未来几个月内进行详细说明。由此，财政条约将仍然是最终财政基础构架的胚胎，如果当前的时间表顺利实施，该基础构架将在 2013 年完成。

2. 平衡的预算规则意味着什么？

在创新方面，最受关注的事项应该是将被纳入各国宪法中的平衡预算规则。虽然 2011 年 12 月的协议中未提及任何事件可能将使一个国家偏离 0.5% 的结构性赤字上限，草案指出，未在成员国控制之下的“特殊情况”或“严重经济衰退”的国家可能会偏离该上限，即可以提供财政刺激，并因而运行超然于自动稳定器的反周期政策，“前提是此举将不会危及中期财政可持续性”。这似乎可算做是一个协议的潜在软化剂，尽管我们看到将特殊情况与现有的《稳定公约》规则联系在一起，最新条约版本至少将特殊情况保持在一个已知的框架内。根据《稳定公约》，经济衰退被定义为“严重”，当一个国家经历了“年度负增长或在一个较长的时期承受远低于其增长潜力的累计产值损失”，人们应该认识到，鉴于规则的结构，赤字已经可以超出了 0.5% 的名义赤字，以便使用灵活的方式应对危机。

在法律上，虽然 2011 年 12 月协议指出，此规则将被纳入“国家宪法或同等级的法律”，最新的草案措辞修改为“最好纳入宪法”。语言的弱化将可能使规则的约束力减少，但同时也减少了规则建立可能产生的问题。事实上，据我们了解，如果要求该规则必须被纳入宪法，一些愿意加入该条约的国家会面临一些技术障碍并会延缓其进程。

为了抵消这种弱化倾向，仍然处于详细编制过程中的纠正机制应该可以在规则重视程度不足方面限制政治回旋余地，因为按照最新草案，“该机制应包括有关国家在规定的时间内采取措施纠正偏差的义务”。纠正机制将在欧盟委员会提出的“共同原则”基础上落实到位。

我们的理解是，如果纳入宪法，预算规则将具有相对普遍性（因为所有宪制性法律通常都是这种情况）。宪法修正案将规定必要的二级立法，使新规定具有操作性并与政府间协议的条款保持一致。

我们认为，由于添加免责条款，允许政府在出现“严重的经济衰退”时偏离规定，以及可能由于不强制将规则纳入国家宪法，一些欧洲央行成员提出了批评，认为原来的协议被淡化。在我们看来，该条约的最新版本部分地解决了这些问题，目前能否通过在国家法律中的有效执行成为判断新规则成败的关键。

3. 欧盟机构扮演了什么角色？

欧洲法院的作用将仅限于确定规则是否被有效地纳入每一个国家的立法。根据最新的草案，这是欧洲法院能做的所有工作，也就是说，如果一个国家的结构性赤字高于0.5%，欧洲法院不能直接制裁该国。相反，国家宪法机关将有适当的工具，以确保尊重国家宪法。为此，该条约规定，各国应建立制度，负责在国家层面监察规则的遵守情况（如英国的OBR等独立财政部门）。

欧盟委员会可以自主建议提交一份报告，判断某个特定国家是否未能按照条约正确实施规则。如果委员会得出结论认为一个国家违反规则，“该问题将由一个或多个加入该协议的其他国家提请欧洲法院”。与以前一些草案的预测相比，这将为欧盟机构提供更多权力强制执行财政条约的合规。此外，如果一个国家认为，“以独立于委员会的报告为前提”，而另一个国家未能正确调整规则，前者将可以向欧洲法院报告后者。

如果一个国家不遵守欧洲法院的第一次裁决，可以再次向欧洲法院报告该国家，并给予处罚。如果欧洲法院确认，有关的政府部门实际上已经忽略其先前的裁决，现在可以处以罚款（不超过国内生产总值的0.1%，所以很大程度上只是具有象征性或政治性）。根据最新的草案，罚款额应向欧洲稳定机制支付。

4. 协议的其他部分是否具有新意？

协议中大多数要点的灵感来自目前的政策框架，即《稳定公约》，“六项规则”和《欧元附加条约》是对当前政策框架的强化。

例如，过度赤字程序项下适用于后果和制裁的规则将全部由反向法定多数做出，在所有阶段上给予欧盟委员会建议准自动机制。

此外，为了实现所要求的赤字目标，过度赤字程序的成员国必须向欧盟委员会提交必要措施。在新协议中，最新草案建议，过度赤字程序的成员国必须提交一份计划，其中包括财政和结构改革，我们认为该计划的精神类似于欧盟或国际货币基金组织的调整方案。该计划可能潜在成为本协议的一个值得注意的方面，因为它还将尝试解决一个经济体系的结构性缺陷，而不是仅仅要求紧缩。

我们认为，《欧元附加条约》已经考虑了债务削减速度问题，但通过签署这一国际条约可以加强这一考虑。

最后，希望各国预先向欧盟委员会和其他政府报告其国债发行计划，以便更好地协调发行的规划，而不是如之前的协议中所述地简单改善对其国债发行的报告。我们认为，这不是本阶段的重大创新，但可能是共同债券发行的第一步。

5. 英国所处地位及其法律影响是什么?

由于英国不参与该协议，该协议的合法性问题受到质疑（尤其是在英国内部）。事实上，因为该协议将不能被纳入《欧盟条约》（有些问题需要英国的许可），关于欧盟机构是否能充分执行该协议，政府间条约受到合法性质疑。我们认为，英国不会在执行和实施财政条约方面试图阻止发挥欧盟机构的作用。更重要的是，如果在稍后阶段邀请英国参与，在本协议生效之后五年内，关于财政条约的政府间条约应被纳入更广泛的《欧盟条约》。

6. 时间安排和具体执行是什么?

该条约将于2013年1月1日起生效，前提是12个欧元区国家（而不是以前草拟的15个或9个）批准该条约(尽管一些国家尚未敲定，数量仍可修改)。结构性预算平衡规则将在本协议生效之后（即最迟至2014年1月1日）被纳入国家法律体系。

对于大多数国家来说，似乎该协议必须经议会批准，而爱尔兰可能必须通过全民公决来决定这一问题。但在开始阶段只需要12个国家来推动这一项目。

7. 还缺少哪些内容?

正如我们上述讨论中提到的，除了实施方面只能在国家法律中并在稍后阶段具体规定之外，欧洲议会批评了条款缺乏一个更完整的欧洲所需要的成长和互助部分。其中包括关于引进欧元债券的路线图以及一个规模较小但仍大于目前规模的财政转移支付工具应该是欧元区政府下一步的重点，以完成基础设施建设。

欧洲稳定机制最后倒计时

欧洲理事会在2011年3月决定建立一个永久性的危机解决工具，即欧洲稳定机制，以取代临时的和更烦琐的欧洲金融稳定基金。讨论正在进入最后阶段，建立欧洲稳定机制的条约预计将在下周一签署。根据我们认为几乎可以被视为欧洲稳定机制最终草案的披露（显然，在最后一分钟仍然可能做出调整），我们下面报告当前讨论和最新的发展情况。

1. 主要特点

（1）欧洲稳定机制从2012年7月提前生效。虽然最初决定欧洲稳定机制于2013年年中开始生效，这个过程已经被提速，为了能让欧洲稳定机制从2012年7月开始运行，预计在2012年6月前，为创造欧洲稳定机制而进行的欧盟条约调整和各国议会的投票都将完成。现在仍然无法确定，是否将按照新的时间框架具体实施，我们仍然对于欧洲金融稳定基金的一再延迟记忆犹新。

（2）欧洲稳定机制的作用和干预手段——类似于欧洲金融稳定基金。欧洲稳定机制的作用将是筹集资金并为有困难的欧元区国家提供财政援助（但需附加严格条件）。如果需要，欧洲稳定机制还可以在一级和二级市场进行干预，继承所有针对欧洲金融稳定基金在过去几个月中（特别是在2011年7月和10月欧盟峰会上）协定的新功能和工具（见专栏）。

专栏　　　　欧洲稳定机制的严格限制

欧洲稳定机制将在严格的限制下提供贷款，与向爱尔兰和葡萄牙提供的贷款类似。此外还有其他灵活工具可供选择。

● 预防方案（信贷额度）：在此方案下，欧洲稳定机制将会提供信贷额度，而不是贷款，同时很显然仍然需要一些附加条件。信贷额度可在受助国GDP 2%～5%的范围内。

● 一级市场干预：欧洲稳定机制可以参与已处于调整项目或者已经使用信贷额度的国家的债券拍卖：一级市场干预可以在支持计划结束时作为辅助工具来使用，逐步帮助各国重新获得市场准入（如爱尔兰）。

● 二级市场干预：欧洲稳定机制将可以对二级债券市场给予直接干预。然而，我们认为二级市场干预必须迅速决定以使其有效，政治障碍意味着欧洲稳定机制将永远不会如欧洲央行（通过安全市场方案）一样有效率。

● 银行的资产重组：欧洲稳定机制可以作为最后贷款人对银行进行资产重组，即仅在（1）股东；（2）私人投资者；（3）国家政府未能拿出资金之后采用。欧洲稳定机制不能直接向银行注入资本。相反，欧洲稳定机制将为各成员国贷款，然后将其收益用于各银行。

（3）具有更多的灵活性。在国际公法项下将成立欧洲稳定机制，作为一个政府间组织，类似于其他多边贷款机构，如欧洲投资银行或国际货币基金组织。因此，欧洲稳定机制不同于在卢森堡作为一家公司成立的欧洲金融稳定基金。欧洲稳定机制与欧洲金融稳定基金相比具有一个关键的优势是，其对各出资国的评级依赖较少而是根据实收资本。后者是有形的并且独立于市场条件以及各国的信用评级，从而将有助于提高欧洲稳定机制的整体信用。由于是实收资本，银行执照的关联风险将被极大降低。同时这意味着，与欧洲金融稳定基金相比，欧洲稳定机制在出现巨大市场压力时发行大量债券的能力将不会受到太多质疑。此外，其优势还在于在某一时刻获取银行执照的潜力（欧洲金融稳定基金在任何方面都无法独立于欧元区政府）。

欧洲稳定机制的灵活性还体现在理事会可能做出的决定（基本上都是参与会员国的财政部长），以及做出决定的规则，包括以下几个方面。

- 改变法定资本存量并调整欧洲稳定机制的最高放贷限额：欧洲稳定机制使欧元区各国政府可以随时调整放贷额度。据我们了解，增加欧洲稳定机制放贷能力不要求议会批准，前提是法定资本保持在 7000 亿欧元，提高后者将需要议会的批准。
- 变更针对资金援助的定价政策和定价指引。
- 变更可能由欧洲稳定机制使用的金融工具。

（4）针对紧急决策制定更为灵活的规则。虽然关键决定基于相互同意，最新的欧洲稳定机制文本包括针对应急决定的特殊安排。

通过双方协议第 3 款的安排方式，如果欧盟委员会和欧洲央行都得出结论认为，如果不给予金融援助，将威胁欧元区的经济和金融稳定性，应启用应急情况表决程序。在应急程序项下采纳一项决定需获得 85% 的法定多数票数。

虽然芬兰反对该紧急程序，并且是唯一同意相互协议决定的国家，但芬兰通过在欧洲稳定机制条约中添加条款之后也被纳入协议，该添加条款为：如果采用应急程序，应筹集额外资金，以保护不同意该紧急决定的国家的风险。上述修订在很大程度上减少了一个较小欧元地区通过否决权阻止干预的风险。

（5）放贷能力。目前为5000亿欧元。欧洲稳定机制将有类似其他多边贷款机构的资本结构，法定资本存量为7000亿欧元，放贷能力为5000亿欧元。目前设定的实收资本为800亿欧元，在五年内支付（每年20%），但如果需要，可以加快速度。通知即缴的股本为实收资本和法定的7000亿欧元存量之间的差额。关于欧洲金融稳定基金机制，国际货币基金组织可能会为任何救援方案贡献1/3资金。

欧洲稳定机制生效之前放贷能力还可能增加，欧元区成员已经表示，它们将会再次讨论5000亿欧元放贷能力的问题——或者在欧洲稳定机制生效后，基于理事会的讨论，该额度也可以增加。值得注意的是，欧洲稳定机制和欧洲金融稳定基金可以并行运作，在未来几个月内可能增加欧洲机构的激励能力，在仍然处于计划中的欧洲金融稳定基金杠杆作用或其他国际货币基金组织支持的潜在增加之外。

虽然上述思路并不反映在最近我们已经看到的草案中，“拟在从本条约生效直至欧洲金融稳定基金完全失效的过渡期内，欧洲稳定机制和欧洲金融稳定基金的合并借款不应超过5000亿欧元”，我们仍然认为，关于过去几天在欧盟层面上的辩论，在最终版本中可以省略这一句。

欧洲稳定机制资本的首批款项（160亿欧元）将在该条约生效后15天之内付讫。由于实收资本和发行的欧洲稳定机制保证之间的15%的最低比率应在所有时间保持，欧洲稳定机制放贷能力在其第一年的运作中大约1100亿。当然这同时需要假设没有迫切的理由（或意愿）加快资本金支付。此外，假设欧洲金融的稳定基金和欧洲稳定机制的联合贷款不超过5000亿美元，最高实收资本直到欧洲金融稳定基金贷款在2012年年中到期之前发放，将为550亿欧元左右。通过假设计算，欧洲金融稳定基金很显然应在欧洲稳定机制启动之前向希腊提供大约900亿欧元。

（6）各缔约方有义务向欧洲稳定机制缴款。除了在资本金部分应缴纳的首期付款之外，欧洲稳定机制成员应为其法定资本中所占的份额承担责任，它们的责任是在任何情况下都仅限于其在法定资本存量的份额。例如，假设欧洲稳定机制的规模保持不变，德国对欧洲稳定机制的负债将始终不应高于1900亿欧元。

（7）如果欧洲稳定机制成员无法支付其资本金怎么办。如果欧洲稳定机制成员未能履行要求的支付责任，将针对所有欧洲稳定机制成员修订并增加资本金，以确保欧洲稳定机制接收需要的实收资本金总额。理事会应决定采取适当行动，确保有关欧洲稳定机制成员在一个合理的时间内解决其针对欧洲稳定机制的债务。

以上（6）、（7）点意味着在成员无力或不愿支付的情况下，其他缔约方仍然有责任分担其法定资本存量的承诺份额。举例来说，如果5个国家不能支付其资本份额，其他12个国家必须按照比例以超过初期设想的金额付款，但需在其针对欧洲稳定机制承担债务的限额之内。欧洲稳定机制理事会将负责处理不履行约定的成员国。

（8）放贷条件。贷款利率将等于欧洲稳定机制资金成本加上其运营成本以及适当的利润（尚未确定，但可能较小）。这将比2011年原欧洲稳定机制条约的贷款条件更宽松，因为原欧洲稳定机制条约的处罚更为严厉。在欧洲金融稳定基金十月峰会的背景下，已经修改了定价的条款。

（9）只有已经签署了财政条约的欧盟成员国才有资格获得欧洲稳定机制的支持。针对至少已经为批准财政条约启动议会程序的国家，欧洲稳定机制草案将限制向这些国家的援助。

（10）国家批准流程。我们认为，所有国家的议会都需要批准欧洲稳定机制条约。此外，德国需要预算委员会的针对后者的预先批准。然而我们相信，德国议会的支持是存在的，我们也注意到，为了使欧洲稳定机制生效，需要由代表资本90%（早期草案中为95%）的国家批准。这一规定将减少一些小国家在2002年6月之前对于批准条约存在困难的风险，例如芬兰或爱尔兰的情况。

表1　欧洲稳定机制的缴款重点

单位：%

欧洲稳定机制成员国	欧洲稳定机制重点	欧洲稳定机制成员国	欧洲稳定机制重点
奥地利	2.8	意大利	17.9
比利时	3.5	卢森堡	0.3
塞浦路斯	0.2	马耳他	0.1
爱沙尼亚	0.2	荷　兰	5.7
芬　兰	1.8	葡萄牙	2.5
法　国	20.4	斯洛伐克	0.8
德　国	27.1	斯洛文尼亚	0.4
希　腊	2.8	西班牙	11.9
爱尔兰	1.6	总　额	100.0

资料来源：瑞信。

2. 多位尔海滩带给我们什么?

据报道，默克尔和萨科齐于2010年10月在多维尔海滩漫步之后同意了欧洲稳定机制。同时带来三个告诫，难以为市场消化，并成为在过去几个月中一直困扰欧洲的信心危机之后的一个重要因素：私营部门的参与、欧洲稳定机制的威望以及集体行动条款的制定。

（1）私营部门参与计划。经受了欧盟主席范龙佩的强烈反对声明之后（他曾宣布，计划中的债券损失“对债务市场具有负面影响，同时表示私营部门参与计划方式现在已经正式结束了。”），私营部门参与计划已经从欧洲稳定机制条约本身中删除了。然而，我们认为，私营部门参与计划在条约的序言中仍然相当突出，只是稍微淡化，按照国际货币基金组织惯例，在特别情况下私营部门的充分和恰当形式的参与是应当被考虑的。不过我们明白，与以前的草案相比，私营部门参与计划被视为是不得已的选择。

我们认为，在这一较为淡化的版本中，私营部门参与计划仍然是一个关键的关注点，可能甚至不只是措辞本身，私营部门对希腊问题的有效参与现在是并且仍然将是投资者未来关键的参照基准。同时葡萄牙政府债券的价格尤其反映了这些担忧。

（2）优先债权人地位。欧洲稳定机制草案规定：“与国际货币基金组织一样，当欧洲稳定机制成员国正常获得市场融资的条件被削弱或者正在遭受削弱风险时，欧洲稳定机制将为成员国提供稳定支持。因此，国家元首或政府首脑都表示，欧洲稳定机制贷款在接受国际货币基金组织高于欧洲稳定机制优先债权人地位的同时，将以类似于国际货币基金组织的方式享受优先债权人地位”。

我们认为，在该序言而不是在条约本身保留该宣言意在强调一种意图，即为未来处理逐个案例保持一定余地。投资者仍然应该承认欧洲稳定机制贷款的权威。尽管如此，通过信用额度以及一级和二级市场干预提供的欧洲稳定机制支持将不享受优先债权人地位。

（3）集体行动条款（CACs）。按照该草案，“集体行动条款应在当前条约生效之后一个月内被纳入所有新欧元区期限超过一年的政府证券，以确保其具有同等法律影响”。

其用意是按照国际惯例应用 CACs，不以任何方式创新。与此同时，与上述两个要点相反，欧洲稳定机制条约的主要文本中仍然保留 CACs，这说明 CACs 将成为未来任何危机决议的明确组成部分，以避免少数债券持有人阻止自愿重组。

总体上我们认为，欧洲稳定机制条约的最新版本概述了一个为应对欧元区危机而采用的更灵活并且有效的工具。资金的提供将更加迅速，借款人的成本和条件会比现在希腊的情况更好一些。正如我们在本文所讨论的，早期希腊一揽子计划以及最近欧洲金融稳定基金都取得了明显进展。

即使在最后文件中的措辞有所淡化，并且有欧盟官员的强烈声明，即认为私营部门参与计划在希腊属于特例情况，在我们看来私营部门参与计划的存在仍然是一个问题。上述强调的其他两个问题，即权威性和 CACs 也是如此。

我们认为，投资者仍担心是否将会出现另外一个希腊的情况。从本质上讲，这意味着欧元区成员国的国内债券将在任何救援方案中被视为具有次要地位，我们认为具有三个方面意义：（1）政府债券的基础性重新定价，以将现在这一明确的风险（已经在进行）包括在内；（2）有可能在国家层面具有更为健全的财政，尽可能避免成为被救助国的风险；（3）欧洲稳定机制参与未来救援的期间延长，而在一个计划项下的国家可能不会明显和完全脱离危险期，因为在仍然需要欧洲稳定机制支持的情况下投资者可能会担心被卷入。

欧洲央行回购规模远超预期

斯蒂芬·德奥 等*

摘　要

• 规模超过预期

市场预期的范围在3000亿~3500亿欧元，实际数字比该预期范围要高很多。由于大多数市场评论人士都倾向于低估数据，因此这不能算是完全出乎意料。

• 规模到底有多大

简单来说，欧洲央行本周提供了2540亿欧元的流动性。其资产负债表规模也将随之扩大，即从2.494万亿欧元增至2.748万亿欧元。

• 某种形式的准量化宽松

欧洲央行正在向金融体系提供大量的流动性——不是直接向市场提供（正常量化宽松的做法），而是通过银行进行。此外，欧洲央行正在转移风险并改变主权债的信用溢价。

---

* 作者为瑞银经济学家 Stephane Deo、Martin Lueck、Reto Huenerwadel、助理分析师 Matteo Cominetta 与助理经济学家 Jennifer Miller。本报告发布于2011年12月21日。

欧洲央行回购规模远高于预期，但并不完全意外

欧洲央行通过 3 年期回购操作提供的资金达到 4890 亿欧元。此外，欧洲央行还通过 3 个月期回购操作提供了 297 亿欧元资金。我们的预测（以及市场一致预期）为 3200 亿欧元。下次 3 年期招标定于 2012 年 2 月 29 日进行。

毫无疑问这个规模远高于预期，但由于以下两个原因，我们认为这对我们（很可能也是对市场）而言并不完全算意外。

（1）我们注意到回购操作总额 2011 年 12 月 20 日为 3710 亿欧元，而欧洲央行上次（即上周五）公布资产负债表时的数字为 6650 亿元，昨天的数字比上周五下降了近 2930 亿元；在我们看来，这似乎表明银行将一些回购操作置于一旁，以便有足够的抵押品来参与 3 年期回购操作。

（2）最近意大利和西班牙的招标情况远好于预期，表明银行正计划利用这次的 3 年期回购来进行套利交易。

从以上分析可以得出以下结论。

（1）毫无疑问这比预期高不少，但我们认为多数市场评论人士都预见到了实际数字超过预期的风险。尽管如此，我们仍然认为这对市场有明显的支撑作用。

（2）这些新的非常规措施并不会解决主权债危机，但可能在很大程度上缓解流动性危机。问题在于这种支撑能维持多长时间：如果不进行更触及基本面的改革，我们怀疑这一做法还不足以稳定市场。

如何解读该数据？欧洲央行资产负债表解读法：量化宽松和准量化宽松

欧洲央行回购操作的历史

图 1 所示为欧洲央行回购操作的历史。主要再融资操作（MRO）是 7 天回购，长期回购操作（LTRO）包括 1 个月、3 个月、6 个月等。

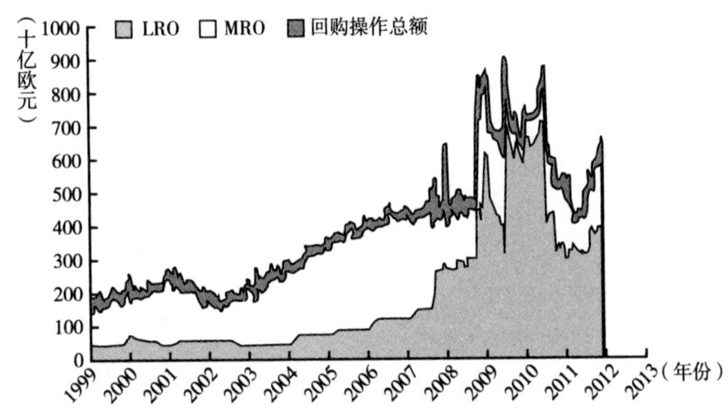

图 1　欧洲央行回购操作

资料来源：欧洲央行。

在“欧元体系”(Eurosystem)资产负债表中可以找到回购操作的金额数据，① 上周末，回购操作总金额为 6650 亿欧元。

欧洲央行本周印了 2540 亿欧元！

今天上午回购操作总金额为 4000 亿欧元。② 所以最

① 参见 http://www.ecb.europa.eu/press/pr/wfs/2011/html/fs111220.en.html，“资产”栏第 5 项“借给欧元区信贷机构的与货币政策操作有关的欧元计价贷款”。

② 见 http://www.ecb.int/mopo/implement/omo/html/index.en.html。

新进行的 3 年期和 3 个月回购将使欧洲央行资产负债表增加 5187 亿欧元，使得回购操作总额达到 9187 亿欧元，若以上述 6650 亿欧元作为比较基准，意味着本周创造出了 2537 亿欧元的流动性。这是很大的数字。简单来说，欧洲央行本周提供了 2540 亿欧元的流动性。

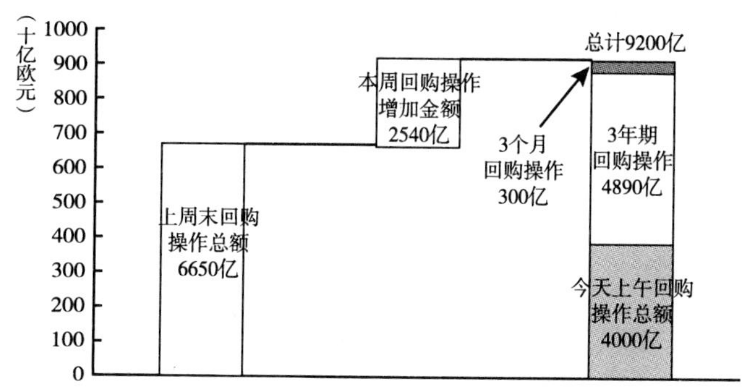

图 2　回购操作力度加大

资料来源：欧洲央行、瑞银。

其资产负债表规模也将随之扩大，即从 2.494 万亿欧元增至 2.748 万亿欧元（为有史以来最高），这相当于一周内增加了 10.2%。

准量化宽松

这并非量化宽松。经济学家所说的量化宽松是指央行印钞用以购买资产。就美联储和英国央行的情况而言，央行总是购买风险最小的资产。欧洲央行没有采用这样的做法。但我们发现两者之间有一些明显的相似之处。

首先，欧洲央行的确在印钞，并且如前文提到的数字所示，印钞规模相当大。即便这些流动性不直接投资于市场，而是通过传导机制（即银行业）间接进入市场。但在我们看来，主要的区别在于欧洲央行资产负债表质量的变化，因为欧洲央行扩大了可以接受的抵押品范围。这和证券市场计划（SMP）的做法颇为相似，SMP的对象是风险最大的资产，也就是意大利和西班牙主权债券。通过SMP，欧洲央行并不是提供了额外流动性，而是改变信用溢价。

对经济学家来说，上述区别看似毫无意义。但实际上并非如此，我们认为今天上午的回购操作既是流动性工具（创造了2540亿欧元），又是信用溢价工具（看看最近的主权债息差）。总之，这并不是严格意义上的量化宽松，但对市场的影响不容忽视。

如何解读该数据？过剩流动性方法，大量套利交易

在正常情况下，资金富余的银行贷款给资金不足的银行。市场对供需进行匹配，但会存在结构性资金短缺。欧洲央行网站提供的技术性解释为“欧元区信贷机构最低准备金要求给银行系统带来的流动性需求，以及来自自发性因素（Autonomous Factors，通常在欧洲央行直接控制之外）的流动性需求。这样的因素可以是流通中钞票和一些国家央行中的政府存款”。欧洲央行通过回购操作让这些流动性需求进入市场。

目前自发性因素估计达到2398亿欧元，准备金要求估计为2070亿欧元。因此市场存在4468亿欧元的“资金短缺”。[①] 这与图3显示的欧洲央行提供给银行系统的净流动性一致。我们用回购操作减去银行在欧洲央行的存款来代表银行的流动性净需求量。我们获得的数字是欧洲央

① http://www.ecb.int/mopo/liq/html/index.en.html.

行提供而且没有回流到欧洲央行存款中的流动性数量，也就是真正停留在银行资产负债表中的流动性数量。

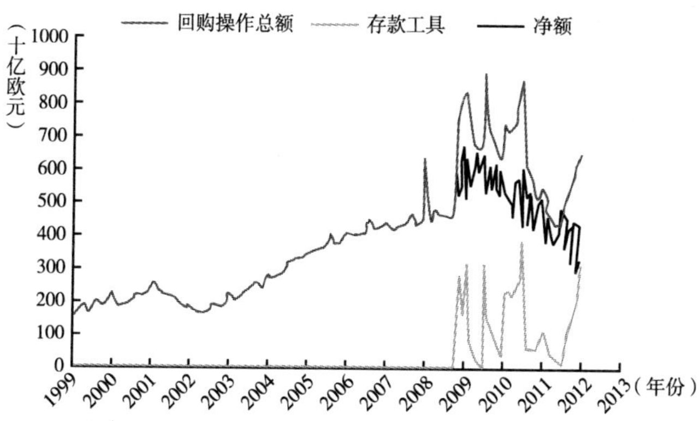

图 3　欧洲央行提供给市场的净流动性

资料来源：欧洲央行。

超出 4468 亿以上的部分便是提供给系统的“过剩流动性”。回购操作总金额目前为 9187 亿欧元，这表明过剩流动性将达到有史以来最高的 4719 亿欧元（见图 4）。

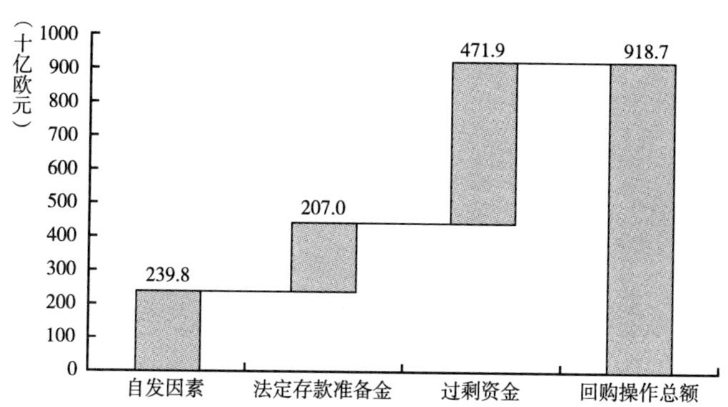

图 4　过剩流动性数量将相当可观

资料来源：欧洲央行、瑞银。

长期再融资操作：逻辑、操作、效果和未解难题

黄海洲*

三年期 LTRO

三年期 LTRO 是欧央行政策的合理延续

2011 年 12 月，由于希腊债务危机陷入僵局，欧债危机不断恶化，欧洲央行（ECB）推出了为期三年的长期再融资操作（Long-term Refinancing Operations，LTRO）以缓解欧洲银行流动性短缺，当期总规模达到 4892 亿欧元。事实上，ECB 在此前曾多次进行类似公开市场操作（见表 1）。正常情况下，ECB 会定期提供 7 天、1 个月和 3 个月的回购操作。在 2008 年雷曼倒闭后金融危机最严重的时候，ECB 曾推出了 6 个月的 LTRO，并在 2009 年下半年三次进行了一年期 LTRO。随着欧债危机不断升级，市场对欧洲周边国家（Peripheral Countries）主权债务偿还

* 黄海洲，中国国际金融有限公司首席策略分析师。本报告发布于 2012 年 2 月 27 日。

能力产生了更为广泛的质疑，而由于欧洲银行普遍大量持有欧洲主权债务，这导致对手方风险（Counterparty Risks）急剧上升，银行间拆借市场基本冻结，同时银行发债筹资的能力也受到极大制约。在此背景下，ECB 推出三年期 LTRO 实为明智之举。

表 1 欧央行在 2011 年 12 月三年期 LTRO 之前的操作

公开市场操作	币种	交收日	到期日	到期天数	最低投标利率（%）	边际固定利率（%）	加权平均利率（%）	操作金额（十亿欧元）
LTRO	EUR	2011 年 8 月 11 日	2012 年 3 月 1 日	203				49.8
LTRO	EUR	2011 年 10 月 27 日	2012 年 11 月 1 日	371				56.9
LTRO	EUR	2011 年 12 月 1 日	2012 年 3 月 1 日	91				38.6
LTRO	EUR	2011 年 12 月 22 日	2012 年 3 月 29 日	98				29.7
LTRO	EUR	2011 年 12 月 22 日	2015 年 3 月 29 日	1134				489.2
LTRO	EUR	2011 年 1 月 18 日	2012 年 2 月 15 日	28		1		38.7
LTRO	EUR	2012 年 1 月 26 日	2012 年 4 月 26 日	91				19.6
MRO	EUR	2012 年 2 月 8 日	2012 年 2 月 15 日	7		1		109.4
OT	EUR	2012 年 2 月 8 日	2012 年 2 月 15 日	7	0.26	0.28	0.27	-219.0
LTRO	EUR	2012 年 1 月 26 日	2012 年 4 月 26 日	91				19.6
LTRO	EUR	2012 年 1 月 26 日	2012 年 4 月 26 日	91				19.6

注：MRO = Main Refinancing Operation（主要再融资操作），OT = Other Type of Operation（其他操作）。

资料来源：欧央行，中金公司研究部。数据截至 2012 年 2 月 12 日。

通过对ECB资产负债表的观察，我们发现在此轮LTRO之前，ECB公开市场操作存量已达到6000亿欧元的规模，说明欧洲银行已普遍依赖欧央行提供的流动性。在ECB实施此次三年期LTRO之后，整体公开市场操作存量规模已超过8000亿欧元，超过了2008年金融危机最为严重时的水平（见图1）。同时，伴随着此轮LTRO，欧洲银行存放在ECB的存款也显著增加，因而除去存款的净存量（亦即欧央行对欧洲金融市场的净资金注入），反而呈下降走势（见图2）。

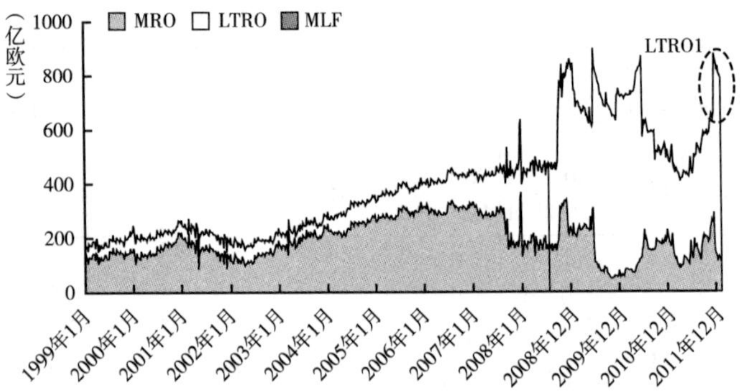

图1 LTRO使得欧央行公开市场操作存量大幅提升

注：MLF = Marginal Lending Facility（边际贷款工具）。

资料来源：欧央行，中金公司研究部。数据截至2012年2月12日。

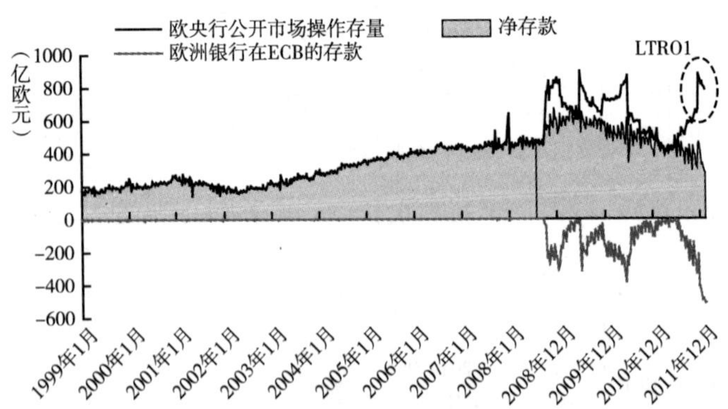

图2 在欧央行存款也同时大幅攀升，因而净公开市场操作量并未增加

资料来源：欧央行，中金公司研究部。数据截至2012年2月12日。

欧洲银行面临较大债务到期压力，LTRO资金难以大幅流向市场和实体经济

2011年12月第一轮三年期LTRO为欧洲银行提供了大量流动性（净资金投放约2130亿欧元），但根据我们计算，“欧猪五国”和其他核心国家（如德国、法国）的主要大型银行在2012年和2013年将面临大量债务到期压力，其中仅2012年上半年就达到3320亿而全年超过6240亿欧元（见图3），其中“欧猪五国”银行的债务到期量占全部到期量将近一半（见图4）。我们认为银行更倾向于储备资金以应付巨额债务到期，或是直接回购即将到期的银行债券，而不会大规模应用从LTRO获得的资金介入资本市场或是放贷给实体经济。但可能确实有部分资金参与了套利交易（Carry Trade），即从LTRO以1%成本获得资金，买入周边国家中短期债务（2011年12月底收益率4~6%），赚取利差。我们认为从事这种交易的资金规模不会特别大。即使购买，也主要集中于流动性风险占主导的本国国债，即意大利银行用三年期LTRO资金购买意大利国债，但不包括偿付能力受到广泛质疑的国家，如希腊。

近期随着市场情绪好转，银行债务市场有回暖迹象，2012年以来欧洲银行发行的高级无担保债券规模达到440亿欧元（见图5），大于2011年整个下半年的发行量，但成功发债的银行仍主要集中在拥有AAA评级的核心国家。我们预计在2012年2月28日进行的第二轮三年期LTRO中，主要申请资金的银行仍将以意大利和西班牙银行为主，考虑到债务发行市场对这些银行仍未大面积开放，我们认为所得大部分资金仍将被优先用于偿还即将到期的银行债务。

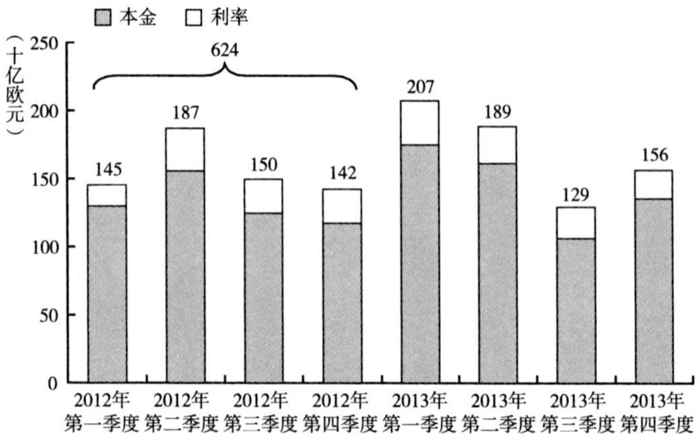

图 3　欧洲主要银行在 2012 年第一季度、第二季度面临大幅债务到期

注：通过彭博“DDIS”统计注册地为“欧猪五国”、德国、法国、荷兰、瑞士、英国的主要大型银行（按市值计）的债务到期量。

资料来源：彭博，Dealogic，中金公司研究部。数据截至 2012 年 2 月 21 日。

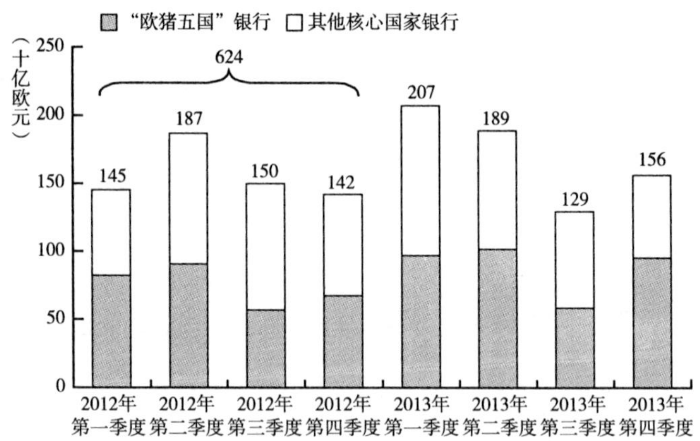

图 4　“欧猪五国”银行债务到期量与其他主要欧洲国家银行基本持平

注：通过彭博“DDIS”统计注册地为“欧猪五国”、德国、法国、荷兰、瑞士、英国的主要大型银行（按市值计）的债务到期量。

资料来源：彭博，Dealogic，中金公司研究部。数据截至 2012 年 2 月 21 日。

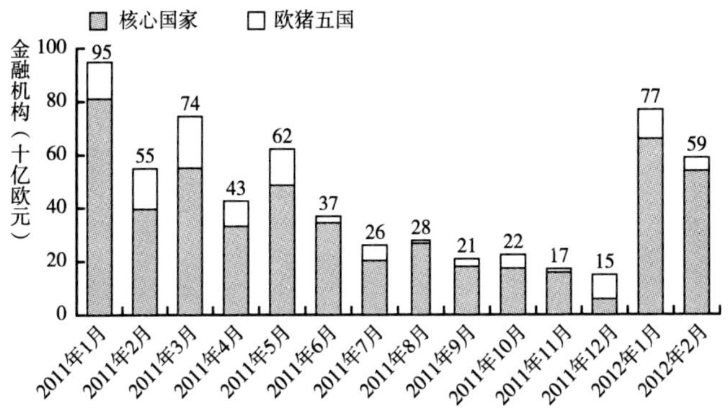

图5　欧洲金融机构2012年以来发行高级无担保债券的金额

注：通过彭博"DDIS"统计注册地为"欧猪五国"、德国、法国、荷兰、瑞士、英国的主要大型银行（按市值计）的债务到期量。

资料来源：彭博，Dealogic，中金公司研究部。数据截至2012年2月21日。

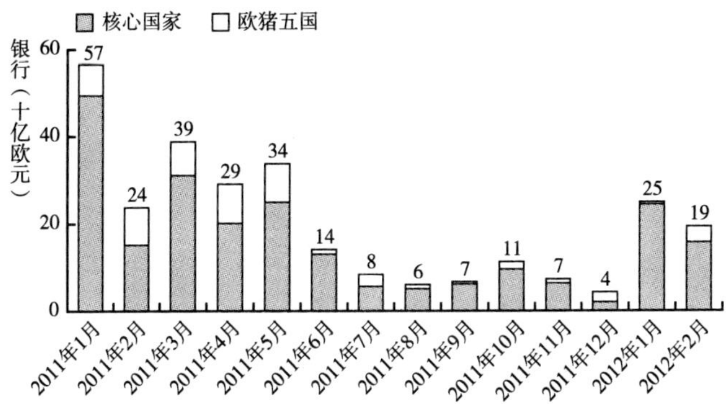

图6　欧洲银行也呈现类似的趋势，但主要集中在核心国家，周边国家成功发行金额仍有限

注：通过彭博"DDIS"统计注册地为"欧猪五国"、德国、法国、荷兰、瑞士、英国的主要大型银行（按市值计）的债务到期量。

资料来源：彭博，Dealogic，中金公司研究部。数据截至2012年2月21日。

关于LTRO资金规模，我们在表2做了具体的分析和假设。第一轮三年期LTRO中，根据ECB公开市场操作存量的周度变化估计净投放资金大致为2130亿欧元，其中当期 LTRO 总规模为 4892 亿欧元，除去银行用于之前持有 MRO 的展期资金（1230 亿欧元），以及较短期 LTRO 的展期资金（1530 亿欧元），同时假设所有净投放资金均流向银行而未流向任何其他金融机构，欧洲银行所得净资金最大值即为 2130 亿欧元。

表 2　两轮 LTRO 银行所得净资金预计与 2012 年整体债务到期量基本持平

单位：十亿欧元

操作种类	欧央行公开市场操作存量		净投放资金(与 LTRO 前一周的变化量)
	2011 年 12 月 18 日	2011 年 12 月 25 日	
MRO	292	169	-123
LTRO	369	704	335
总　计	661	873	213

	2011 年 12 月 LTRO	2012 年 2 月 LTRO（估计值）
总投标金额	489	500
MRO 展期	123	50
较短期 LTRO 展期	153	90
净投放资金	213	360

两轮三年期 LTRO 净投放资金	573
2012 年第一季度银行债务到期	145
2012 年第二季度银行债务到期	187
2012 年第三季度银行债务到期	150
2012 年第四季度银行债务到期	142
2012 年银行债务到期总量	624
LTRO 所得资金覆盖 2012 年债务占比(%)	92

注：MRO = Main Refinancing Operation（主要再融资操作），LTRO = Long-term Refinancing Operation（长期再融资操作）。假设所有 LTRO 投放资金均流入银行，且无资金用于主权债务的套利交易。

资料来源：欧央行，中金公司研究部。数据截至 2012 年 2 月 12 日。

对于第二轮三年期 LTRO，欧洲经济学家预期总规模大致在 5000 亿欧元，除去用于相应 MRO 和 LTRO 的展期资金，在同样的假设下（100%流向银行），我们估计银行获得净投放资金将达到3600亿欧元左右。基于这样的假设，我们预计两轮三年期LTRO将净投放5730亿欧元资金，相当于欧洲银行2012年债务到期总量的92%（见表2）。在无法确定批发融资（Wholesale Funding）市场能否持续恢复的情况下，我们认为银行更倾向于囤积资金以应付即将到来的巨额债务偿还。

LTRO与QE之异同

LTRO和QE的相同之处是都利用扩大央行的资产负债表化解了流动性紧张，因之降低了金融系统风险。在差异方面，最大的不同是期限。如果把三年期LTRO看做是三年期逆回购的话，QE可以被看成是永久性逆回购。

有如此不同的根本原因在于，美国是一个财政和货币统一的国家，美国财政部和纳税人最终为央行的货币发行背书，而欧盟目前并没有统一的财政联盟，由此限制了欧央行可操作的空间。如果我们将QE视做父母对子女的无限期“特赦”的话，LTRO就可以被看成是大哥、大姐对弟弟妹妹们的三年期“缓刑”。美国的银行在QE的“特赦”之后得以轻装上阵，有条件重新开始承担风险和再杠杆（Re-leverage），而LTRO之后欧元区银行仅获得三年“缓刑”，去杠杆（Deleverage）和补充资本金仍必须进行。鉴于此，QE对美国经济的推动作用不言自明，一旦信心转好，贷款需求上升，信贷供应量因之上涨，就业—消费的正向循环步入正轨，经济有望重拾升势；对欧洲来说，去杠杆仍将是主导未来经济发展的一个既漫长又痛苦的过程，不排除步日本后尘的可能性。

此外，欧洲央行采用LTRO这种有具体结束期限的工具，其资产负债表的扩张是暂时的，而退出的日期是确定的（除非欧洲央行宣布将中等期限LTRO变成日常工具）；QE本质上也是提供流动性，美联储采用了无限期流动性工具，相当于宣布其资产负债表扩张是“永久性”的（当然，在一定时候，随着经济稳定复苏，美联储将考虑缩减其资产负债表）。

另外一个重要不同点在于，LTRO是由欧元区银行提出需求量，欧洲央行大幅降低抵押品标准，按固定利率1%无限量供应流动性，这意味着欧洲央行负债表的规模由银行决定；而QE是由美联储预先确定规模，直接出面在二级市场上购买资产。从这个角度来说，以解决流动性不足为目标，LTRO在规模上做得比QE更为激进。总体上，可以认为，LTRO确定退出日期，但不限制规模，而QE不定退出日期，但限制规模，详细比较请参见表3。

表3　欧央行和美联储货币宽松之异同

	欧央行	美联储
主要目标	缓解信贷紧缩，避免银行流动性危机	提高整体货币供给，刺激总需求、经济增长和就业
实施方式	(1)证券市场购买计划(SMP)，购买周边国家国债，但规模受限 (2)主要为长期再融资操作，其中2011年12月和2012年2月LTRO为三年期，抵押标准同时被大幅放宽，操作规模由银行需求和抵押品决定	在公开市场上直接购买国债和MBS，美联储决定操作规模
实质影响	在一定期限内将流动性风险和市场风险从私人部门转移到公共部门(欧央行负债表)	将流动性风险和市场风险完全从私人部门转移到公共部门(美联储负债表)
实现效果	(1)基本解决一季度银行大规模债券到期引发的短期流动性问题，缓解了银行去杠杆的压力 (2)压低了周边国家中短期国债收益率	压低融资水平(包括国债、MBS利率等)，协助银行实现去杠杆

续表

	欧央行	美联储
不足之处	(1)LTRO 期限最长为 3 年，投资者中长期风险偏好影响有限 (2)银行杠杆率仍维持高位，去杠杆化仍将进行	(1)超额储备金大量堆积在美联储负债表，并未能进入实体经济 (2)推高长期恶性通胀的风险
退出方式	LTRO 有明确结束日期，欧央行如不滚动推出新的再融资计划即是退出，如银行需求减少或抵押品不足导致新推出的 LTRO 金额较之前减少，欧央行负债表将缩小	无明确日期，主要由美联储判断并引导市场预期

资料来源：中金公司研究部。

另外一个问题是，无论是 QE 还是 LTRO，银行拿到钱之后，更多是存回央行而不是投入市场或是放贷给实体经济，这点可以从美联储和 ECB 负债方大量堆积的超额储备和存款工具，以及不断下滑的货币乘数得到印证（见图 7 和图 8）。

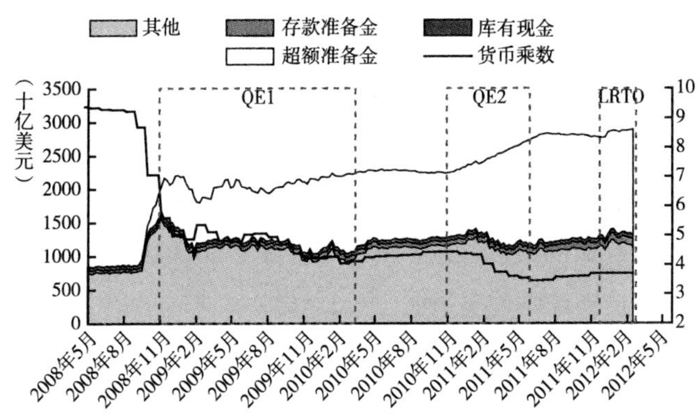

图 7　美联储资产负债表中存有大量超额储备，即银行将大部分资金存回央行而不愿放贷

资料来源：彭博，中金公司研究部。

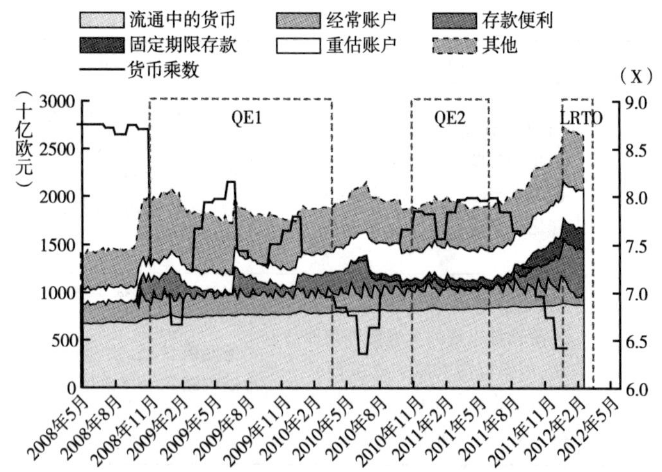

图 8　欧央行负债方出现明显的存款堆积，而货币乘数也是大幅下滑

资料来源：彭博，中金公司研究部。

短期危机已过，长期问题犹存

短期危机已过

LTRO 的推出极大地缓解欧洲在短期内发生大规模金融危机的可能性，而近期通过针对希腊的第二轮救助方案也有望避免事态恶化。尽管未来可能还有诸多不确定性，而且经济增长的问题也无法在短期内快速解决，我们倾向于认为欧债危机最危急的时刻已经过去，市场关注焦点将回到如何使经济恢复增长。①

长期问题犹存

目前的一个关键问题是，欧债危机更多是流动性短缺所

① 详细分析请参见中金策略组李志勇《欧债危机最危急的时刻已过?》，《海外市场投资策略周报》2012 年 2 月 19 日第 181 期。

致还是偿付能力出了问题。如果只是流动性不足，那 LTRO 能够很好地缓解这个矛盾，使欧洲走向正轨；而如果是根本性的偿付能力不足，那 LTRO 做到的仅是为最终进行结构性改革、提高偿付能力提供更多宝贵的时间。我们认为欧洲需要做出艰苦卓绝的改革，提高自身竞争力，而在货币受限无法大幅贬值的情况下，唯有降低本国劳动力成本，这个过程无疑是痛苦的，可能需要较长的时间才能完成。

此外，LTRO 无法降低银行系统的杠杆率，而根据欧洲银行监管局（EBA）的要求，欧元区银行需要在 2012 年前融资 1147 亿欧元以满足一级核心资本充足率 9% 的要求，以抵御资产减计所产生的冲击。QE 当时起到的一个关键作用是极大地刺激了市场的风险偏好，同时美国财政部也做了一些刺激性开支，协助美国银行业平稳度过了去杠杆。对目前的欧洲来说，LTRO 对市场中长期风险偏好的刺激作用有待观察，而各国的财政紧缩也在继续进行，经济可能已经步入衰退，这种情景下银行业能否较为平稳地实现去杠杆化仍存在很大不确定性。与此同时，在拥有足量而又便宜的融资渠道（三年期 LTRO）的情况下，银行能有多大动力来进行去杠杆也存在一定疑问。目前除了意大利裕信银行宣布了配股融资计划以外，其他欧洲主要银行仍未拿出明确的股权融资或是资产出售计划。

最后，LTRO 在减低流动性迫切需求的同时，也降低了各国继续进行结构改革的紧迫性，包括约束财政支出、削减福利、欧盟财政一体化等等。只要各国领导人能够拿出魄力，坚持推进必要的结构性改革，提高整体竞争力，才能为将来经济恢复增长铺平道路。

LTRO 对资产价格的影响

三年期 LTRO 最大的作用无疑是避免了短期资金匮乏

引发金融系统风险，主要是在银行间市场和银行发债能力冻结的情况下，通过欧央行释放给银行充足的流动性，帮助银行渡过再融资难关。但根据我们以上分析，相当部分LTRO资金可能将被用来偿还银行债务，这一点从欧洲银行存放在欧央行存款日益增加可见一斑，银行更多是囤积现金以备将来偿还巨额债务。LTRO对资本市场的作用主要是通过降低尾部流动性风险，提高投资者风险偏好来实现。

通过观察主要资产类别的近期表现，我们发现欧央行2011年12月底推出的LTRO给全球风险资产带来了类似QE2的效果，受益较为明显的如发达国家和新兴市场股票、债券、大宗商品、黄金、澳币等，而避险资产如美元则下跌明显。其中一些欧洲国家（如意大利和葡萄牙）的债券收益率显著下降，特别是短端更为明显。

然而我们认为此次LTRO推动风险资产价格上扬的传导机制与QE并不相同，这次更多是在尾部风险（如欧债危机再次大规模爆发）大幅降低的情况下，投资者风险偏好上升，风险溢价下降，从而推高了资产价格，而投资者对中期经济前景和盈利预期并未发生重大根本性改变。从估值模型角度来说，推高了净现值（资产价格）的主要因素是分母（折现率）变小而不是分子（盈利）变大。

从中长期来看，LTRO结束日期明确，使得市场对欧央行能在多长时间内保持扩张资产负债表规模也存在一定疑问。如果将来没有持续推出更多轮LTRO来替代即将到期回流的资金，则欧央行资产负债表注定要缩小而导致金融系统流动性收缩。同时对于欧洲银行来说，LTRO只是一个资产抵押换取流动性的过程，相当于逆回购，并未能将其持有的不良资产剥离资产负债表，而银行杠杆率维持在高位，去杠杆和补充资本充足率仍是必须进行的操作。QE 则是近乎永久性地扩大了美联储的负债表规模，在相当长时期内提高了整体货币供给，对资产价格的影响更加深远。对银行来说，QE 则是彻底剥离了部分不良资产，银行得以轻装上阵，因此投资者得以对经济的预期更为乐观。

因此，我们认为这两轮三年期 LTRO 并不能持续地推动风险资产上涨。缓解了紧绷的流动性状况之后，经济能否恢复增长将重新成为市场关注焦点。以股票市场为例，当投资者从较为恐慌的情绪中恢复过来，相信大规模危机爆发的可能性降低之后，市盈率得以从非常低的水平扩张；但当市盈率恢复到一定程度之后，市场会重新把焦点放回基本面，如果没有持续的政策支持（特别是财政政策方面）以扭转投资者对未来经济下滑的预期，则市盈率持续扩张的能力将受到限制。

对债券市场影响

在 2011 年 12 月 20 日正式推出三年期 LTRO 之后，欧洲央行的资产负债表上 LTRO 的占比由 2011 年 12 月 16 日的 15% 于一周之内迅速攀升至 12 月 23 日的 26%（见图 9）。欧洲周边国家的主权债务收益率显著下降（见图 10），特别是中短期国债。以意大利为例，比较其收益曲线在 2011 年 12 月 7 日（宣布三年期 LTRO 之前）和现在的情况，明显变得更为陡峭（见图 11），短端（3 个月）收益率下降了 392 个基点，而长短收益率（10 年期）则仅下降了 51 个基点。此外新兴国家主权债券价格也有所攀升（见图 12）。

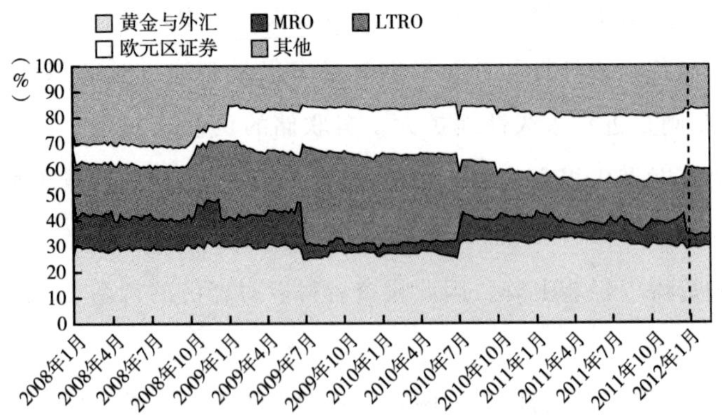

图 9　ECB 的资产负债表资产方构成，LTRO 自 2011 年 12 月 21 日以来占比显著上升

资料来源：Bloomberg，Haver Analytics，中金公司研究部。

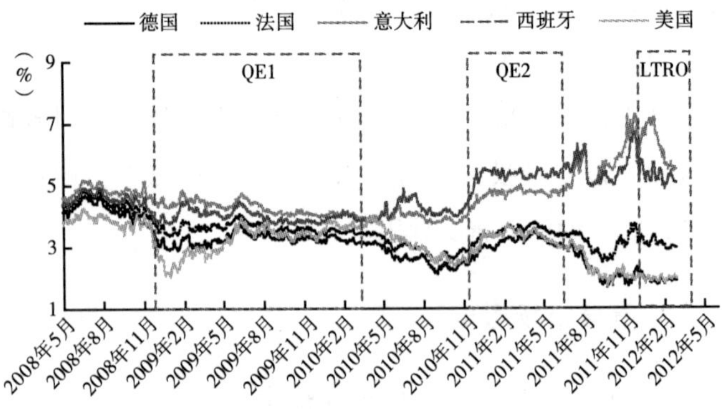

图 10　自 LTRO 推出以来欧洲各国 10 年期国债收益率有所下降但变化不大

资料来源：Bloomberg，Haver Analytics，中金公司研究部。

对货币和大宗商品影响

在货币市场上，前两轮 QE 对美元指数有明显压低的作用（见图 13），对欧元和澳元则受到推动明显上涨（见图 14），尤其是大宗商品货币澳元表现更为强势。LTRO 的推出在某种程度上是类似 QE 的量化宽松，货币市场基

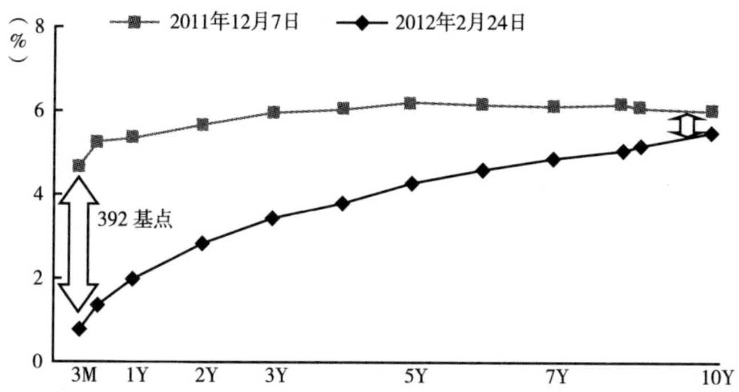

图 11　意大利的利率收益曲线在 LTRO 宣布推出至今变得更为陡峭，短端收益率显著下降

资料来源：Bloomberg，Haver Analytics，中金公司研究部。

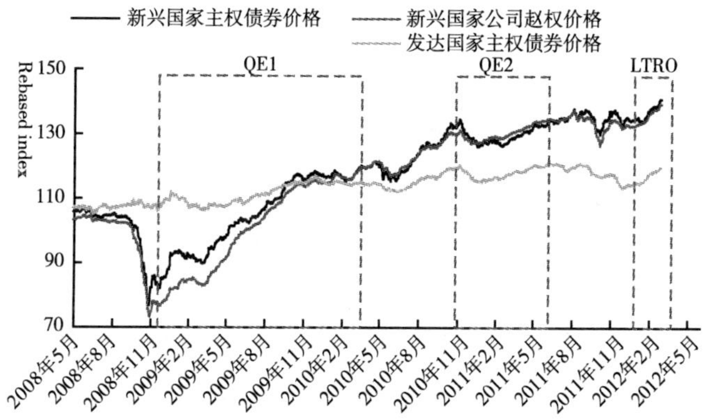

图 12　新兴国家和发达国家主权债券价格在 LTRO 推出之后也有所攀升

资料来源：Bloomberg，Haver Analytics，中金公司研究部。

本重现了前两轮 QE 的走势，即美元走弱，大宗商品货币（如澳元）走强。在大宗商品之中，我们看到黄金价格最为受益于 LTRO（见图 15），原油、工业金属等和经济增长相关性较大的品种也受到明显推动，但受益相对较小（见图 16），特别是我们发现最近工业金属期货价格出现了明显回调，显示投资者对经济前景仍存疑虑。

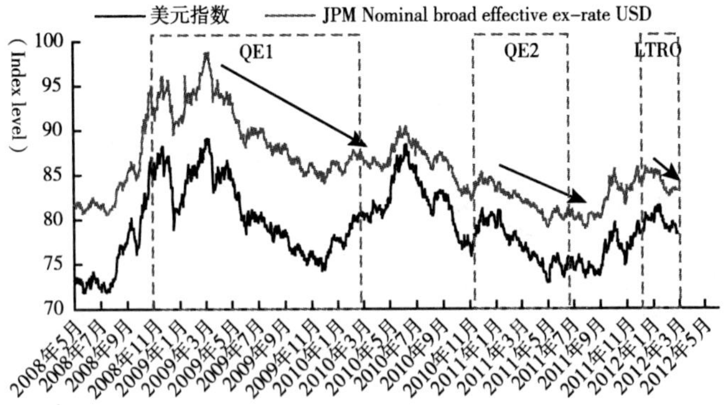

图 13　之前两次 QE 对于美元都具有明显压低作用，LTRO 实施以来美元亦持续走低

资料来源：Bloomberg，中金公司研究部。

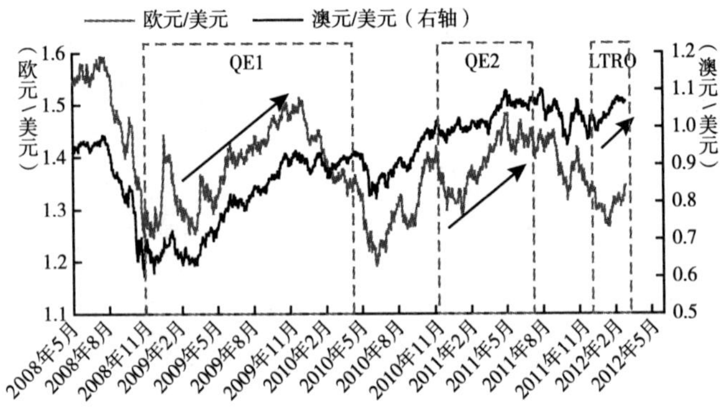

图 14　之前两次 QE 均推动欧元和澳元上涨，此次 LTRO 推出也具有类似影响

资料来源：Bloomberg，中金公司研究部。

对股票市场影响

LTRO 对银行放贷意愿的促进较为有限，而银行在资产端继续增加国债持有量也使得能够真正进入实体经济的贷款能力依旧不足，总体看来对经济增长的刺激作用仍有待观察。因此，对于股票市场来说，我们认为近期的大幅

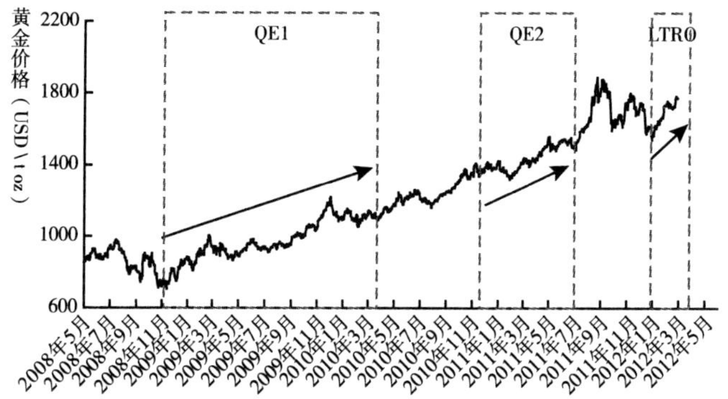

图 15　在两轮 QE 推动下，金价一路走高；而 LTRO 对金价也有类似的推升作用

资料来源：Bloomberg，中金公司研究部。

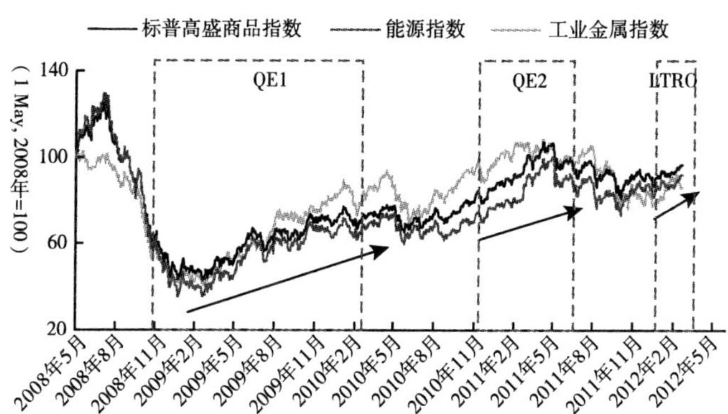

图 16　大宗商品价格之前明显受益于两轮 QE 的推动，此次 LTRO 仍将推动其上涨

资料来源：Bloomberg，中金公司研究部。

上涨更多是在流动性压力缓解、金融系统崩溃得以避免之后，由股票风险溢价（Equity Risk Premium）下降所驱动，而不是投资者对未来经济和盈利增长变得更为乐观。但市场情绪的好转的确大幅推动了股票市场上涨，美国股市（标普 500 指数）已经处于 2008 年金融危机以来的新高（见图 17、图 18）。港股受外围资金持续流入的影响，年初至今涨幅达到16%，主要得益于市盈率扩张，而盈利预期仍维持下调（见图19）。同时A股市场也有一定幅度上扬，年初至今涨幅达到11%（见图20），考虑到流动性较为封闭的特性，A股上涨更可能是基于对国内政策放松的预期。

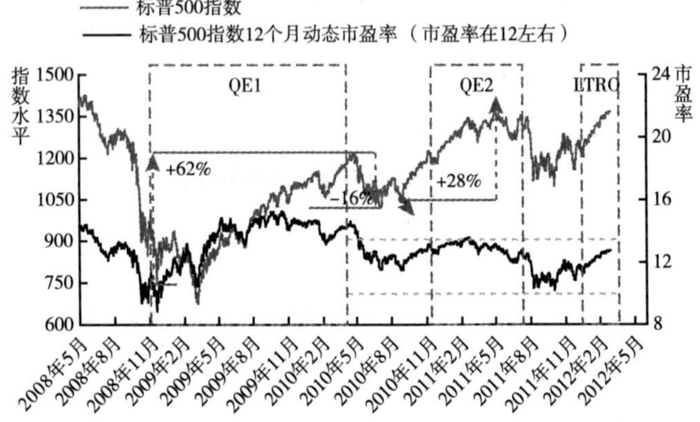

图17　LTRO推出以来，全球股市表现强劲，标普指数和市盈率均有显著上升

资料来源：Bloomberg，中金公司研究部。

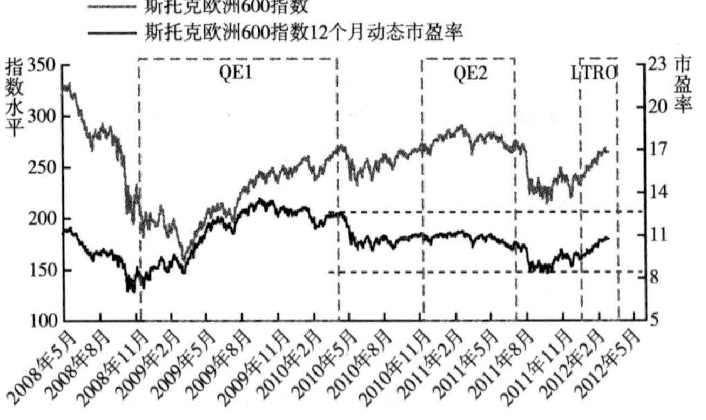

图18　在LTRO推动下，欧洲股市也呈现与之前两轮QE类似的走势

资料来源：Bloomberg，中金公司研究部。

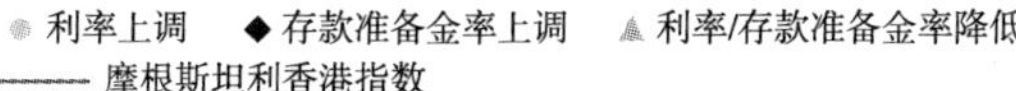

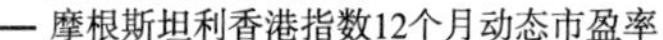

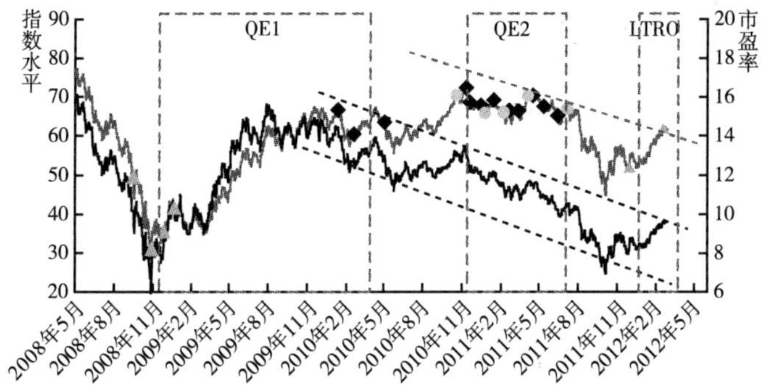

图 19　港股 2012 年至今表现非常强劲，年初至今指数升幅已达 16%，市盈率也大幅攀升

资料来源：Bloomberg，中金公司研究部。

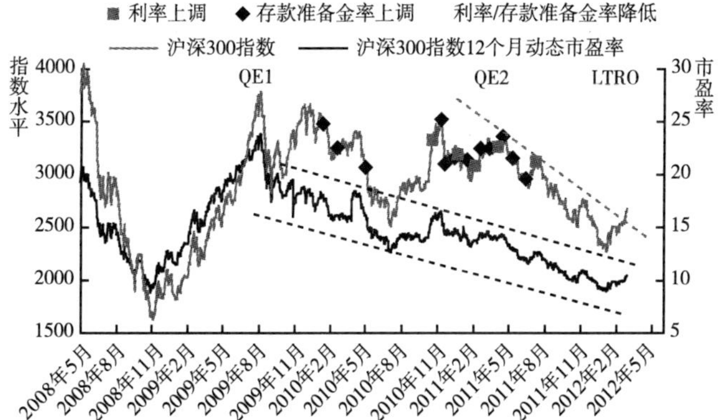

图 20　A 股受 LTRO 推动的上涨幅度不如港股，年初至今上涨 11%

资料来源：Bloomberg，中金公司研究部。

欧盟“六项规则”：谁的情况最好

斯蒂芬·德奥 等*

摘　要

欧盟已就一整套旨在加强成员国经济合作，特别是欧元区合作的措施达成一致。这些措施被称为“六项规则”，在我们看来它们并不完美，但它表明欧盟迈出了正确的一步。从最广义的层面看，这些措施和我们长期以来所持的观点一致，即决策者将通过设法促进一体化和财政统一来应对危机。

这些措施不仅涉及面广，而且包括一个严格的执行机制。如果付诸实施，它们将为欧元区，乃至整个欧盟铺平经济发展道路做出或多或少的贡献。接下来我们将探讨和评价这六项规则。

欧盟“六项规则”：谁的情况最好？

2011 年 12 月份欧盟出台了一整套措施，旨在大幅提

---

* 作者为瑞银经济学家 Stephane Deo、Amit Kara、Martin Lueck、Reto Huenerwadel、Matteo Cominetta、Jennifer Miller。本报告发表于 2012 年 2 月 9 日。

高经济与财政一体化程度。这些措施被称为“六项规则”，已获得欧盟27个成员国全体通过。它们还远远算不上完美，但表明欧盟迈出了正确一步。此外，这些措施和我们长期以来所持的观点一致，即当前危机将使欧洲财政一体化的范围扩大而不是缩小，这一点很关键。

政府债务和赤字毫无疑问仍是首要任务（见图1、图2），相关措施至少有四项。不过许多人都忽略了一个问题——针对宏观经济“失衡”的规则。在这方面，欧盟提出了10个国家层面的预警信号。出现这些预警信号的国家将被纳入“过度失衡程序”（Excessive Imbalance Procedure），它类似于财政方面的“超额赤字程序”（Excessive Deficit Procedure）。连续违反相关规定还会招致罚款。如果付诸实施，这10个预警信号将在可预见的时间内为欧元区，乃至整个欧盟铺平经济发展道路做出或多或少的贡献。接下来我们将对这些规则做出解释并指出哪些国家可能成为违规大户。

在我们看来，这些措施很重要，主要有以下三个原因。

（1）它为货币政策一体化提供了制度框架。这些规则不仅涵盖财政纪律，还涉及宏观经济失衡问题。我们将在下文中指出，这些规则存在重大设计缺陷，但我们要面对现实——在挑战如此巨大的情况下，不可能做到尽善尽美。

（2）这些措施是对市场释放的一个信号。瑞银已反复指出，这场危机牵涉的欧洲国家将会增多，而不是减少。所有欧盟成员国都已签署了这项措施。

（3）部分国家的国内政策。我们相信，这样一份协议将为德国总理默克尔（Merkel）支持欧洲稳定机制（ESM）等政策提供一定的掩护。

那么，它到底是什么？

简而言之，制定六项规则的目的在于防止 2008 年的欧洲危机重演。它们是对《增长与稳定公约》（Stability and Growth Pact）的补充，通过添加一系列指标来发现、防范、监督和纠正宏观经济失衡问题。这些规则具有强制性而且意义深远，其内容包括调整成员国预算框架以提升透明度，相互审核预算，旨在实现财政及其他目标的条例以及违规处罚措施。这样做的目的在于通过自动规则来提供充足的执行手段，当然这些规则可以豁免，但只能在特殊情况下。

虽然财政纪律仍是首要任务，但现在人们意识到"失衡"等其他因素也有一定影响。考虑到这一点，欧盟提出了 10 项"预警"指标，目的是帮助发现重大宏观失衡问题的端倪。从本质上讲，设定这些指标是为了让成员国有竞争力、遵守财政纪律并实现经济稳定增长。

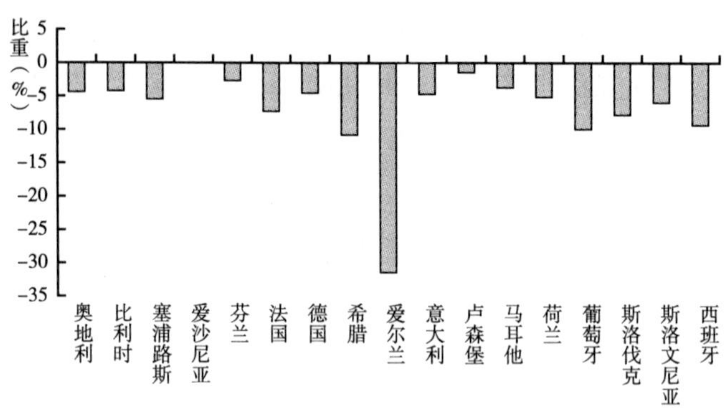

图 1　2010 年各国财政赤字占 GDP 比重

资料来源：Haver、瑞银。

这些指标以"评分表"的形式出现，具体分析如下。

（1）以往 3 年的平均经常项目余额占 GDP 的百分

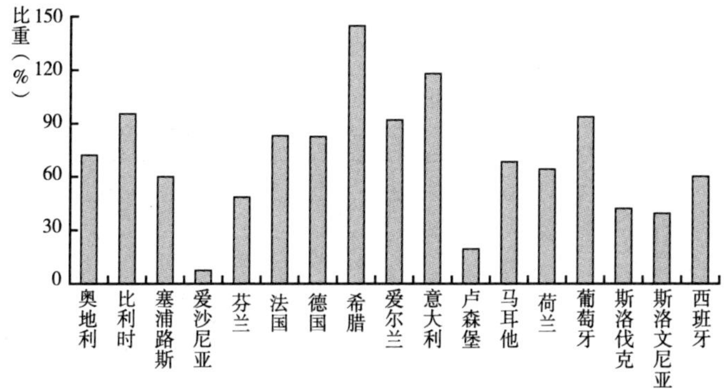

图 2　2010 年各国财政负债占 GDP 比重

资料来源：Haver、瑞银。

比，顺差不超过 GDP 的 6%，逆差不超过 GDP 的 4%（见图 3）。

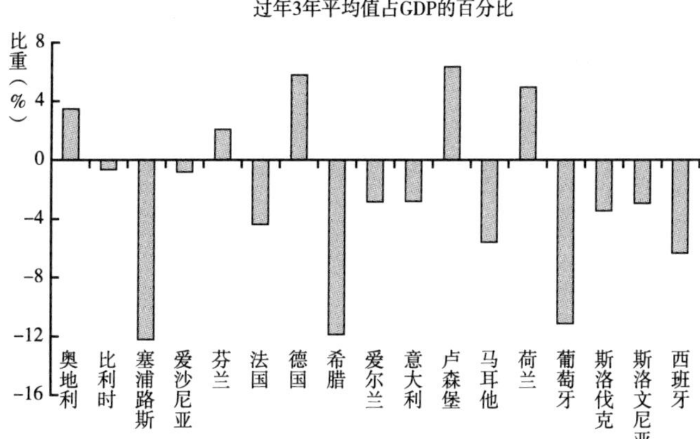

图 3　2010 年经常项目余额占 GDP 的比重

资料来源：Haver、瑞银。

（2）国际投资净头寸占 GDP 的百分比，负头寸不超过 GDP 的 35%（见图 4）。

（3）按出口额计算，出口市场份额在 5 年内的百分比变幅，最低不超过 -6%。

（4）名义单位劳动力成本在 3 年内的百分比变幅，

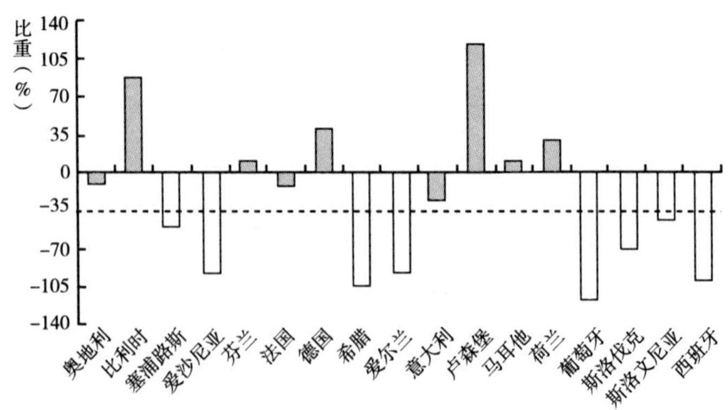

图 4　2010 年国际投资净头寸占 GDP 的比重

资料来源：European Communities Statistics、Haver、瑞银。

欧元区国家不超过 9%，非欧元区国家不超过 12%。

（5）基于 HICP/CPI 平减指数的实际有效汇率在 3 年内相对于其他 35 个工业化国家的百分比变幅，欧元区国家为正负 5%之间，非欧元区国家为正负 11%之间。

（6）民间债务占 GDP 的百分比，上限为 160%。

（7）民间信贷流动占 GDP 的百分比，上限为 15%。

（8）房价相对于欧洲统计局（Eurostat）消费平减指数的同比变幅，上限为 6%。

（9）政府部门一般债务占 GDP 的百分比，上限为 60%。

（10）以往 3 年的平均失业率，上限为 10%。

对失衡问题的不均衡看法

探讨各个国家的评分表之前，要注意的一个要点是我们不知道本报告图表所用的数据和欧盟官员使用的评估数据是否一致。据我们所知，欧委会尚未公布这些数据的定义。这本身就是一个重要影响因素，另外还要注意的是，我们所用的数据大多来自 2010 年。举例来说，按照截至

2010 年的 3 年平均值，希腊的就业情况相当好，而目前希腊的失业率已超过 17%；如果使用较新数据，必然得到不同的结果。

了解了这些影响因素后，表 1 所传达的信息就一目了然。没有任何国家得满分，而且纵向来看，除了民间信贷以外，其他各项都有不达标国。

表 1　六项措施评分表（2010 年）

国家	经常项目	国际投资净头寸	出口份额	单位劳动力成本	实际有效汇率	民间债务	民间信贷流动	房价	一般政府债务	失业率	总分
奥地利	√	√	×	√	√	√	√	√	×	√	8/10
比利时	√	√	×	√	√	×	√	√	×	√	7/10
塞浦路斯	×	×	×	√	√	NA	√	NA	×	√	4/8
爱沙尼亚	√	×	√	×	√	NA	√	NA	√	×	5/8
芬兰	√	NA	×	×	√	√	√	×	√	√	8/9
法国	√	√	×	√	√	×	√	√	×	√	7/10
德国	√	√	×	√	√	√	√	√	×	√	8/10
希腊	×	×	×	×	√	√	√	√	×	√	5/10
爱尔兰	√	×	×	√	×	×	√	√	×	×	4/10
意大利	√	√	×	√	√	×	√	√	×	√	7/10
卢森堡	√	√	×	×	√	NA	√	NA	√	√	6/8
马耳他	×	√	×	√	√	NA	√	√	×	√	6/9
荷兰	√	√	√	√	√	×	√	√	×	√	8/10
葡萄牙	×	×	×	√	√	×	√	NA	×	×	3/9
斯洛伐克	√	×	√	×	×	NA	√	NA	√	×	4/8
斯洛文尼亚	√	×	√	×	√	NA	√	NA	√	√	6/8
西班牙	×	×	×	√	√	×	√	√	×	×	4/10
达标比率	12/17	8/16	4/17	11/17	12/17	4/11	17/17	10/11	5/17	12/17	

资料来源：瑞银。

在这10项指标中，最让我们感到吃惊的指标是经常项目余额。很多人包括美联储主席伯南克（Ben Bernanke）和英国央行行长金默文（Mervyn King）等都认为，世界经济最终需要重新平衡，以消除造成资产价格无止境增长的过剩储蓄。欧盟对此也表示认同。最近的一份欧盟备忘录指出："融资成本较低使得资源错配，这在一些欧盟成员国经常造成生产性消耗减少并带来不可持续的消费水平、房地产泡沫和内外部债务的累积。"

把经常项目纳入预警指标体现了对这项经济数据的重视，有趣的是对顺差和逆差做出了不对称限定。顺差上限为GDP的6%，逆差上限为GDP的4%。为什么不对称？一个可能原因是大量经常项目逆差意味着一个经济体的外币负债率较高，这是不可持续发展的征兆。无论是哪种形式的危机，大量经常项目逆差是非常理想的金融危机先行指标；经常项目处于顺差状态的国家则对金融冲击有很强的抵抗力。另一个可能原因是这些规则由德国起草，而德国经常项目顺差占GDP的比率为5.5%（2011年第三季度），即稍低于6%的上限。

如果将该上限设定为4%，德国就得设法减少经常项目顺差。这样的话，德国的财政赤字就会上升，而且民间（企业或个人）储蓄就会下降。目前德国财政负债占GDP的83%，几乎没有提升空间，而投资者仍认为德国有足够实力为欧元区的弱国提供支持。

无论如何，德国也是纳入超额赤字程序的23个国家之一，因为其财政负债占GDP的比率已突破60%的上限。如表1所示，没有哪个大国的债务水平达标。

其他指标也存在不对称现象，如房价和民间信贷流动。爱尔兰和西班牙等国的房价正在下跌，民间信贷正在减少，其通缩和经济停滞风险不可忽视。即便这样的风险很小，它仍是人们设定规则时应当汲取的重大教训。这些不均衡的指标有利于解决资产价格泡沫和信贷扩张问题（这是上次危机的两大特点），但无助于改善当前局势。的确这些经济体的资产价格和民间债务可能依然居高不下，但这些规则并没有考虑到这些指标可能偏低的情况。

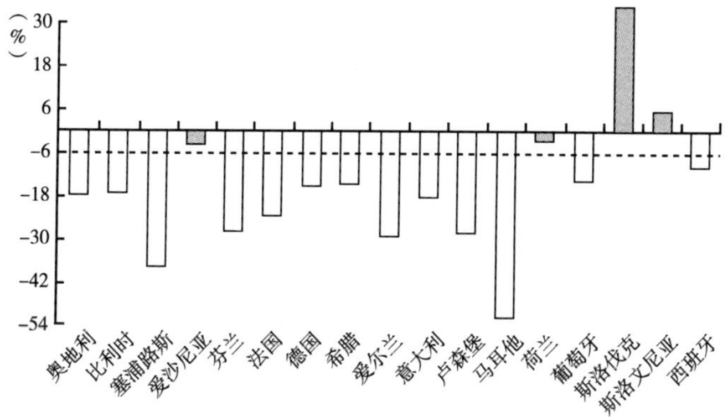

图5　5年内对全球出口的百分比变幅

资料来源：国际货币基金组织、Haver、瑞银。

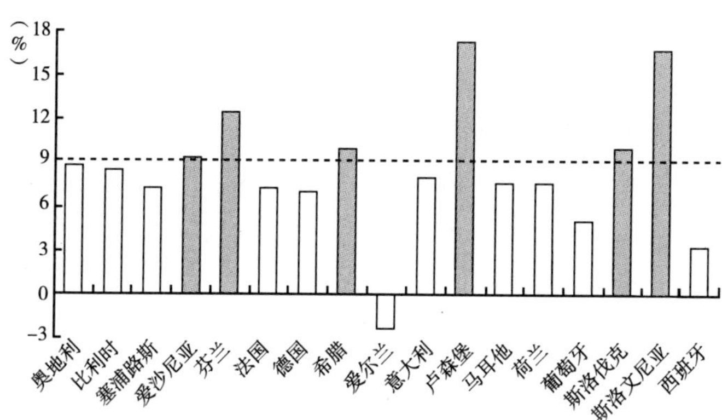

图6　3年内名义劳动力成本的百分比变幅

资料来源：European Communities Statistics、Haver、瑞银。

表1中德国、荷兰和奥地利表现最好，得分均为8/10，对此大家也不会感到意外。表现最差的是外围国家，包括希腊、爱尔兰、葡萄牙和西班牙，得分都在4/10～5/10左右。意大利、法国等国的表现比较好，只有三项指标不达标，这符合我们提出的市场对意大利的定价过于苛刻的观点。除了财政负债较多和经济增长前景较差外，其他许多指标都表明意大利经济状况良好。

以上评分情况并不会一成不变。欧盟可以调整指标，而且如果我们的观点无误，非常有可能出现这种局面。

执行

对我们来说是个大问题。据我们所知，还没有指导性文件说明怎样来执行这些规则。我们的理解是，目前正在讨论两种方案。第一个方案得到德国政府支持，其内容是将主权移交给欧委会，由欧委会负责规则的监督和执行。法国政府则力主第二个方案，即主要通过政府间机制来执行这些规则，从而尽量减少主权转移，该方案的依据是许多国家应更容易接受政府间会议做出的决定。我们相信，对两种方案的选择，或者两者的结合将是决定六项规则公信力的关键环节。过于依赖政府间机制可能会让关键问题的决策权落入政客群体手中，这种情况下严格执行规则将化为泡影；相反，过于脱离政府间机制则可能让非民选官员得到很大权力。

不过，执行程序很清楚，将分两步进行。第一步是浮现失衡端倪时对相关政府发出警告。如果认为问题严重，这个国家就会被纳入“过度失衡程序”。随后，欧委会将要求该国基于其建议采取调整措施。如果按要求行事，就不会有问题。相反，如果未能解决失衡

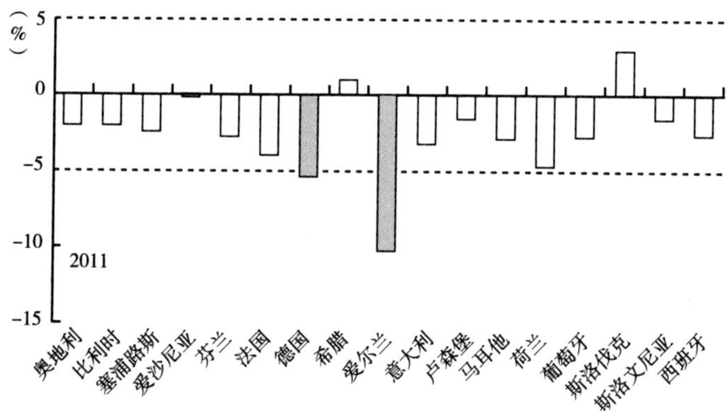

图7　3年内实际有效汇率的百分比变幅

资料来源：欧洲央行、Haver、瑞银。

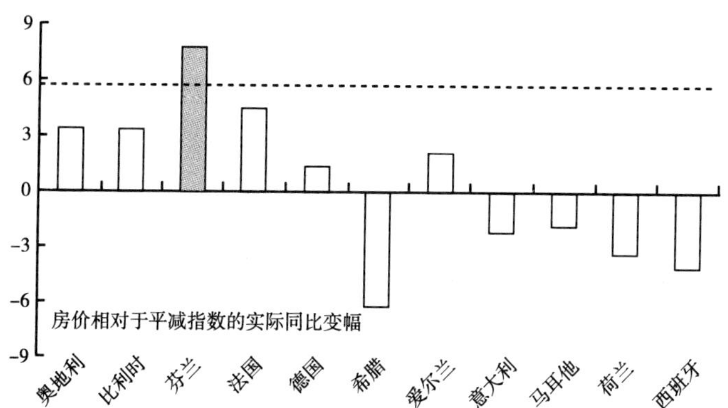

图8　2010年房价实际涨幅

资料来源：Haver、瑞银。

问题，欧委会将对其开出罚单，目前罚款金额为GDP的0.1%。

罚款适用于所有欧元区国家，但对英国和瑞典等非欧元区成员国无效。可以把这些欧元区以外的国家纳入过度失衡程序，其作用和把它们纳入超额赤字程序相同，但还不能对它们采取惩罚措施。

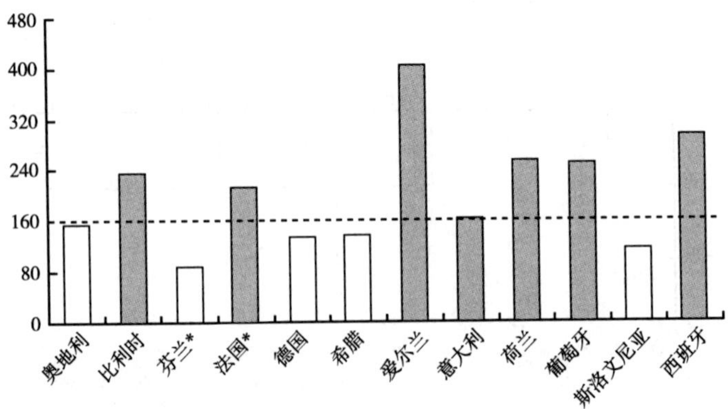

图 9　2010 年民间债务占 GDP 的百分比

注：芬兰和法国采用 2009 年数字。

资料来源：Haver、UBS。

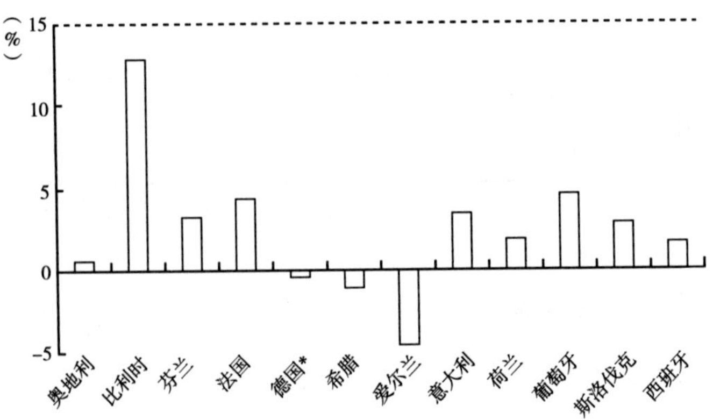

图 10　民间信贷

注：德国采用 2009 年数字。

资料来源：Haver、UBS。

结　　论

六项规则是欧盟迈出的正确一步，但在我们看来它并不完善，特别是部分指标处于不对称状态，比如经常项目、信贷和房价。好消息是这些指标不会一成不变。欧盟给自己留下了调整空间。

这项措施较为重要的一个特点是压缩了执行过程中的自由决策空间。它采用“反向投票机制”，这就是说，如果没有特定多数反对票，欧委会的执行决定将得到实施。

如上所述，六项规则已得到欧盟 27 国全体通过，也得到了欧洲议会批准。欧元区国家将受到这些规则的完全约束，包括过度失衡程序和执行机制。而英国等其他欧盟成员国将受到监督，并可能得到警告乃至被纳入过度失衡程序，但不会遭到罚款。

欧元危机与法国大选

乔治·马格纳斯*

法国总统选举将在2012年4月22日举行，5月5日为决胜选举。民调结果显示，奥朗德明显领先，最新的结果显示奥朗德的支持率为31% ~34%，而萨科奇为24% ~26%。IFOP最近为法国《星期日报》进行的一项调查结果显示，奥朗德将在第二轮投票中以54∶46击败萨科奇，胜出的幅度略低于2011年12月时的调查结果，但也足够了。不过，不能排除萨科奇获胜的可能性。

本文的论点是，如果社会党候选人在选举中胜出，那么欧元区将面临新一波震荡和不确定性，自进入2012年以来金融市场的相对淡定或是乐观情绪将是“昙花一现”。这并不是奥朗德本身的原因，但他的获胜可能会成为那些越来越担心，或是反对某种“条顿尼亚”在欧洲出现的欧洲人的“避雷针”，成为法德划清界限的催化剂。即便萨科奇最终以微弱优势胜出，欧洲的政局也将使得欧洲央行流动性不再是欧元区前景的主要决定因素。

---

* 作者为瑞银高级经济顾问George Magnus。该报告发布于2012年2月6日，原名为《孩子们，听话！欧元危机与法国大选》。

不过，为了了解法国大选的重要性，我们应该先来看看流动性驱动的上涨、欧洲央行 LTRO 情况（尤其是本月底将进行第二次拨款）。其次，尽管希腊与私人债权人的债务协商较为重要，一直备受关注，但主权和民族自决这个更大、更无形的问题在决定希腊行为和结果上起着更重要的作用，德国、法国和欧元区本身也是如此。

眼下流动性占主导

进入 2012 年以来，“尾部风险”的大幅下降左右着全球市场，此前德拉吉巧妙地调整了欧洲央行“最终贷款人”的角色（对欧元区的银行而言）。其他因素也起了一定作用，包括投资者对美国经济增长的判断改善、全球 PMI 基调略转强、中国、印度及其他主要新兴经济体信贷政策温和放松。但占主导的还是欧洲央行流动性政策。如果私人部门与希腊的债务谈判最终以“强制性”的结果结束，金融市场无疑会有所触动，但即便如此，金融市场也最有可能顺从于欧洲央行货币政策的“恩惠”（不会以第二轮 LTRO 和利率的进一步下调而告终）。

银行业集中去杠杆化、银行融资危机、更深程度的经济萎缩风险大大减弱，这明显带来了两项利好因素。其一，随着信心回升，股票及其他风险资产被抑制的估值已经得到调整。其二，既然银行有渠道获得大量廉价的欧洲央行融资，受此鼓励，焦虑的固定收益投资者已经重新调整了国内主权债配置基准或改为超配。投资者这种行为变化看似并未扩展到其他国家或地区主权债投资中，银行对欧洲央行“生命线”的依赖与日俱增，带来了欧元区银行“僵尸化”的大问题，还有欧洲央行在 2014 年年底将如何处理 LTRO 的问题。但就目前而言，谁在乎这些？在西班牙和意大利，10 年期债券收益率已经从之前的关键水平下跌了逾 1%，大多数期限的债券标售买兴都不错。

从纯货币政策角度看，迄今为止欧洲央行一定非常高兴，但肯定也很焦虑，它的“病人”——欧元区银行业系统仍极为脆弱。在 2011 年 10 月德拉吉的首个记者会上，他坚称，他最担心的是欧洲隐现信贷紧缩；当第一轮 LTRO 出炉时，欧洲央行的官员表示，他们希望这能有助于放缓银行的去杠杆化，并刺激欧元区新贷款。但目前来看，如此的乐观是没有证据支持的。

从图 1 来看，左轴显示的是欧洲央行存款工具（月度均值），右轴显示的是银行向非金融企业贷款的净扩散指数（来自季度银行贷款调查）。

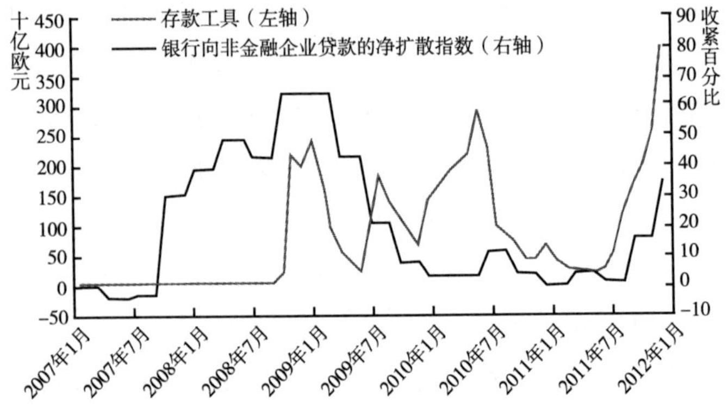

图 1 欧洲央行存款工具与银行信贷标准

资料来源：欧洲央行。

存款工具显示 2009～2010 年有三次大幅攀升，与欧洲央行的举措有关，与信贷环境普遍收紧也有较弱关系。最近一次欧洲央行银行存款的激增时间先于第一轮 LTRO，而与此同时，最新的银行贷款调查结果显示信贷标准惊人恶化。2011 年 2 月 2 日最新的存款工具数字是 4890 亿欧元，略低于 1 月中旬时的峰值 5280 亿欧元，但这表明，即便自2012年年初以来银行增加了向政府的贷款，但它们所获取的更多的欧洲央行流动性资金最后还是回到了欧洲央行。

当然，没有证据表明欧元区经济或从信贷增加中获益。最新的欧元区2011年12月M3数据显示，年升幅只有1.6%，掩盖了对一般政府借款人贷款3.5%的增长和向其他借款人贷款的迟滞，和一些迹象非常吻合（2011年银行间贷款市场实际上冻结，因此回购贷款大幅下挫）。LTRO帮助缓解了融资压力，但会否点燃银行的放贷意愿？看来不大可能。

贷款调查显示，对非金融企业的贷款标准净收紧指数大幅攀升，但对中小企业贷款标准的收紧尤为明显，从14%升至28%。居民贷款（用于买房）标准收紧指数从18%升至29%。LTRO之后的问题在于，当被问及未来行为时，大多数银行都预计2012年标准会更高，有可能到第二轮LTRO结束时，银行会采取较软态度，但我们不应抱太高期望。

欧元区经济显然处于糟糕的境地，除了信贷供给限制之外，银行预计信贷需求将维持疲态或是下滑，尤其是在活动受抑制、资本投资下挫和2008年最高峰相比一落千丈的情况下。德国是唯一一个回到了2011年第三季度峰值的国家，但2011年年底看来最多处于停滞状态。

欧洲央行正在大胆尝试稳定欧元区经济和金融系统，但我们还是要说，此次危机的解决需要债权国和债务国的真正的大规模经济调整，这样资金和融资措施才能奏效，而现在我们都知道，问题在于责任完全压到了债务国身上。就像我们以前说的，产生这个问题的原因在于对欧元危机的“病因”诊断错误，导致“治疗方法”不对症。换言之，德国认为危机完全是财政自律问题造成的，而实际上（除了希腊外），问题的根源在于民间信贷资金流冻结后，引发了尚未解决的国际收支危机。

解决这个问题不仅要求有对称的经济调整，而且还要有广泛的银行业改革，最重要的是要有一种不同形式的德国领导权。具体来说，作为欧元区的主要经济体和债权国，德国应该帮助欧洲经济机构设定出促增长的规划，提出延长对葡萄牙和爱尔兰的债务减免措施，在欧元债券的引入中担负起制度责任（欧元债券会不可逆转地将欧元区各主权紧密地绑在一起）。

但这个规划和目前的财政条约不一样，目前的财政条约只是稳定与增长条约的放大版（如果能得以实施的话）。从其自身角度讲，德国对条顿式的财政条约和无止境地削减开支的不乐见程度不亚于债务国。这就把我们带到了政治层面，希腊、法国的危机，更多的是关于主权和自决的问题。

无风不起浪

德国提议委派一名欧洲专员来负责希腊的预算政策，这引起了震荡。希腊财长 Evangelos Venizelos 否定了这个提议，据报道，他表示，“不论谁令人民处于财务援助和民族尊严的两难境地，都是在无视根本的历史教训”。之后，卢森堡首相兼欧元集团主席容克否决了上述提议。

我们可以认为这个提议不会再重新出现，但无风不起浪，这个提议有争议、有危险，同时也是符合逻辑的。

这个逻辑来自：一个彻底的货币及财政联盟需要有中央机构来负责协调监管，即便地区的自治权和管辖权不同。但如果把适用于一个成员国内部运作方式的逻辑放到成员国之间的关系上，这里的矛盾凸显无疑。

你可以说欧洲主权债务国已经向欧盟机构让出了一定程度的预算主权，作为获得财政支持的交换，有三个经济体已将部分预算主权让给了IMF（服从于强制性的长期削减开支）。有时这已经带来了沉默的不满情绪，有时则引发更明显的民族主义情绪。但德国的提议会把主权的转让提升至极端水平。所以这也是危险的，因为这不仅揭示了对希腊政府的强烈不信任，还违背了一个成员国存在的原则——即自决。当然，就这个提案而言，希腊的财政主权将被转移给未经选出的欧盟官员，他们的利益点在于偿债，而非从希腊国家利益出发、制定税收和支出政策。希腊对此表示鄙视，更不用说欧洲大部分外围经济体的反应。

无论外部监管是否以极端形式正式化，目前希腊人民无疑会更认真地考虑其国家利益到底在哪儿。换言之，是继续忍受强制性的“节衣缩食”、强加给他们的偿债时间表及赤字目标带来的痛苦，还是冒险选择违约、可能退出欧元区，但至少能自己做主、自己承担后果？

民族自决虽然听来有点虚，但这个概念完全不抽象也不学术，尤其对于希腊人民而言，对其他国家民众也一样，包括债权国和北欧那些较强的国家。

自主权债危机爆发以来，德国一直显示出矛盾心理，在其自身主权利益和保护欧元区健全性的利益中纠结（欧元区给德国的出口行业及人民带来了巨大的好处）。德国清楚地意识到欧元系统瓦解会给该国带来的巨大冲击，而试图在各种利益中取得平衡并非易事。比如，在建立了EFSF和ESM、希腊私人债务重组、欧洲央行所扮演的角色等方面，已经算跨越了“红线”。

但真正的财政及政治联盟需要有中央机构协调监管，随着这点越来越无法回避，此项任务变得更大、更艰巨。实际上，即便你想反驳默克尔上周在北京关于“不存在欧元危机，而是主权债危机”的言论，最后你也会落到跟她一样的结论上。对于德国，主权债危机也带来了关于其民族自决的问题，捍卫其政治和财政主权，在此之下德国仍不会向外部第三方妥协，外部第三方可能会做出影响其立法和民主程序、金融资源和义务的决策。你从不说“从不”，但这就是欧元债券和其他从逻辑上应该妥协的东西不会发生的原因。除非，从长期看在不同的欧元区环境下有可能发生。

奥朗德登场

法国社会党总统候选人奥朗德最近明确重申了自己的主张，挑战对财务及金融企业的“迷信”，承诺加大国家资助的产业政策力度、促进就业增长，包括再创造6万个教育岗位及15万个受补贴的岗位（对年轻人），同时提议收回最近通过的、将退休年龄从60岁提高到62岁的决定。他打算继续推行削减预算赤字的计划，但希望到2017年能将国家支出增加200亿欧元，虽然增加支出的大背景是对银行、高收入及高财富群体采取税收相关措施。①

总统竞选的焦点既集中在敏感的社会问题上，也集中在一个全球化的世界中、法国的经济和政治脆弱性上。例如，2012年中国将取代法国成为德国最大的贸易伙伴，而在中国开展业务的德国企业大约是法国的5倍。不过从

① 介绍一下背景：政府预计2012年经济将增长0.5%，经合组织经济将增长0.3%，法国失业人口维持在280万人左右，失业率略低于10%。政府部门总债务达到GDP的99%，支出相当于GDP的56%，在欧洲仅次于丹麦。经合组织预计2012年预算赤字将从GDP的5.7%降至4.5%。经常账户赤字占GDP的比重较小，为2.4%，但一直在稳步扩大，也是自1999年以来最高水平。

许多方面说，选举就像是一次对法国在欧洲所扮演的角色及未来的公民投票。

现任总统萨科奇代表着连续性。奥朗德希望能重新协商目前的欧洲财政条约。从经济层面看，奥朗德会更强调经济增长和就业目标、一体化的欧洲能源政策、更大规模的农业预算以及关于反不公平竞争的措施。但在政治层面，奥朗德支持更积极的欧洲央行货币及金融政策，支持联合及单独发行欧元债券，赞成设立一个稳固的救助基金，奥朗德与德国所表达的立场和限制截然不同，而萨科奇却认可德国的立场。

如果奥朗德获胜并将其立场和意图付诸行动，那么在德法之间围绕如何应对主权债危机并在中期内重整欧洲，将产生新的分歧。和其他欧元区国家一样，德国的力量日益壮大，令法国感到了压力。在2011年12月布鲁塞尔首脑峰会后，奥朗德、公开不赞成欧元的马琳·勒庞均指责萨科奇出卖法国主权和民主。如果奥朗德上台，试图与德国政府分庭抗礼，他不仅认为这样做“顺应民意”，而且无疑这会成为其他欧元区成员国（比如意大利）对欧元厌恶情绪的“避雷针”，这些成员国越来越担心目前由德国主导的、处理欧元系统危机的方式所带来的后果。

事实上，自蒙蒂上台以来，意大利的影响力已经陡增（意大利将于2013年4月进行全国大选）。他赢得了默克尔的信任，赢得了欧洲政客的钦佩。虽然意大利经济形势可能欠佳，但这个国家已经重新赢得了尊重和重视。《金融时报》（2012年1月16日）报道称蒙蒂与德国领导人会晤时的发言非常机智，很尖刻。他表示，德国在财政自律方面是个榜样，但谈及意大利最近采取的措施，他称：“如果为实现自律和稳定而付出的如此大的努力得不到承认，而且并不能逐步形成某种解决金融问题的方法，那么在那些致力于实现自律的国家将产生强大的反作用力”。

这当然是在礼貌地表达“感谢你的信任，我在尽全力，但如果你不帮忙，那么只让意大利人无止境地节衣缩食会在内部引发强大的反作用力，可能连你也会遭殃”。

蒙蒂是一个认真且有能力的实干者。但有了法国的加入情况将大不同。那又将如何？

关键点在于，法德之间任何形式的分歧，或者对当前财政条约无结果的协商都会令欧洲央行的努力立刻变成徒劳，无疑会令欧洲央行感觉更受限。此外，中心问题是德国的反应和行为。毕竟，德国全国大选距离也不远，将在2013年秋季举行。德国会否容忍法国跨过更多“红线”接受更高通胀的隐形要求（作为均衡经济调整的一部分），并且在具有根本的政治和法制重要性的问题上妥协？还是会坚持立场，认为法国的要求侵犯了其自身主权和民主程序是不可接受的？

这里牵扯了很多利益。对于金融市场，法国大选就是前美国国防部长拉姆斯菲尔德所说的“我们已经知道我们所不知道的”。萨科奇仍有可能获胜，维持领导现状，但无法扫清欧元区的未来所面临的不可估量或不可能的挑战。可是如果奥朗德获胜，欧洲财政一体化（包括建立防火墙）的艰难进程恐“深陷泥潭”或是停滞。这对欧洲来说可能会产生严重的后果，尤其对于欧洲央行，欧洲央行将有理由对政客们创造永久的财政自律的保证表示怀疑。

4

欧债危机的影响

如果欧元正常运转会怎样

斯蒂芬·德奥 等*

摘 要

● 欧元不应该（像这样）存在

在当前的架构和成员国构成情况下，欧元无法正常运转。不是架构必须改变，就是成员国构成必须改变。

● 但如果欧元运转正常又会怎样？

假如欧元有一个财政转移支付联盟做支撑，会有什么样的情况发生？假如当初听从经济学家的警告，只是在少数经济情况相似的国家采用欧元作为共同货币，情况又会怎样？

● 如果我们继续幻想，还会有哪些情况发生？

如果德国没有如此轻率地置《马斯特里赫特条约》中的赤字规定于不顾，如果爱尔兰加入英镑而不是欧元货币联盟，如果苏格兰独立并且成为“经济繁荣圈”的一部分，并且从欧元创立之初起就加入欧元，情况又会如何？

● 不仅仅是逃避主义

上述情景只是假设，结论也只能是试探性的。不过幻

---

* 作者为瑞银经济学家 Stephane Deo、Paul Donovan、Larry Hatheway。原文名为《如果欧元正常运转会怎样以及其他幻想》。本报告发布于2011年12月21日。

想也有其意义。有关应该采取怎样的财政联盟的辩论今天还在继续。有些人认为欧元区的范围应该缩小，有些国家应该退出。本月达成的有关财政纪律实施的协议基本上与《马斯特里赫特条约》的内容一致，所不同的只是这一次强化了条约的执行——这也不由让人产生疑问：假如当初从一开始就认真遵守该条约的规定，情况会是怎样？对以往的经济情景进行想象也许能给未来提供一些指引。

年末往往是进行反思和评价的时间——不过 2011 年也许是很多人都不愿再回头看的一年。显然，欧元区有理由不愿再将目光投向过去 12 个月不堪回首的往事。因此，我们选择进入一个幻想世界。当然，经济学家的幻想和其他人并无不同，我们在这里罗列一二。

在本期《全球经济透视》中，我们提出了一系列“如果……”的问题，对于之前欧洲发生的事件在不同情景下将会如何演变做出了思考。这并不纯粹是学术探讨。很多问题在当今也存在相关性：欧洲实施财政纪律的努力使得以往的违规情况值得分析；苏格兰国家党仍然希望举行独立公投；财政一体化也仍然排在欧元区的日程表上。

如果欧元运转正常会怎样？

经济学家对欧元从来就没有好感。在反对欧元架构方面，经济学家令人惊讶地取得了共识。20 世纪 90 年代的学术文章中一直对欧洲货币联盟（EMU）存在的两个问题进行质疑：该联盟缺乏银行体系的可靠借贷者作为最后一道屏障；没有足够的劳动力流动性、劳动力灵活性或是财政（转移支付）联盟来抵消对全体或部分联盟国家实施的不恰当的货币政策。

因此，如果从欧元诞生伊始就存在一个财政转移支付联盟，情况会怎样？也许假定能够设立类似美国财政联盟这样的制度不太现实，但设立规模较小的财政联合体或许可以实现。

首先让我们看看欧元区的严酷现实。自创立以来，货币联盟就笼罩在经济发展存在巨大差异的阴影下。图 1 这张散布图显示出欧元区各成员国的 GDP 增长率——具体国家的标识并不重要。最引人注目的是不同成员国之间 GDP 增幅的巨大差距。要记住的是，欧洲央行只能用单一利率和单一汇率来满足各国间如此千差万别的经济状况——对于这种悲惨的情景我们几乎只能表示同情。

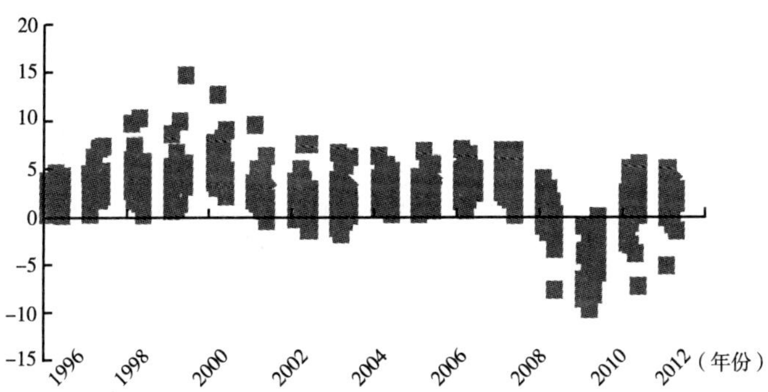

图 1　欧元区 17 国的 GDP 增长率分布

资料来源：Haver。

那么，如果存在一个财政转移支付联盟，情况会怎样？我们先假设简单的情景：假定一国增值税收入的一半支付给一个欧元区中央财政基金，而该基金则提供 20% 的社会保障。[①] 这是对财政转移支付联盟一个非常粗略的计算，对欧元区整体而言，其财政状况将为中性（即

① 我们采用了 Eurostat 的除实物社会转移外的社会福利数据（以占 GDP 比例表示）。

50%的增值税平均能够负担20%的社保保障)。

在这一情景下，在欧元区历史上大多数时间里德国都是净受益国（见图2)。大多数时间中，爱尔兰都要向上述基金付款（而且支付金额较高)。考虑到这两个国家的相对增长速度，这一结果并不令人吃惊——基本上爱尔兰在过去12年中的大部分时间里都会是向德国付款。

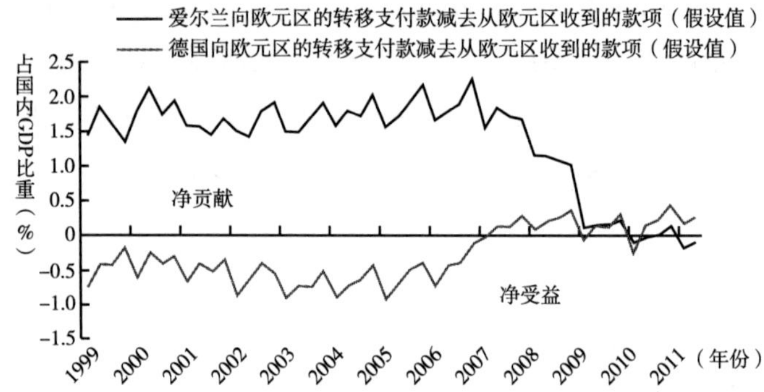

图2　在财政转移支付联盟假设下的转移支付情况（占GDP比重）

资料来源：Eurostat、瑞银。

随着金融危机的到来，所有情况都发生了变化。爱尔兰的净贡献额出现暴跌。而德国随着失业率的降低开始付款。这种情况完全说得通。爱尔兰受制于不合理的紧缩货币政策，需要援助。德国采取了适当（也许过于宽松）的货币政策，有能力提供援助。

当然，经济增长的差距依然巨大。相对整体经济而言，财政转移支付的规模仍然较小（转移支付不到GDP的5%)。不过欧元失灵的严峻现实将会得到缓解。

需要注意的是，对于上述转移支付机制的描述非常粗略（根据能够获取的数据难以进行深入评估)。一个运转良好的转移支付联盟具有比上述更强的反周期性。比如，随着经济衰退的加剧，爱尔兰将无须削减社会保障支出，因为社会保障成本将由其他国家承担。因此，经济刺激方案的力度也将更大。

如果听取了经济学家的话会怎样?

这也许是最容易回答的一个问题。要想过得快乐而幸福，最好永远听经济学家的话。

1996 年，瑞银在出版的报告中称欧元区应包括 5 ~ 6 个国家（德国、奥地利、荷兰、法国、卢森堡以及因为债务负担而具有一定慈善色彩的比利时）。如果欧元区仅仅包括这些国家而不是更多，会发生什么情况（见图 3）？

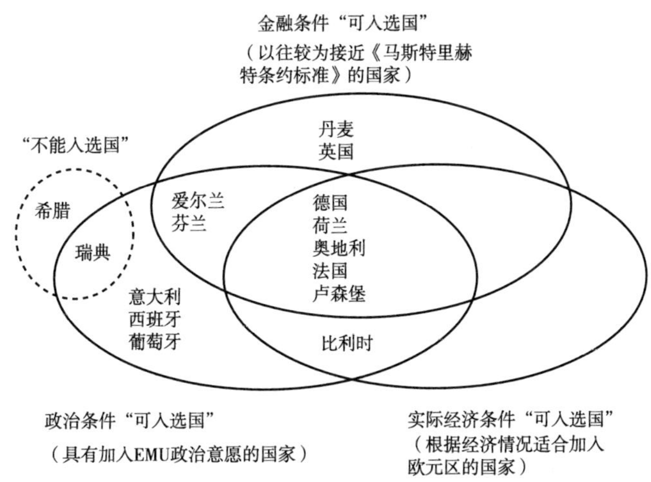

图 3　哪些国家应该加入欧元区?

资料来源：瑞银。

图 4 显示出在当前欧元区构成情况以及理想情况下（如果经济学家决定一切），经济最强和最弱的欧元成员

国之间的经济增长差幅。欧元区 17 国的经济增长差幅巨大，不可控制，而且反映出货币联盟的彻底失效。欧元区 6 国（实际上是 5 国，因为在本文的分析中卢森堡被排除在外）的经济增长差幅稳定、温和，而且完全可以通过单一利率和单一汇率加以管理。

图 4　不同货币联盟下，经济最强和最弱的国家之间的 GDP 增长率之差

资料来源：瑞银。

换言之，从经济角度讲，包括 6 个国家的欧元区是行得通的。货币政策将适合于联盟的所有成员。随着全球金融危机的加深，这并不能隔绝财政所受的负面影响，但财政压力也许会有一定减轻（因为财政政策不会试图去弥补不适当的货币政策造成的后果）。

被排除在欧元区之外的 11 国的命运则较难预测。如果希腊能采取更为适合的货币政策，它的财政政策还会这么挥霍无度吗？如果货币政策能更好地满足西班牙和爱尔兰的需求，这两个国家还会出现房地产泡沫以及之后的崩盘吗？尽管使用流动性更弱的货币存在不足，但更为合适的国内货币政策所具有的优势应能抵消汇率波动更大所带来的劣势。毕竟，在所有这些经济体中，国内经济从重要性来看都要远远超过外部。

因此，毫不奇怪，如果经济学家的意见被采纳，当今世界（尤其是欧元区）将更加美好。

如果德国遵守规则会怎样?

条顿人“我们必须守纪律”的信条经常回响在欧元区各政府内阁中，而且声音越来越大。不过，这个信条在德国政府似乎并没有完全被遵守。德国的观点似乎是财政纪律是为其他人准备的，而不是德国人。在欧元区成立以来的大多数时间里，德国政府赤字都超过了《马斯特里赫特条约》规定的3%。

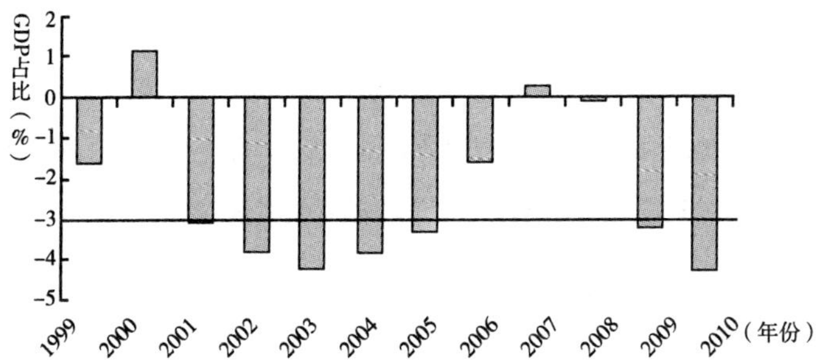

图5　德国政府赤字占GDP比重

资料来源：Eurostat。

这也就不禁使人发问：如果德国按照规则行事，情况会怎样?

从1999年欧元的诞生之日起，德国有7年赤字超过了3%的上限（如果算上2011年，那就是8年）。累计的赤字超额幅度约为GDP的4.7%。

1999～2010年，德国经济实际累计增长了15.5%（以名义值计增长了26.8%）。从经济学角度看，这差不多可以算是“失去的10年”。这一情形与日本经济在20

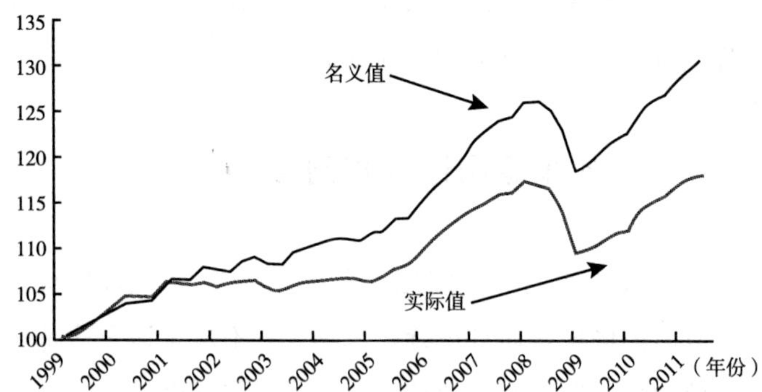

图 6　德国的名义与实际 GDP 表现——过去 10 年（实际是 12 年）

资料来源：Eurostat、Haver、瑞银。

世纪 90 年代的表现如出一辙。

如果德国严于律己，没有视《马斯特里赫特条约》的 3% 限制如无物，情况会是怎样？① 这将使德国采取紧缩的财政政策——略低于 GDP 的 5%。基于标准经济模型的经验，这就意味着德国经济在欧元区成立以来的 12 年中仅仅增长了约 13%（以实际值计），相当于每年增幅平均为 1%。

也许从单个年份来看，区别并没有那么大。不过，自欧元区成立以来，这些差别累加起来几乎相当于德国经济三年的增长幅度——换言之，如果德国严格执行《马斯特里赫特条约》的规定，那么德国经济衰退的时间就要多出 3 年。

当然，这种分析也许过于简单。德国仍然是欧元区内最大的经济体。欧洲央行也不得不做出回应。如果德国按规则行事，德国的产出缺口也许会比实际情况多出

① 技术上，《马斯特里赫特条约》允许政府在经济下行期提高赤字，但欧盟的《新马斯特里赫特条约》进一步削减了这种可能性。因此，从分析角度看，我们假定联盟会严格地执行紧缩政策。

2.5% ~3%，而根据泰勒法则做出的分析则表明利率将比实际情况低0.4%左右。从边际效应看，这会使其他欧元区经济体（比如爱尔兰）的泡沫更大。

毫不奇怪，如果德国照规则行事，其经济表现将会差得多；不过由于德国经济规模较大，欧洲央行将不得不对此做出反应——这并不会让欧元区较小经济体松口气。如果它们照德国所说（而非所做）的去做，那么它们的经济增长也将受到负面冲击——不过理论上欧洲央行对它们的困境不会同样关注。

如果爱尔兰使用英镑会怎样?

20世纪20年代独立之前，爱尔兰的流通货币是英镑。独立后爱尔兰人开始使用爱尔兰镑，并和英国建立了通货联盟（而非货币联盟）。这种情况一直持续到1979年。当年10月英国取消了外汇管制，英镑随即大幅波动，由此产生的压力让爱尔兰和英国分道扬镳。

英国仍是爱尔兰的主要出口市场，只是近几十年来其重要性不断下降。但在进口方面，英国是爱尔兰的最大供应国，其重要性远高于出口。

爱尔兰和英国的经济结构比较相似，这在关于货币联盟的争论中可能更加重要。爱尔兰房地产市场的自住率很高（约为74%，英国在73%左右）。在这方面，德国和法国都和爱尔兰有明显差距（意大利和西班牙则接近爱尔兰的水平）。在爱尔兰，84%的抵押贷款都采用跟踪利率或浮动利率（固定利率抵押贷款的增长大多出现在全球金融危机爆发之后）。与之类似，英国抵押贷款市场也以盯住短期利率的长期浮动利率为主。西班牙抵押贷款市场同样倾向于浮动利率，但总的来说固定利率抵押贷款在

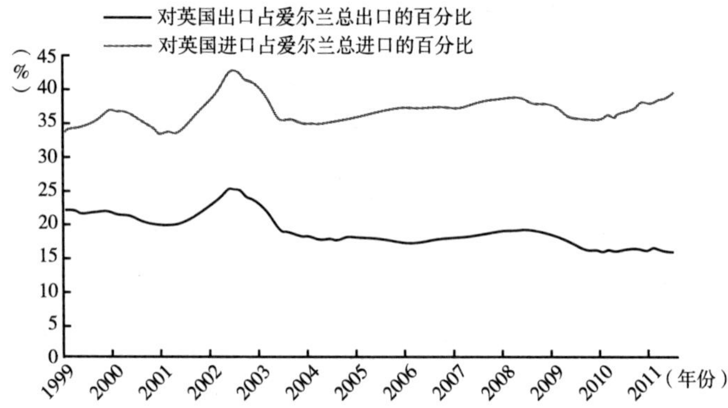

图7　爱尔兰—英国贸易（进出口占爱尔兰总进出口的百分比）

资料来源：Haver、瑞银。

欧洲大陆更为普遍。

此外，爱尔兰和英国的 GDP 结构有很多重大相似点——较为明显的是金融和建筑行业的地位都相对突出。

那么，如果 1999 年爱尔兰决定使用英镑，情况会怎么样呢？这样的话，爱尔兰的货币政策和汇率处境将和英国相同，这一点不言而喻（我们假设英国央行保持货币政策不变，而且执行政策的目的是让英国受益。爱尔兰不会进入英国央行的视野，但这和欧洲央行把爱尔兰放在考虑范围之外没有多大区别）。

接下来我们要问的是，如果爱尔兰采用了英国的货币政策（当然也包括汇率），情况会怎么样呢？真是这样的话，爱尔兰的货币政策会比现在更为恰当。看了下面的曲线图就会明白，很难对这一点提出质疑。

采用欧元后爱尔兰的实际利率太过宽松，坦率地说，从 1999 年到金融危机爆发后都是如此。在这期间，爱尔兰的实际利率大多在 0 以下，即使在 2007 年信贷激增达到高峰时也几乎没有突破过 0。如果采用英国的货币政策，爱尔兰的实际利率将会正常得多，至少 2003 年以后

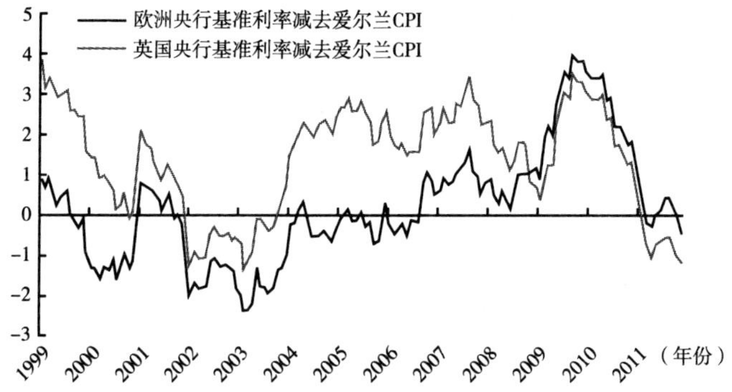

图 8 两种货币联盟情境下爱尔兰的实际利率

资料来源：Haver、瑞银。

会是这样。这种情况下爱尔兰会暂时出现负利率，而且银行业监管机制仍可能给过剩信贷留下生存空间，但如果和英国建立货币或通货联盟，爱尔兰的经济泡沫就会少一些，那么泡沫破裂所产生的破坏力也会相应小一些，这一点很难反驳。

就经济表现而言，英镑可能比欧元更适合爱尔兰。看一下英国央行的有效汇率就能明白这一点。当然，英镑的有效汇率和英国的经济地位有关（因此相对权重体现的是英国的贸易模式），但英镑有可能给经济带来有利影响。

如果使用英镑，爱尔兰的汇率在经济扩张时会有收缩作用，在经济收缩时会较为宽松。这和加入欧元区后的情况恰好相反。

如果苏格兰加入经济繁荣圈会怎样?

2006 年 8 月苏格兰国家党领袖 Alec Salmond 提议苏格兰加入“北欧繁荣圈，形成西有爱尔兰，北有冰岛，东有挪威的局面”。最近的一些问题对这个繁荣圈产生了

图 9　有效汇率——欧元和英镑

资料来源：彭博。

一些不利影响——但如果 1999 年苏格兰独立并加入欧元区（就像当时苏格兰民族主义者提出的政策那样），情况会怎么样呢？①

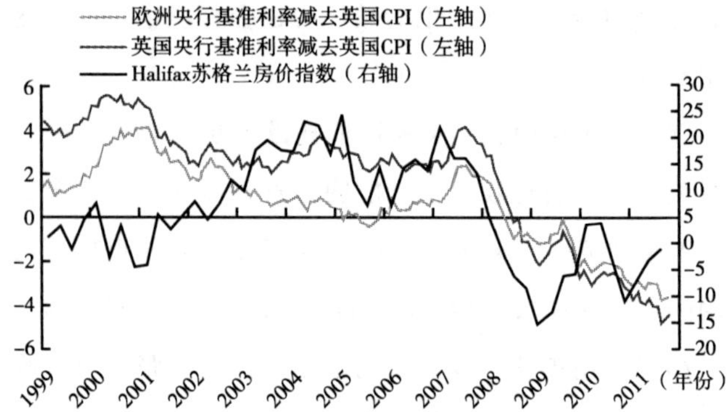

图 10　欧元货币联盟和英镑货币联盟中苏格兰的实际利率和房价

资料来源：欧洲统计局、Halifax、Haver、瑞银。

苏格兰加入欧元区的情况基本上和爱尔兰加入英镑联盟相反，这一点并不意外。苏格兰会出现不恰当的货币政

① 苏格兰民族党已经放弃了加入欧元区的主张。

策。由于经济规模较小，欧洲央行不太可能给苏格兰多少关注。苏格兰经济约占英国经济的 8%，在欧元区的比重不足 1.5%。似乎可以假设欧洲央行在确立货币政策时会毫无顾忌地忽视苏格兰的感受。

苏格兰房地产市场在 2005 年前后处于繁荣期，房价涨幅达 20%。英国央行相对迅速地提高实际利率并没有对前者产生影响。如果处于独立状态，苏格兰的实际利率会接近于 0。这种情况下房地产泡沫会更大。实际上，苏格兰房价涨势最猛的 5 年基本上就是欧元区实际利率处于最低点的 5 年。

如果独立加入欧元区，受到的影响将不只是苏格兰的利率。汇率是另一个相当关键的因素，因为苏格兰的最大贸易伙伴是英国其他地区（其次是美国，欧元区的排名较为落后）。汇率变化将对苏格兰产生不利影响——苏格兰经济在 2003 年和全球金融危机中陷入低谷（欧央行货币政策当然会加剧苏格兰的经济滑坡），在此期间英镑兑欧元都呈下跌趋势。

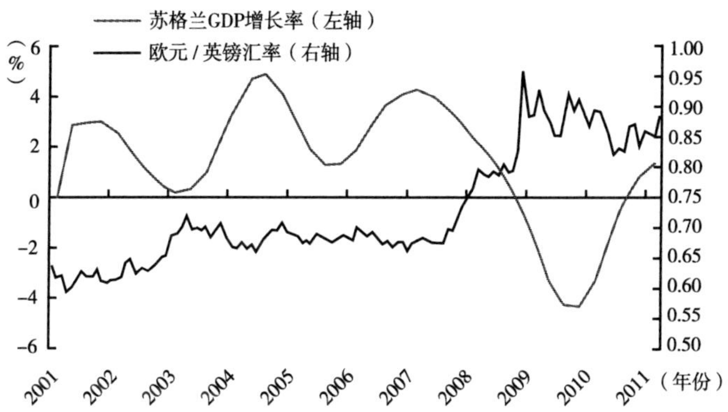

图 11　苏格兰 GDP 增长率和欧元/英镑汇率

资料来源：ONS、彭博、瑞银。

最后，独立后加入欧元区的苏格兰还得考虑怎样应对银行系统崩溃问题，而这种情况下能伸出援手的只有欧央行。较之于爱尔兰银行（Bank of Ireland）和爱尔兰经济，Halifax Bank of Scotland 在苏格兰经济中的比重更大；当然在上述情况下苏格兰皇家银行（Royal Bank of Scotland）同样需要救助。换言之，对作为欧元区独立成员国的苏格兰来说，银行业危机的影响要比爱尔兰严重得多。和作为英国货币联盟成员的苏格兰相比，这种情况下房地产泡沫会更大，经济衰退程度会更深，同样可以认为，银行援助成本也会更高。

考虑到苏格兰各家银行在英国其他地区的作用，很难想象英国央行会设法解救独立后苏格兰的银行业。因此，似乎可以下结论说，从利率、出口和金融角度来看，如果在 1999 年单独加入欧元区，苏格兰的境遇将不那么像加入了“经济繁荣圈”，而更像一次“达里恩冒险”（Darien Venture，指 17 世纪苏格兰在巴拿马建立贸易殖民地的计划，最终以失败告终并促成了苏格兰与英格兰的合并）。

谁受欧洲危机影响最大

斯蒂芬·德奥 等*

欧元区正在滑向衰退。最近的高频数据清晰传达出这样的信息。这也是我们的预测，并且上周欧洲央行也表达了这样的看法。

哪些国家受欧元区衰退影响最大？下面，我们考察贸易联系并采用宏观经济模拟来看哪些经济体最易受影响。答案是 EMEA 地区。但中国也有危险。美国和日本受影响将较小。

我们首先来看直接贸易敞口。图 1 显示水平轴上每个国家对欧元区出口占全国 GDP 的比例。很明显，欧洲近邻——英国、瑞士、俄罗斯和土耳其的敞口最大。

当然，一些国家的出口对欧元区周期的敏感度较其他国家低。比如，南非对欧洲的出口中 40% 是汽车零部件（大多出口到德国），因此可能其最终将重新出口至世界其他地区。就瑞士而言，一些出口（比如医药品）对周

---

* 作者为 Stephane Deo、Paul Donovan、Larry Hatheway 与助理分析师 Matteo Cominetta。本报告发布于 2011 年 11 月 17 日。

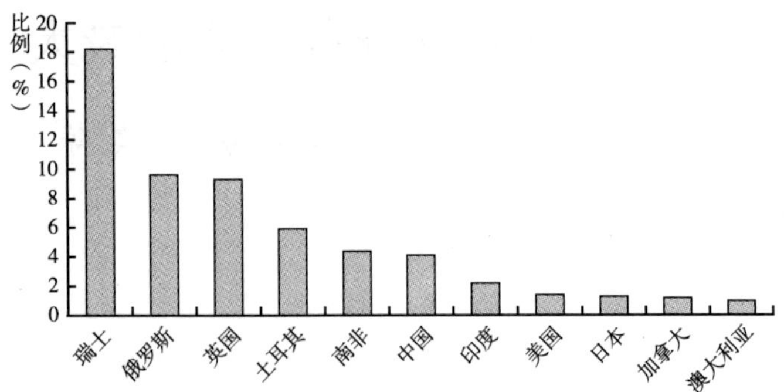

图 1　对欧元区出口占全国 GDP 比例

资料来源：Haver、瑞银。

期性不太敏感。

然而其他国家在欧元区衰退中可能将受到更大影响。我们的 EMEA 经济学家 2011 年进行的一项研究表明，欧洲增长每下降 1 个百分点，中东欧部分国家的 GDP 将损失超过 1 个百分点。这些国家包括捷克（-1.2%）、匈牙利（-1.3%）、土耳其（-1.7%）和俄罗斯（-2.1%）。这部分是由于直接贸易联系的重要影响。但原因还在于，外国直接投资放缓及信贷条件恶化将伴随欧元区衰退一起发生，这将加大与欧洲联系较紧密国家的经济下滑的压力。

意外的是中国对欧元区的贸易敞口也相对较大。对欧元区出口约占中国全部出口的 17%（使其成为中国最大的出口市场），占中国 GDP 约 5%。中国对整个欧盟的出口已经在放缓（见图 2）。当然，英国与欧元区的联系也十分紧密——英国约 47% 的出口是以欧元区为目的地，相当于英国 GDP 9% 左右。

美国和日本对欧洲的敞口较小。对欧元区的出口仅分别占日本和美国 GDP 的 1.2% 和 1.3%。

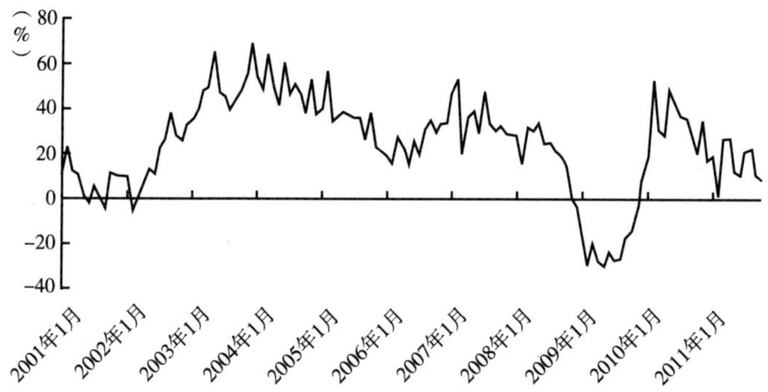

图 2　中国对欧盟出口增幅

资料来源：Haver、瑞银。

当然，直接贸易敞口并不能完全反映全球互相依存的程度。比如，欧元区对中国出口产品需求的下降将导致中国增长减弱，从而减缓其对全球其他地区的进口需求。如前所述，主要经济体（比如欧洲）经济严重滑坡可能会引起融资条件发生变化。

要反映这些更广泛的影响，有必要借助大规模宏观经济模型进行模拟。具体而言，我们使用 OEF 全球计量经济模型来模拟一次贸易危机，其中采用欧元区进口量未来 12 个月内下降 10 个百分点。相关背景是，2007～2009 年欧元区进口量从峰值到谷底（金融危机和“大衰退”期间）的降幅接近 20 个百分点。

模拟结果见图 3。在欧洲贸易收缩的情况下，中国、俄罗斯、土耳其和英国 GDP 遭受相当严重的下滑。相反，日本和美国受影响的程度比较有限。

重要的是，该模型模拟考虑了欧洲进口严重收缩将给全球贸易带来的广泛后果。由于这种情况下全球贸易增长将显著放缓，并且中国经济对全球贸易的依赖度非常高，因此这对中国国内经济的影响将相对较大。

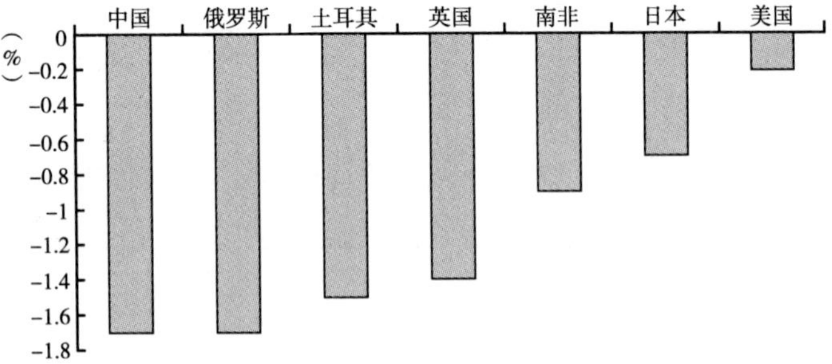

图 3　欧元区进口需求下降 10%对 GDP 的影响（模拟）

注：采用 1 年后较基准变动的百分比。

资料来源：OEF、瑞银估算。

经济复苏遭遇欧元陷阱

保罗·谢尔德*

因为危机四伏的欧元区陷入衰退并对全球各地的经济增长造成影响，我们预期 2012 年全球经济进一步减速至 3.2%（新兴市场：5.6%；发达经济体：1.2%）。欧元区以外的地区应该能够避免经济衰退。考虑到欧元区主权债务危机的严重性（特别是债务无序重组以及欧元区部分或完全解体的风险），全球经济增长明显面临下行风险。

在我们的 2012 年预期中，熟悉的“双轨”复苏主题依然活跃（见图 1）；新兴市场的活跃表现主要归功于中国，当然还有印度的功劳。根据购买力平价来衡量，2011 年全球经济增长可能有 42% 来自中国，我们估计 2012 年的贡献还要略高一些（见表 1）。中国和印度合计将占 2012 年全球经济增长的近 60%，所以我们非常担心中国经济硬着陆的风险；中国已成为全球经济增长的中流砥柱，是岌岌可危的全球复苏唯一的希望。最新的 GEMaRI 指数以及其他一些因素让我们在这方面看到了一线光明。

---

* 作者为前野村证券全球首席经济学家 Paul Sheard。本报告刊发于 2011 年 12 月 14 日。

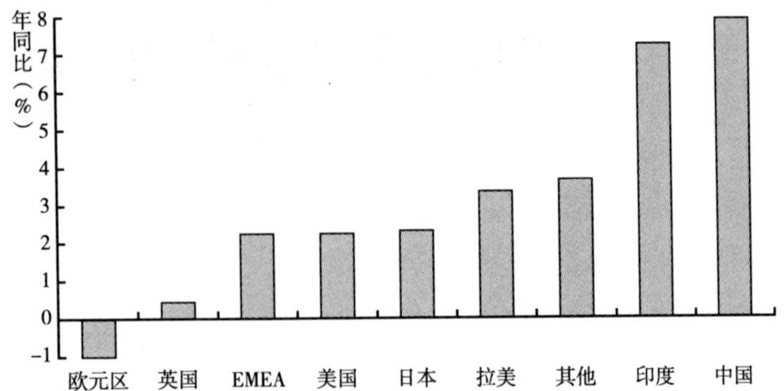

图 1　2012 年主要国家或地区 GDP 增长预期

注：其他是指亚洲其他地区。EMEA 是新兴欧洲、中东和非洲。
数据来源：野村全球经济。

表 1　对全球 GDP 增长的预期拉动作用

单位：%

		2011 年	2012 年	2013 年
全球经济增长率(年同比)		3.8	3.2	4.3
对经济的拉动作用				
发达国家		0.8	0.6	1.2
	美国	0.4	0.5	0.6
	欧元区	0.3	-0.2	0.3
	英国	0.0	0.0	0.1
	日本	0.0	0.2	0.1
新兴市场		3.0	2.6	3.1
	中国	1.6	1.4	1.5
	印度	0.5	0.5	0.6

注：对经济增长的拉动作用是基于购买力平价（PPP）来计算。
数据来源：野村全球经济。

欧元区进入衰退

因为逆周期财政紧缩、金融状况明显收紧、家庭和企业信心受到打击等因素，我们预期欧元区经济负增长

1%。债务危机迫使各国在2012年进一步勒紧财政口袋，不仅外围国家出台更多的财政紧缩计划，法国和荷兰等核心国家也是如此。更加偏紧的财政政策态度有可能导致经济增长放缓而且失业率更高。我们现在认为2013年失业率将达11.5%，创历史最高水平，并对政府财政造成更多压力。但受到金融市场和评级机构的压力，目前来看政府愿意做出这样的牺牲来保全它们引以为豪的AAA评级。尽管增长预期下调，欧元区大部分国家似乎会坚持2012年雄心勃勃的财政巩固计划（见图2）。

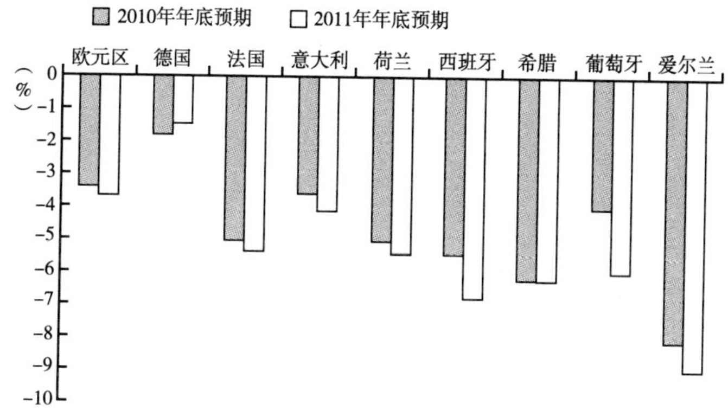

图2　2012年财政收支预期

数据来源：野村全球经济。

在挑战更大的低增长、高失业环境下，我们不认为政府真的会执行这些支出削减计划，尤其是我们相信财政不利因素对2012年经济增长的累计拖累作用可能会在0.6～1个百分点——鉴于潜在GDP增速接近1%，这样的拖累作用非常严重。

未来可能会收紧信贷

欧元区各地的信贷状况已经略有收紧，但我们认为未来几个季度还会明显收紧。作为衡量货币状况的关键指标，银行贷款利率已经上升，而且我们认为在预测期间将居高不下。因此，我们对2012年投资和消费前景的看法已变得更加悲观，预期会分别下降3%和1%。

即使欧元区决策者出台实质性的政策措施（可能会缓解融资成本压力），但2008~2009年经济衰退的主要教训是消费者和企业信心不会迅速反弹。因此附带损害已经造成，欧元区正走向衰退。问题是经济衰退的深度和持续时间。

2008~2009年衰退时欧元区经济因为全球同步下滑而受到了沉重打击，我们估计2011~2012年经济下滑幅度不会那样严重。与2008~2009年不同，我们现在认为这次全球经济不会衰退。海外经济的积极增长将在2012年继续为欧元区经济提供支持。因此，我们预期欧元区经济下滑的规模和力度更接近1992~1993年的货币机制危机。实际上，1992~1993年事件与本轮危机也有一些共同点：货币机制危机在一定程度上就是因为德国央行拒绝更快降息而引发的。

现在债务危机蔓延至欧元区核心国家，部分原因也是由于欧洲央行不愿意大规模扩张债券收购计划。在欧洲央行看来，解决主权债务危机是欧元区政府，而不是央行的工作。另一方面，欧元区政府要么没有能力，要么没有意愿推出能够有效支持意大利和西班牙的危机应对机制（EFSF1.0，EFSF2.0）。看起来欧元区现在陷入了政策真空地带，没有决策者愿意“竭尽所能”来解决债务危机。鉴于意大利10年期收益率徘徊在6%左右，我们认为在意大利债务局势失控之前需要很快采取措施重建信心。

虽然1992~1993年货币机制危机最终导致固定汇率制度被取消，但我们不认为本轮危机会导致2012年有欧元区成员国退出货币联盟。不过，前提是目前的政策僵局结束，欧洲央行大幅扩张资产负债表。具体而言，我们预期欧洲央行在2012年初把现行的债券收购计划（SMP）转变为更传统的数量放松措施：（1）不冲销流动性效应；（2）与英国央行和美联储一样，事先公布准备购买的债券品种和金额。

欧洲央行的数量放松政策旨在稳定物价和金融状况

欧洲央行理事会内部对延续数量放松道路似乎有不少反对意见。我们认为只有确定欧元区政府会对财政和货币联盟采取一系列关键的机制变革，才能赢得这些反对扩大债券收购规模的人士的支持。具体来说，欧洲央行需要确信欧元区会实施合理的财政制度，遵循适当的财政纪律。这个过程开始于2011年12月9日的欧洲委员会会议，可能会对《欧盟条约》做出调整，以增强财政纪律并提高宏观经济监管力度。

具有讽刺意义的是，尽管欧洲央行一直说不想成为欧元区政府的最终贷款人，但其在2010年5月就以证券市场计划的形式搭建了一个很好的框架。如果大规模实施的话（应该根据该计划对利差的影响来衡量，而不是从债券购买规模衡量——最新数据显示累计购买额为2120亿欧元），应该会起到效果。如图3所示，欧洲央行（以及日本央行）扩大资产负债表的力度远赶不上美联储和英国央行。鉴于欧元区面临很大风险，如果欧洲央行最终因为经济衰退不仅推出了数量放松政策而且政策力度很大，我们也不会感到意外。同时我们预期美联储将实施更多的数量放松政策（证券组合将达到3万亿美元左右，而雷曼兄弟破产前的资产组合规模仅为4800亿美元左右），英国央行也是如此（在现有的2500亿英镑的基础上，资产收购规模将再增加750亿美元）。为帮助维护欧元，欧洲央行会大肆扩张资产负债表，但这只不过是赶上继续放松政策的美联储和英国央行而已。

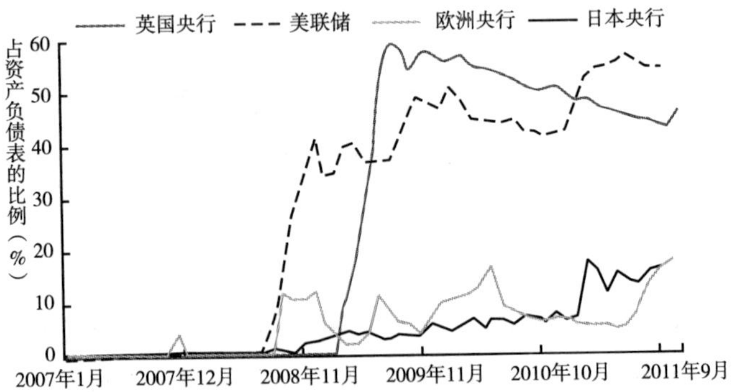

图3　比较各主要央行扩张资产负债表规模的力度

注：美联储和日本央行的超额准备金或者欧洲央行和英国央行的等价物占各央行资产负债表总规模的比例。

数据来源：野村全球经济。

欧元区解体仍是一个可以避免的风险

由于主权债务危机仍在继续，我们的预期面临异常大的下行风险。欧元区决策者在近期面临一系列的事件风险，主要关系到葡萄牙、希腊和爱尔兰能否按照IMF、欧盟计划的安排继续获得贷款。市场对出现糟糕结果（债务无序重组或者欧元区解体）的预期正在升温。我们的基本预期是决策者能够避免这样糟糕结果的出现，特别是如果2012年初欧洲央行实施数量放松政策的话，但政策失误的可能性很大。在我们看来，债务无序重组或欧元区解体的结果对实体经济的伤害至少会和2008～2009年经济下滑期一样严重。因此，我们认为2012年的风险仍非常高。

世界其他地区：满目沧夷

考虑到我们对欧元区经济衰退规模以及相应政策行动的预期，我们认为世界其他地区经济普遍放缓增长，但不会陷入衰退。预期已表现出非凡韧性的美国经济将继续维持增长（2.3%），财政政策仅会造成较小的拖累作用（我们的预期假设2011年薪资减免计划和长期失业援助计划均延长实施）。欧元区衰退可能会让英国遭遇严酷寒风，摇摆在衰退边缘：预期2012年经济仅增长0.4%。因为承受了欧元区银行减少对该地区贷款的主要影响，新兴欧洲、中东和非洲（EMEA）的经济增长也会受到打击：我们预测该地区的经济增速从2011年可能的4.3%放缓至2012年的2.2%。

我们预期亚洲经济增长率将从2011年可能的7.5%放缓至2012年的6.6%，在目前环境下这仍算高速增长；亚洲经济近几年明显降低了对G3的出口依赖性，更多注重内需驱动型增长。然而，我们的亚洲经济学家继续提出警告：如果欧元区拖累全球经济更严重下滑，那么受“非线性效应”的影响，亚洲可能会受到沉重打击。我们预期拉丁美洲经济会减速，但因为与欧洲的联系没有像与美国和亚洲的联系那么紧密，减速程度不会像新兴欧洲、中东和非洲那么严重；预期2012年经济增速从2011年可能的4.3%放缓至3.3%。

在全球经济减速的大背景下，日本是个主要的例外。2011年3月的三重灾难让日本经济陷入衰退，但庞大的重建需求应该会让2012年日本的经济增长率略高于 2%。

我们所有的前景展望和预期都假设不会出现重大的地缘政治冲击。2012 年对投资者来说不可能一帆风顺。但我们聊以自慰的是，如果在金融大危机爆发时没有采取货币和财政政策来应对全球私人部门净储蓄的大幅增加，局面可能会更加糟糕。

美国 2012 年前景展望：经济继续适度增长

在政治和外部风险异常高的背景下，美国经济复苏迈向新的一年。我们预期经济增长刚好能够让失业率到 2012 年年底仅略微下降。

美国经济在最近几个月表现得颇具韧性。尽管政策不明朗、企业和家庭信心低迷而且夏末股市下跌，美国经济在下半年加快增长。一系列因素（例如对汽车的积压需求，货币政策进一步放松）都可能会支持经济继续复苏。

我们的基本预期是 2012 年和 2013 年经济适度增长，平均年增长率在 2.5% 左右。基本预期考虑的是欧元区经济温和衰退的结果；如果欧元区危机显著恶化，美国经济也可能受累陷入衰退。另外，我们的预期假设国会将延长 2011 年 12 月实施的薪资税率下调 2 个百分点的措施以及紧急失业援助计划。我们也认为持续高企的失业率和不断降低的通胀风险将促使美联储在 2012 年上半年实施更多的数量放松政策。

不过，美国经济面临很多不利因素。即使薪资税率下调和紧急失业援助计划得以延长，我们预期财政政策在预测期间对经济增长的拖累作用将日益加大。解决房屋抵押贷款市场失衡问题的进展缓慢，这会继续遏制很多家庭的支出。金融部门仍在调整，以适应监管变化以及更高的资本金和流动性要求。关键领域（例如房屋抵押融资和税务改革）可能会做出有利的政策变化，但这或许要推迟至2012年11月总统大选和国会选举之后。

而且近期风险明显偏下行方向。如果国会不采取额外行动，2012年初开始薪资税收将显著增加，这会大幅提高2012年的财政拖累作用。此外欧元区局势的发展也对美国经济造成明显的威胁。

抵押贷款困境抑制支出

贷款标准收紧、房价明显下跌、持续经济压力等因素联合起来继续对房主造成财务压力。资不抵债（房屋抵押贷款额超过房屋价值）的房主超过15%。积压的问题房屋抵押贷款仍处于危险高位，而且对新房屋贷款的更加严格的贷款审批和房屋评估标准不仅限制了新购房者的需求，也限制了很多有房一族借助更低的抵押贷款利率的能力。另外，空置房屋数量仍然过高，这给房价造成更多的下行风险而且让房租高企。

我们预期这些问题会在2012年逐渐得到缓解。随着经济复苏，延期不还的房屋抵押贷款新增案例正在减少，而且空置率也在下降。近期对房屋可负担重新贷款计划（Home Affordable Refinance Program）进行了调整，预期这会对抵押贷款再融资步伐产生一些积极影响。但房屋抵押贷款的过度负债仍可能在2012年继续抑制很多家庭的消费。

2011年11月份选举后或许有机会加快房地产市场的调整。房地美和房利美不能无限期被托管下去，而且奥巴马政府和国会的共和党都表达了房屋抵押融资体系需要根本性改革的强烈愿望。

虽然房屋抵押融资可能会继续抑制很多家庭的消费，但需要指出的是家庭部门总体上已经完成了资产负债表的大幅调整。在金融危机爆发后家庭储蓄率明显上升，目前的水平大致符合储蓄率与财富的长期稳定关系。展望未来，就业和收入的稳定小幅增长将支持消费。另外，对关键产品的积压需求应该会成为总需求表现韧性的一个原因。例如，危机发生后汽车销量远低于正常的报废置换水平，登记汽车存量下降。如果目前的汽车销售速度再延续两年，美国成人的人均汽车拥有量将下降至20世纪80年代以来的最低水平。即使汽车销量回升至1600万辆的水平，这也只是让人均汽车拥有量大致维持目前的水平。

企业投资的上升潜力

2011年到目前为止，企业的设备和软件投资平均年增长率超过10%。而且，关键商业调查的前瞻性指标表明新设备支出可能会保持活跃增长。经济大衰退结束后非家用设备的平均使用年限继续提高，说明积压的重置需求一直在增长。虽然仍比经济衰退开始前15年的平均值低15%以上，企业的建筑投资在近几个季度也有上升。展望未来，我们预期投资会追随（而不是先行于）经济增长的步伐。企业投资可能是经济保持活力的又一个源泉，但不会推动经济更快复苏。

通 胀 回 落

我们预期通胀将在未来一年逐渐回落。鉴于全球经济减速，我们认为预测期间石油价格将下跌。持续高企的失业率也有助于压低核心通胀。当然，一系列结构性因素

（人口因素、劳动力供需失衡和生产率趋势）很可能会让产出缺口小于历史趋势暗示的水平。但综合考虑这些因素后，美国经济在通胀压力显现之前仍有很大的扩张空间。另外，各种临时因素（例如曾推高通胀的汽车行业供给问题）正在消退。同样的，能源对核心价格的残留影响（例如通过飞机票和其他交通成本）也将消退。

财政政策造成拖累作用

2011 年的财政政策基本为中性，但预期 2012 年财政政策会对经济增长造成一定的拖累作用。如果未来几周未能做出延长薪资税率临时下调和紧急失业援助计划的决定，2012 年的财政拖累作用可能会远远更大。可能会借助授权 2011 年 12 月中旬以后政府支出的综合议案来延长减税和失业补贴计划。

2012 年过后，我们预期财政政策在可预期的未来将造成实质性的拖累作用。根据目前的关键财政政策来看，2013 年初的增税计划和自动支出削减计划合计占美国 GDP 的 3% 以上。但我们预期总统和国会大选结束后会实施重要的一揽子财政改革，一方面让中期财政得到明显巩固，同时也会减少 2013 年的财政拖累作用。

美联储将采取更多行动

美联储官员的最新预期强调了 2012 年以及未来面临的种种挑战。联邦公开市场委员会（FOMC）的与会者预期通胀将较快回落至目标区间，但未来三年的失业率仍将远远超过与 FOMC 双重使命相符的水平。

鉴于未来几个季度通胀预期将回落而且劳动力市场没

有好转的迹象，我们预期 FOMC 会继续放松政策。沟通创新是第一步，但仅有这点可能不够。具体来说，我们预期 FOMC 将在 2012 年一季度实施第三轮数量放松政策（QE）。鉴于房屋抵押融资市场尚未恢复正常，房屋抵押贷款支持证券（MBS）可能会成为下一轮数量放松政策的焦点。很多因素（特别是短期的财政拖累作用超过我们目前的预期，或者欧洲问题导致金融状况明显收紧）可能会加速美联储推出下一轮宽松政策。

日本 2012 年前景展望：经济或继续复苏

我们预期 2012 年经济继续复苏。在出口环境可能最糟糕的 2011 年上半年，灾后重建需求将支持经济增长。

2011 年日本经济经历了几重挑战，包括 3 月地震、10 月泰国洪灾、欧债危机导致的全球经济减速以及日元升值。日本较快摆脱了地震的影响，也几乎完全克服了泰国洪灾的影响。然而，海外经济减速和日元升值让 2012 年上半年的经济前景蒙上了阴影。不过，我们不认为 2012 年日本经济会停滞不前：各种地震相关因素（包括汽车产量增加和重建需求）目前都让经济受益，我们认为这些因素会让日本经济继续复苏。

我们预期 2011 年四季度汽车产量将开始增长，这有助于避免经济停滞不前。尽管国内外经济增长势头减弱，但由于库存水平之前因供应链瓶颈问题而下降至过低的水平，汽车制造企业很快会寻求库存的正常化。截至 2011 年 9 月，汽车行业的库存/出货比率在 15% 左右，低于 2003 年以来的平均水平。我们预期汽车产量的提高会让 2011 年四季度实际 GDP 季环比增速（年率）上升 0.7 个百分点，2012 年一季度增长率上升 1.9 个百分点；如果考虑对汽车零配件行业的连锁效应，对经济的提振作用甚至会更大。

我们预期日元会在2012年年中之前逐步升值，但这应该不会导致经济停滞不前。实际有效汇率反映了日本企业在海外市场的价格竞争力。我们估计2011年10月的汇率比1974年日元实行浮动汇率制度以来的平均水平仅高6.9%（见图4）；这样的汇率水平并不会严重影响日本企业的竞争力。价格的不断下降使得日本产品在海外市场的竞争力得到提升。

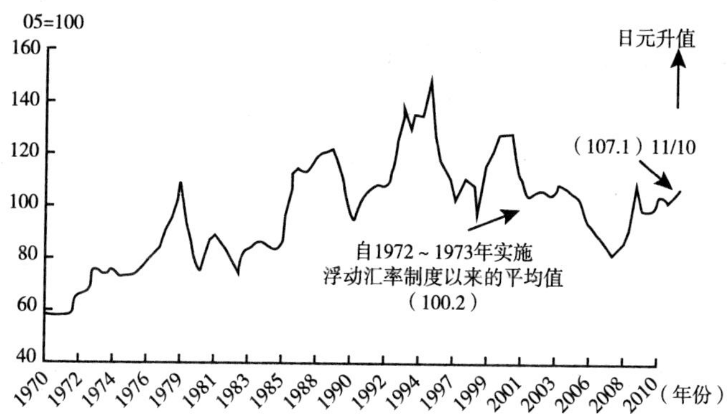

图4　实际有效汇率历史趋势

数据来源：日本央行、野村全球经济。

根据我们的计算，日元升值10%会让2011财年制造业的经常性利润下降约18.0%。估计1美元/82.70日元的汇率水平会让制造业2011财年的经常性利润同比持平，而1美元/60～69日元的汇率水平则会导致钢铁、电子机械和汽车等关键出口行业的经常性利润为零。即使日元继续升值，我们预期2011年四季度实际出口将重拾升势，名义贸易收支在2012年上半年重现顺差。

我们预期欧洲主权债务危机以及日元升值将继续影响日本央行2012年的货币政策。日元升值压力应该不会很快消失。如果日元相对美元汇率（名义汇率）创下战后史上最高水平，我们预期日本央行将进一步放松政策，因为政府会干预汇市。在我们看来，日本央行的资产收购（主要收购长期日本国债）规模将扩大 5 万亿日元左右，并延长持有日本国债的到期日。我们仍坚持认为日本央行在 2015 年下半年之前不会加息。日本要到 2013 年下半年才能摆脱通缩，而且在 2015 年中期以后核心 CPI 才会上升至同比 0.5% 左右的水平。

2011 年 12 月初通过了重建融资议案以及相关的法律。我们认为这份预算案将对 2012 年下半年的经济增长起到支持作用。政府计划发行价值 11.6 万亿日元的重建债券，帮助为 12.1 万亿日元的第三份补充预算案提供资金。政府为重建债券设定的期限是 25 年，而为了确保这些债券的偿还资金，包括消费税上调在内的临时提税措施的期限也是 25 年。这样做可以减少每年增加的税收金额，从而熨平每年对经济的负面影响。另外，由于来自自民党和其他反对党的阻力，政府最初的临时提税计划中包括的烟草税已被取消。

考虑了支出削减和临时提税的影响后，我们估计第三份补充预算案对 2012 财年日本实际 GDP 的推动作用为 1.1%。另外，12.1 亿日元预算案中有约 2 万亿日元会用于阻止日元升值。政府估计这对实际 GDP 的促进作用为 0.5%，并帮助创造 30 万个工作岗位。我们以上的估计仅考虑了第三份补充预算案的影响，但第一份和第二份补充预算案合计已约有 6 万亿日元分配于重建相关支出。2012 财年预算申请案也包括了 3.5 万亿日元的重建支出。在海外经济低迷的背景下，这应该会对日本经济起到支持作用。

是否要提高消费税率、何时提高以及上调幅度多大将成为政府2012年的主要经济议题。政府多年来一直无法上调消费税，但如果公众相信提高消费税率的目的是确保日本社会保障体系改革所需的资金，我们认为这次或许能够顺利实施。这转而有助于稳定金融市场，因为预期消费税进一步上调会带来适当的财政巩固。政府想要分两阶段将消费税率从目前的5%提高至2015年的10%。我们认为最有可能的结果是2014年4月税率上调3个百分点，随后2015年10月再上调2个百分点。

我们的预期假设2014年4月消费税率上调3个百分点。根据内阁办公室的短期经济模型，我们计算出这会导致2014财年实际GDP增速至少下降0.45个百分点，如果那时经济局势相对稳定，应该不会造成很严重的经济影响。但仍存在很多不确定因素，因为整体经济影响取决于对富人提高税率的力度以及缓解消费税上调负面影响的其他措施。

亚洲过山车

亚洲经济受到的打击越严重，之后促进经济反弹的有利因素就越强大。

我们认为亚洲经济的重新平衡进程比大部分人预期的更加迅速。在亚洲（不包括日本和中国）的总出口中，对G3集团（美国、欧盟和日本）的出口比例已从2000年的48%下滑至2011年上半年的28%；相反，对中国、亚洲其他地区和世界其他地区的出口比例一路上升。G3集团的需求委靡不振是出口目的地变化的一个因素，但另一个原因是亚洲日益注重推动内需拉动型经济增长（通过宽松的宏观政策以及各类改革措施，例如从中国大规模提高最低工资到东南亚实施庞大的公共基建项目），而且迅速扩张对其他快速增长的新兴市场和大宗商品生产国的出口。常见的一种说法是亚洲内部的出口（特别是对中国的出口）被夸大了，因为这类出口很多是装配后将重新出口到 G3 集团的零配件出口。但这种推理有些过时了。中国 2011 年的 GDP 规模将从 2007 年的 3.5 万亿美元翻倍至 7 万亿美元，现在占亚洲（日本除外）总体 GDP 的一半以上，并且 2011 年前三个季度中国 GDP 增长 9.4% 全部来自内需的拉动作用（详见图表汇总：“亚洲 GDP 增长的驱动因素”）。一般性进口（用于国内消费的进口，而不是在加工装配后再出口）占中国总进口的比例这个数据很能说明问题：该比例已从 2007 年一季度的 44% 上升至 2011 年三季度的 58%。

亚洲经济的重新平衡从两个方面影响了我们对 2012 年前景的展望。第一，亚洲正在稳步降低对 G3 集团需求的依赖性，同时提高了对中国需求的依赖。第二，我们对亚洲正逐步与 G3 集团脱钩的微妙看法。虽然我们认为 G3 经济增速低于潜在水平（1% ~2%）不会对亚洲造成很大的影响，但 G3 深度衰退（类似 2009 年的情景，2012 年前景显然面临这样的风险）则完全是两回事；而在这两者之间可能存在一个引爆点让非线性效应发挥作用，从而会对亚洲再次造成沉重打击。

前低后高的增长走势

我们预期 2012 年 G3 集团总体 GDP 增长 1% 左右（美国和日本 GDP 增长超过 2%，抵消了欧元区经济萎缩 1.0% 的影响），而 2009 年 G3 集团经济曾萎缩 4.2%。乍一看，似乎不应对亚洲的经济前景持悲观态度。但我们还是大幅下调了亚洲 GDP 增长预期，因为我们认为 2012 年中国 GDP 增速将低于 8%。预期亚洲（日本除外）总体

GDP 增速从 2011 年的 7.5% 降至 2012 年的 6.6%，但这掩盖了前低后高的增长走势：2012 年一季度、二季度经济增速从 2011 年三季度的同比 7.4% 放缓至 6% 的低点，随后 2012 年四季度经济又重新加快至 7.6%。

我们预期中国 2012 年一季度、二季度的 GDP 增速从 2011 年三季度的同比 9.1% 下降至 7.5% 左右的低点。出口将拖累经济增长，但我们不认为会出现与 2009 年上半年类似的出口大幅萎缩的局面。相反，房地产投资下滑是拖累 GDP 增长的主要因素，可能对重工业行业（例如钢铁和水泥）造成连锁效应，也会因财富效应而影响消费。另外，政策措施或许不会像 2009 年那么迅速有力。2012～2013 年中国处于新旧领导人换届阶段，而且我们认为当局已经理解 2009 年那样的大规模放松政策会进一步影响 GDP 质量。因此预期 2012 年四季度 GDP 增速仅会小幅回升至同比 8.4%，全年经济增长 7.9%。这与 2009 年形成鲜明对比，当时 GDP 增速从一季度的同比 6.6% 反弹至四季度的 11.4%。GDP 构成更是反差巨大：2009 年内需为 9.2% 的 GDP 增长率贡献了 12.8 个百分点（净出口是负贡献），而我们预期 2012 年内需对经济增长的拉动作用为 8.6 个百分点（比 2009 年低 4 个百分点以上）。这种完全不同的增长结构会对亚洲其他地区产生影响。

在 G3 集团 GDP 增长乏力而且中国需求减少的双重打击下，我们预期亚洲（日本、中国除外）的经济前景明显弱化，GDP 总增长率从 2011 年三季度的同比 5.5% 降低至 2012 年一季度、二季度略高于 4% 的低点。除了出口疲软以外，我们预期资产价格低迷以及资本净流出也会对内需造成一些金融减速器的影响。贸易开放程度、金融中心程度最高的经济体（即新加坡、中国香港、马来西亚和中国台湾）受到的打击可能最大，而马来西亚和印度将最具韧性。然而需要指出的一点是：在全球金融危机期间，亚洲（日本除外）总体 GDP 增速曾从 2008 年三季度的同比 5.1% 跌至 2009 年一季度 0.5% 的低点，因此我们这次预期的亚洲经济减速程度只是那时的 1/3 左右。

关于亚洲的 CPI 通胀问题，我们相信未来几个季度通胀将迅速回落。亚洲货币的确相对美元贬值，但贸易加权汇率的贬值幅度并没有那么大，而且在经济减速的背景下，企业可能会努力消化本币贬值导致进口成本上涨的影响，以免影响市场份额。在我们看来，大宗商品降价会对通胀产生更大的抑制作用；我们预期布伦特油价从 2011 年 110 美元/桶的均价下降至 2012 年 83 美元/桶，而且食品也会迅速降价（能源和食品相关类别占亚洲多数经济体 CPI 篮子的权重超过 40%）。通胀的迅速回落会为几乎所有央行提供降息空间，其中印度尼西亚、马来西亚和菲律宾的降息幅度将达到 100 基点或更高。但财政刺激的作用不容低估：很多经济体已经出台了财政刺激措施，而且 2012 年的刺激政策规模将会更大（在中国香港、马来西亚、韩国和中国台湾总统大选、印度主要省份选举之前）。鉴于大宗商品价格回落而且政策措施有力，我们预期亚洲（日本、中国除外）的总体 GDP 增长率到 2012 年四季度反弹至同比 6.6%。

风险是经济大起大落

与以往相比，预测 2012 年前景更为困难，因为我们认为亚洲 GDP 增速正放缓至可能引发非线性经济效应的危险水平，而且野村欧洲经济团队判断欧元区 GDP 预期明显面临下行风险。因此我们考虑了 2012 年欧元区经济崩溃的更差结果：欧元区 GDP 萎缩 4%（基本预期：-1%），拖累美国和日本经济陷入深度衰退，2012年布伦特油价跌至70美元/桶的平均水平。在更差的预测情景中，亚洲会遭遇非线性经济效应。一个例子是出口下滑幅度更大，迫使企业削减资本性支出并裁员。另一个例子则是金融市场崩盘和实体经济之间的恶性循环，因为负的财富效应和信心效应导致企业和家庭削减支出，而且抵押品价值缩水促使银行收紧信贷标准。然而，最大的非线性经济效应可能来自资本大规模撤离亚洲。基于国际收支数据的最广义的资本流量指标（考虑了外国直接投资、组合债务、股权流量和国际银行债权等）显示：在截至2008年三季度的前十个季度亚洲吸引了总计2650亿美元的净资本流入，但随后两个季度有1180亿美元资本净流出亚洲，不过在接下去的十个季度里又吸引了高达6870亿美元的净资本流入。2011年三季度资本少量净流出（100亿美元），但因为之前资本净流入量庞大而且欧洲银行拥有大量的亚洲债权，在更差的预测情景下（欧洲银行减少对亚洲地区的贷款），净流出资本量可能会飞速增长。总之在更差情景下，我们预期亚洲（日本除外）经济将再次遭受沉重打击，冲击力度与2008年全球金融危机那次差不多，2012年总体GDP增速将明显放缓至5.3%（基本预期：6.6%）。

好消息是在更差预测情景下，亚洲很可能比其他地区率先反弹，反弹力度甚至会超过2009~2010年。实际上，我们对2012年的年度GDP预期掩盖了GDP增速明显V形反弹的走势——底部可能是在2012年二季度。大宗商品价格的骤降是一个重要的利好因素，政策措施更是如此。与其他地区相比，亚洲降息和放松财政政策的空间更大；鉴于亚洲没有在去杠杆化而且银行系统也非常健康，这些措施可能会产生更有效的作用。但我们认为亚洲经济

V 形复苏的最大驱动因素是资本重新大规模净流入该地区，甚至可能超过金融危机以后的资金流入量。外国资本流向亚洲的一个原因是 G3 集团实施新一轮的数量放松政策，但也是受到了亚洲经济增速更高、经济基本面更好（比 2009 ~2010 年时更优于其他地区）的吸引。

欧洲银行业近况及前景分析

王　黔[*]

当前，欧洲银行业面临着严峻的资本金短缺、流动性匮乏、估值骤降等压力。2012 年是欧洲各国主权债务和银行债务到期偿还的高峰期，欧洲银行也必须在 2011 年 6 月将核心资本充足率提高至 9%，市场和监管压力将迫使欧洲银行业通过加快融资、收缩业务、剥离资产等方式进行资本重组。对投资者而言，欧洲银行业的投资机遇和风险并存。本文将对欧洲银行业发展近况、应对困境举措、影响银行业发展的主要因素等进行初步分析。

欧洲银行业近况

资本金存在显著缺口

不断恶化的欧洲主权债务危机和日趋严格的金融监管

---

[*] 王黔，中国投资有限责任公司公关外事部国别研究主管。本文写于 2012 年 1 月。

要求[①]使欧洲银行业面临严重的资本金紧缺问题。欧洲银行管理局在2011年12月发布的银行压力测试报告显示，在考虑主权债务违约的潜在损失和新的资本金监管要求后，欧洲银行业2012年资本金缺口达到1147亿欧元[②]，接受测试的银行被要求在2012年1月20日前拿出补足资本金缺口的方案。值得警惕的是，压力测试结果可能过于乐观，国际货币基金组织（IMF）估计目前欧洲银行业至少存在2000亿欧元的资本金缺口，市场分析则显示这一缺口约为2750亿欧元，均显著高于压力测算估算的规模。

流动性紧张

随着欧债危机不断恶化，欧洲银行业融资难度显著加大，融资成本大幅上升。这主要体现在：一是避险情绪升温导致欧洲尤其是边缘国家银行出现资金出逃、存款下降的态势。二是作为重要短期融资渠道的美国货币市场基金在2011年第三季度大幅降低对欧洲银行业风险敞口[③]，欧洲银行被迫开始向欧央行拆借美元，维持流动性。三是

---

① 一是成立新的监管机构，加强泛欧金融监管。欧盟2011年成立了欧洲系统风险委员会、欧洲银行管理局、欧洲证券和市场管理局、欧洲保险和职业年金管理局等新金融监管机构。二是推行金融监管改革，限制衍生品交易。欧盟2011年10月公布了旨在遏制衍生品交易和加强对高频交易监管的一揽子金融监管改革方案。三是加快推行《巴塞尔协议III》，大幅提高资本金要求。欧洲银行管理局于2011年10月宣布了一项旨在减少系统性金融机构风险的全面框架，并要求欧洲金融机构需在2012年6月前将其核心一级资本充足率提升到9%。

② 本次测试考察截至2011年9月底的资产负债表，资本缺口较大的国家依次为：希腊、西班牙、意大利、德国、法国、葡萄牙、比利时和奥地利；西班牙桑坦德银行和意大利联合信贷银行是资本金缺口最大的两个银行，分别为153亿和80亿欧元。

③ 美国货币市场基金从2011年5月开始已经减少对欧洲银行的风险敞口，到2011年年底，其持有的美国国债和机构债券增加了约1000亿美元。

银行同业拆借意愿急剧下降，而银行在欧央行的存款大幅增加。[①]

股价重挫，信用风险上升

欧洲银行股票价格自 2011 年 8 月以来大幅下挫，目前其平均市盈率仅为 7 倍左右，远低于过去 20 年 14.1 倍的平均水平。[②] 受到资产质量不断恶化、流动性短缺等因素的影响，欧洲主要银行的信贷违约掉期（CDS）报价大幅攀升，其中苏格兰皇家银行、德意志银行、西班牙桑坦德银行的 CDS 已接近金融危机时的水平，意大利两家主要银行 5 年期 CDS 比 2010 年年末已扩大超过 300 个基点。与此同时，国际三大评级机构不断下调欧洲银行信用评级，导致投资者恐慌情绪不断蔓延。

应对举措

银行自救

为应对资本金短缺、流动性不足的困境，欧洲银行业主要通过三种方式来提高资本充足率，一是直接募资，二是重组债务，三是剥离资产。由于目前股价过低，欧洲银行大都不愿通过增发股票的方式来筹集资金，[③] 这就迫使

---

① 反映银行同业拆借意愿的欧元 Libor-OIS 已大涨至超过 90 基点。资金充裕的欧洲银行从同业拆借市场撤出，以低息存于欧央行，目前欧央行隔夜存款工具超过 4800 亿欧元，再创历史新高。

② 法国兴业银行和农业信贷银行等银行股价在 2011 年下跌超过 50%，市盈率接近 10 年来最低水平。此外，德国商业银行股价下跌幅度超过 70%，更为突出。

③ 意大利联合信贷银行是为数不多的通过增发募资的银行，该银行在本月初宣布以折价 43% 增发 75 亿欧元股份，这导致其股价在消息公布后大幅下挫近 50%。

其主要通过债务重组、[1]出售盈利表现较好或海外非核心业务的方式加快重组计划，部分深陷困境的银行则通过并购和引资脱困（见表1）。

表1　欧洲主要银行资本缺口及自救计划进展

单位：亿欧元

银行	资本缺口	重组计划进展
德克夏	63	2011年10月德克夏将其比利时分行出售给了比利时政府,同时正在出售其在卢森堡的业务。
法国巴黎银行	15	法巴银行计划在2013年1月之前将其美元融资需求减少600亿美元,以缩小其资产负债表。
法国农业信贷	—	农业信贷银行计划在2012年年底之前将资金需求减少500亿欧元,并关闭其在21个国家的业务。
法国兴业银行	21	2011年9月法兴银行宣布将加速减少美元资产,增加有担保的美元资金(如商业抵押支持债券回购协议等)和掉期协议的使用,减少对短期美元资金的依赖性。法兴银行还将在几个国家进行大幅裁员。
德意志银行	32	2011年11月德银宣布将对除德国、欧洲和亚洲等核心市场之外的全球资产管理部门进行战略审查。
德国商业银行	53	2011年11月德国商业银行宣布已经停止与德国和波兰没有联系的所有新贷款业务,并已经加速出售非战略性资产。
意大利联合信贷银行	80	联合信贷银行把自身定位从中东欧地区的领导者调整为该区域更值得选择的银行。2012年1月,该银行宣布以43%折价进行75亿欧元的股票增发计划。

---

① 债务重组和管理的具体做法是折价回购或置换混合证券，再将证券面值与折扣价之间的差额计入收益，从而改善资产负债表并增加资本。目前已有多家欧洲银行宣布此类重组计划，例如巴克莱银行宣布以30%的折扣回购总额达39亿美元的混合证券，劳埃德银行宣布将77亿美元类似债券转换成新债券，要求投资者接受30%的折扣，桑坦德银行宣布计划以10%的折扣转换90亿次级债。

续表

银行	资本缺口	重组计划进展
西班牙桑坦德银行	153	2011 年 12 月桑坦德将其哥伦比亚的分行以 12 亿美元的价格出售给了智利的 Corp Banca 银行，获得了 6.15 亿欧元的资本收益，以改善其资产负债表。
希腊 EFG 欧洲银行与阿尔法银行	—	2011 年 8 月，希腊第二大银行（EFG 欧洲银行）和第三大银行（阿尔法银行）以股权交换方式进行合并，结盟以增强实力、应对危机。

资料来源：欧洲银行管理局、Wind、中金公司。资本缺口为欧洲银行管理局银行压力测试报告数据。

政府救助

欧洲各国政府也可以通过政府接管或注资进行直接救助。例如，比利时的德克夏银行成为欧债危机中第一个被政府接管的金融机构，并获得比利时、法国和卢森堡三国政府 900 亿欧元资金支持承诺；希腊政府于 2011 年 10 月批准成立“问题银行”，允许财政部接管并拆分希腊国有银行，并成立过渡性金融机构由政府直接管理银行问题资产；德国政府也表示将计划在 2012 年对德国商业银行进行纾困。然而，当前欧债危机不断恶化，政府财政捉襟见肘，救助银行可能会使主权债务面临被降级的危险，因此各国政府均对此持较为谨慎的态度。

欧盟及欧央行支持

在欧盟层面，欧洲金融稳定机构（EFSF）和将在 2012 年 7 月提前启动的欧洲稳定机制（ESM）可以通过为成员国提供贷款，向该国银行业提供资金支持。然而，ESM 目前没有被授予银行执照，并不能直接注资欧洲银行；EFSF 和 ESM 的资金到位和杠杆化扩容能否如期顺利实现尚存不确定性，即使成功扩容，面对欧洲各国 2012 年上半年巨大的债务到期偿付压力和潜在的救助需求，EFSF 和 ESM 的救助能力是否足够尚待检验。

欧央行则主要通过公开市场操作、利率和准备金率调整、低息拆借等方式为欧洲银行提供流动性支持，舒缓流动性紧张压力①。但是，欧洲银行在获得流动性支持后，并没有将其投放到信贷及同业拆借市场，而是以低息存于欧央行，目前欧央行隔夜存款工具余额达到创纪录的 4800 亿欧元。此外，欧央行强调其并不会充当欧元区最后贷款人的角色，不承诺扩大购买欧洲国家国债的规模。这些说明，虽然欧央行对救助债务国家已由拒绝转变为积极参与，但其态度依然谨慎。

主要风险

当前，欧洲银行间市场的压力高企，投资人对欧洲银行信心不足。欧洲银行在 2012 年第一季度将有约 2300 亿欧元债务到期，尽管 Rabobank 和 ABN Amro 等经营情况良好的银行已经成功发行了高级无担保债券，但是其他形势严峻的银行能否同样可以在债券市场成功融资仍然存在

---

① 一是公开市场操作。欧央行主要通过再融资操作（MRO）和长期再融资操作（LTRO）为银行提供资金。自 2011 年 8 月以来，欧央行先后提供了 6 个月期和 12 个月期 LTRO，并于 12 月启动 3 年期超低利率的 LTRO，向 523 家银行提供超过 4890 亿欧元资金。二是降低利率、法定准备金率，放松对贷款抵押品的要求。欧央行于 2011 年 11 月和 12 月连续两次降息，目前基准利率为历史低点 1%；此外欧央行将存款准备金率由 2% 降至 1%，并放松了贷款抵押品的要求。三是与其他央行合作，缓解流动性短缺。2011 年 12 月，欧央行与美联储、加拿大银行、英格兰银行、日本银行和瑞士国民银行等五大央行以较低利率联手提供美元流动性。

巨大变数[1]。未来，欧洲银行业的发展仍然受到一系列重要因素的影响，主要包括以下几点。

第一，欧债危机继续困扰银行业。欧洲银行业持有大量的欧洲主权债务（见表 2），其资产质量直接影响银行的流动性、资本充足率和融资的成本和难度。欧洲银行业持有的边缘五国主权债务余额占五国对外主权债务总额的 90% 左右，其中法国、德国、英国银行业持有量最大，分别超过 6800 亿、5000 亿和 3500 亿美元[2]，而意大利和西班牙则是目前欧债危机的焦点国家，欧洲银行对其国债的持有量数额巨大，分别超过 6400 亿和 8300 亿美元。

表 2　欧美银行业持有边缘五国对外主权债务

单位：亿美元

	所有国家	欧盟	法国	德国	英国	西班牙	意大利	葡萄牙	美国
西班牙	7390	6432	1509	1775	1009	—	300	265	639
希　腊	1310	1208	557	214	126	12	37	101	82
爱尔兰	4660	3801	320	1105	1409	92	148	59	525
意大利	9363	8375	4164	1618	737	398	—	31	442
葡萄牙	2044	1967	257	359	254	885	39	—	52

注：数据截至 2011 年 6 月。

资料来源：BIS, *Quarterly Review*: *International banking and financial market developments*, December 2011。

2012 年第一季度是欧洲国家主权债到期偿付的高峰期（见图 1），边缘五国和法国在该季度到期偿付的债务

---

① 1 月前 10 天，欧洲银行发行了 149 亿欧元的优先无担保欧元债券，但这些银行主要来自北欧、英国和荷兰等实力较强国家。由于投资者担心银行优先无担保债券在偿还顺序上会比较靠后，监管机构也更倾向于保护储户利益，因此，银行将会更多地使用有抵押的债券工具。目前，意大利和西班牙国债风险依然高企，这些国家的银行发行债券的难度将十分巨大。

② 法国银行业持有 44.5% 的意大利对外主权债务，西班牙银行业持有 43.3% 的葡萄牙对外主权债务，英国银行业持有爱尔兰 30.2% 的主权债务。

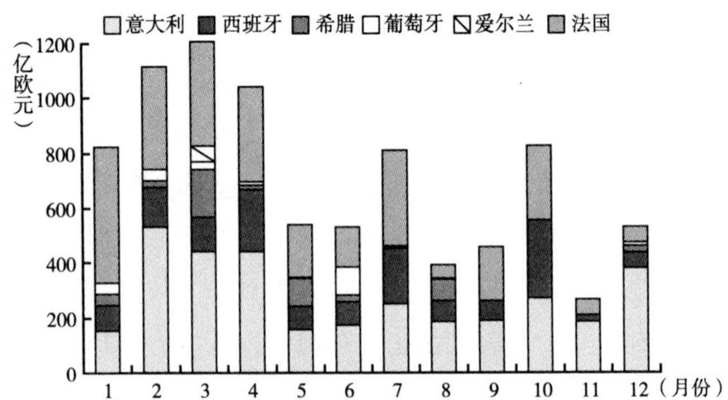

图 1　边缘五国和法国 2012 年国债到期偿付情况

数据来源：Bloomberg。单位为亿欧元。

额为 3420 亿欧元，且逐月上升。其中，意大利和法国的偿债压力最大，2012 年分别约为 3300 亿和 2800 亿欧元。此外，本月标普将 9 个欧元区国家的长期主权评级下调，这将推动投资者大量抛售欧洲国家主权债务，推高国债收益率①，进一步加剧形势恶化和银行系统的流动性紧张。

第二，欧洲经济复苏疲弱拖累银行业。欧元区国家因主权债务危机拖累，经济增长持续萎靡不振，2011 年第三季度 GDP 同比增长 1.4%，为近 6 个季度新低，第四季度大部分经济数据均差于预期。2012 年欧债问题不容乐观，金融市场将持续动荡，加之主要国家在 2011 年实施的财政紧缩政策的负面效应将陆续显现，市场普遍认为欧元区在 2012 年陷入衰退的可能性很大。欧元区实体经济

① 事实上，美国和日本的一些投资者已经开始大量抛售欧洲主权债务，并将资金撤离问题国家。例如，日本野村证券在 2011 年最后两个月将其欧元区国家债务持有量降低了 75%，特别是大幅削减了意大利国债的敞口，美国 FM Global 则在 2011 年下半年已经将现金存款撤出西班牙和意大利的银行。近期，意大利 10 年期国债收益率又重回 2011 年底的高位，超过 7%；西班牙 10 年期国债收益率也由 2011 年 12 月底的 5.1% 上升至 5.7%。2012 年 1 月 12 日和 13 日，意大利和西班牙将举行 2012 年首次国债拍卖，这将对近期欧洲主权债务问题产生指引性影响。

的放缓甚至衰退将会显著恶化银行信贷质量，降低业务扩展和收入增长速度，也会与财政赤字、主权债务等问题形成恶性循环，银行业发展将受到严重拖累。

一点看法

2012 年（尤其是上半年）是欧洲各国主权债务和银行债务到期偿还的高峰期，欧元区发展前景依然面临巨大的不确定性。货币政策统一而财政政策分散的制度缺陷和边缘国家经济竞争力低下等结构性问题均并非一朝一夕可以解决，欧债危机、经济危机和银行危机的恶性循环难以在短期内被打破。

面对严峻的市场和监管压力，欧洲银行业将被迫加快融资、收缩业务、剥离资产等重组进程，据市场分析，欧洲金融机构在未来 18 个月内需出售约 3 万亿美元资产。2012 年上半年欧洲银行需要补充资本金和偿还大量到期债务，这可能是投资人对部分优质银行进行投资的良好契机。近期，一些美国投资者开始在部分深陷困境的欧洲国家寻找投资机会①。

目前欧洲银行业存在的投机机遇包括：一是可以投资入股在本次危机中被“错杀”的基本面优良的银行，或投资这些银行的债务，尤其是有资产担保的债券；二是可以从欧洲银行业收购优良资产和业务。这就要求投资人密切跟踪分析欧洲银行业的基本面及行业动态，并结合投资

① 黑石集团计划从德国商业银行手中购买 3 亿美元的房地产贷款，这包括美国境内的若干家酒店。美国富国银行 2011 年 11 月收购了爱尔兰银行的经营资产担保型贷款的子公司 Burdale Finance Ltd。美国第一资本投资国际集团也计划以 90 亿美元收购荷兰 ING 集团的美国网上银行 ING Direct。

策略和风险管理的要求，对拟介入的银行、资产或业务进行深入分析。同时，我们也可以创新对欧洲银行业的投资方式，例如通过签订特殊的投资协议，消除欧洲国家对我方投资的疑虑，推动实现我方的投资目的。然而，鉴于欧债问题进程仍面临很大不确定性，对欧洲金融资产的投资总体上仍应保持谨慎，严格控制相关风险，同时密切留意因欧洲银行业危机对新兴市场造成的外溢效应。

此外，对欧洲银行业的投资应区分不同国家、不同银行。法国银行业对边缘五国的总体风险敞口最大、对短期资金（尤其是美元融资）的依赖程度最高、杠杆比率相对较高，法巴银行对欧洲五国的风险敞口占其一级核心资本金的比例超过350%，杠杆也接近30倍。意大利银行业对边缘五国主权债务的风险敞口最大，其压力测试下的资本缺口也相对较大。西班牙桑坦德银行则是核心一级资本充足率最低、资本金缺口最大的银行，融资压力十分巨大。相反，汇丰银行及欧元区外的北欧银行则风险敞口较小、杠杆率较低，表现相对稳健。因此，投资人应谨慎把握投资对象、价格和时机，审慎评估投资的政治风险、汇率风险、违约风险等，以取得风险调整后的最佳回报。

政府如何利用其资产获得收益

斯蒂芬·德奥 等*

摘　要

● 政府资产负债表中被遗忘的部分——资产

在目前的主权债危机中，人们都在讨论政府资产负债表中的“负债”部分，以及债务负担的日益加重。而对资产负债表另一部分——“资产”的关注要少得多。可是，资产规模还是很可观的：单单金融资产就占到了欧元区 GDP 的 26%，合 2.35 万亿欧元。我们还发现，欧洲各国政府收入的 5% ~15% 来自其资产。

● 如何利用这些资产?

政客及经济学家的“巴甫洛夫条件反射”是出售这些资产以给政府带来收入。但是，我们发现，不论是从会计角度，还是从政治、经济角度，这并非永远是正确之举。相反，我们探究了其他令政府资产更具“繁殖力”的途径。我们重点分析了三种途径：证券化；售后

---

* 作者为瑞银经济学家 Stephane Deo 与分析师 Matteo Cominetta，本报告发布于 2011 年 7 月 20 日。

回租及其他形式的房地产动态管理；股东参与的合理化。

• **不仅对预算的可持续性有影响，对整个经济也有影响**

我们分析了上述办法的影响。首先这对公共财政的可持续性是个支撑。同时，我们也举例说明这可以改进资源分配并令经济的效率更高。借此，这可能对经济增长产生正面影响。

政府资产：评估

金融资产

根据最新可用数据，平均看，欧洲政府拥有的金融资产价值相当于其 GDP 的 26%（见图 1），这意味着欧元区各国政府资产总价值达到了 2.35 万亿欧元。但这个数据

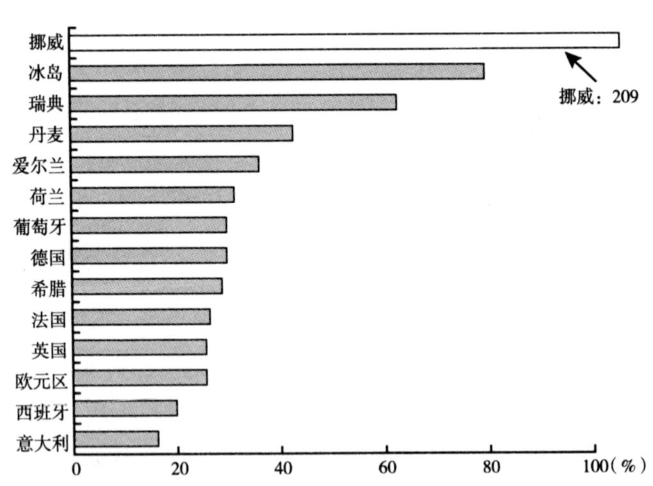

图 1　2010 年金融资产占 GDP 的比重

资料来源：Haver。

隐藏了各国之间的重要差别：爱尔兰持有的资产价值相当于其 GDP 的 36%，是意大利（16%）的两倍多。这些数字并不大，尤其是与北欧经济体相比，北欧各国政府资产规模普遍达到了 GDP 的一半。而挪威是个特例，该国政府资产占 GDP 的比重达到了令人咋舌的 209%——这是拜其石油基金所赐。讽刺的是，这些最不需要进行财政调整的国家政府却持有最大规模的资产。

如图 2 所示，造成目前局面的原因是大多数欧盟国家金融资产价值迅速增长。自 2002 年以来，欧元区各国政府持有的金融资产价值增长了 46%。

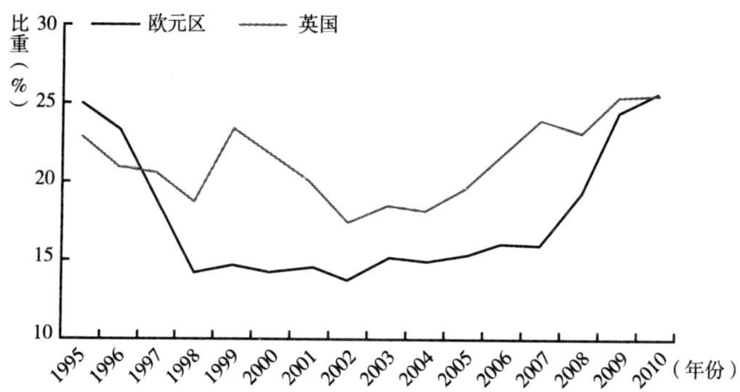

图 2　1995 年以来金融资产占 GDP 的比重

资料来源：Haver。

上市股票

政府金融资产的很大一部分是以上市公司股票的形式存在的。上市公司股票占到了瑞典政府总金融资产的 1/4 以上。在法国和意大利比例也差不多，而德国和西班牙上市公司股票所占的比重要小得多。就 GDP 占比而言，我们发现各国金融资产结构分布状况也一样，芬兰的上市股票占 GDP 的比重达到了 23%，相反，西班牙政府持有的上市股票数量非常小。

当然，政府持有的股票不限于上市股票。在下文中，我们将分析其中的非上市股票。

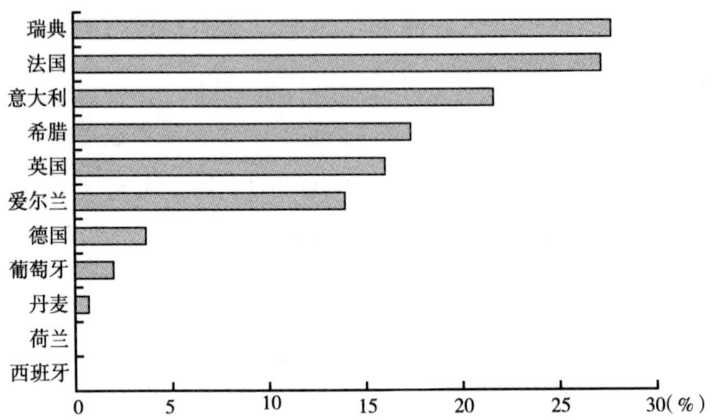

图 3　上市股票持有量占总金融资产的比重

资料来源：欧盟统计局，Haver。

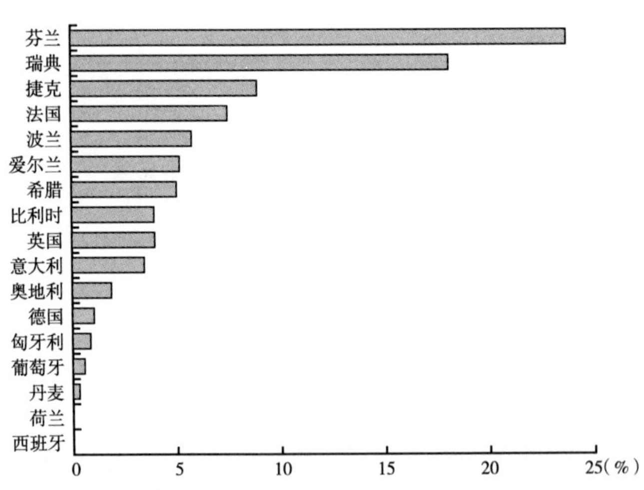

图 4　上市股票持有量占 GDP 的比重

资料来源：欧盟统计局。

房地产/固定资产

我们之所以关注金融资产，原因很简单：我们可以拿到时效性强、可靠的信息。但是，金融资产只代表政府财富的一部分，而且也不是最大的部分。公有的固定资产（比如楼宇、道路及厂房）价值一般要高于金融资产，至少根据我们的估算是如此。欧元区成员国不公布关于其所有持有的固定资产情况的数据。不过，欧盟统计局有整体层面的数据（即欧元区成员国政府固定资产价值总额）。采用国家层面的固定资本消耗数据，并且假设固定资产价值与固定资本的消耗之间存在一定的比例关系，我们估算出欧元区成员国固定资产的价值。

剔除折旧后的净固定资产价值一般是金融资产价值的两倍。在那些经济中公共参与度很高的国家，比如法国和意大利，固定资产价值几乎是金融资产的 3 倍。同时，从规模看，法国、德国及意大利持有的固定资本最大，分别达到了 11500 亿欧元、8800 亿欧元和 6570 亿欧元（见图 5、图 6）。

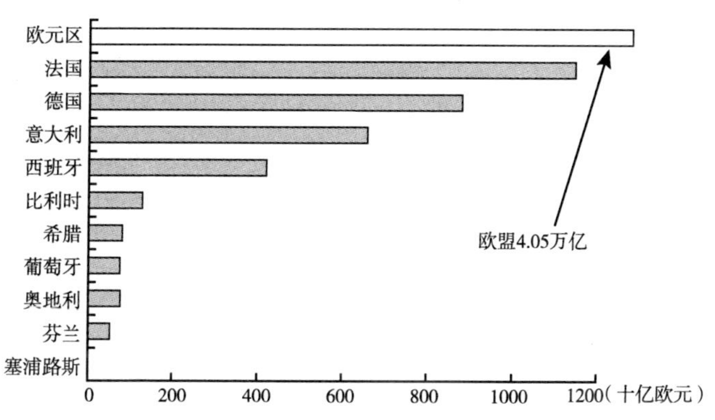

图 5　欧元区各国政府的净固定资产

资料来源：欧盟统计局，Haver，瑞银。

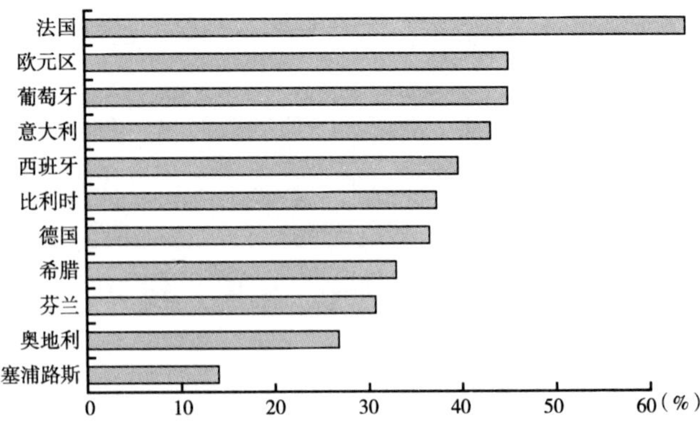

图 6　欧元区各国政府的净固定资产占 GDP 的比重

资料来源：欧盟统计局，Haver，瑞银。

收　入

我们习惯于将金融资产视为政府收入的一个来源（通过私有化）。但是，作为股东，政府享受股息（房地产则是租金），这是不可忽视的一个收入来源。确实，欧元区各国政府收入的 5% ~ 15% 来自其资产（见图 7）。与其持有的金融资产的特大规模相应，挪威的收入有 1/4 多都来自金融资产。荷兰、西班牙及爱尔兰政府也有不小一部分收入来自金融资产。这是不可忽视的，这点可以从图 8 看出（来自固定资产的收入占 GDP 的比重）。除挪威外，芬兰和荷兰持有的资产所产生的收入看来也足以对其财政赤字产生显著影响。

一些国家（尤其是挪威、西班牙、比利时和爱尔兰）的固定资产收入增长落后于其他收入增长，但整体看，在过去 10 年时间里，固定资产收入占收入的比重一直比较稳定（见图 9）。

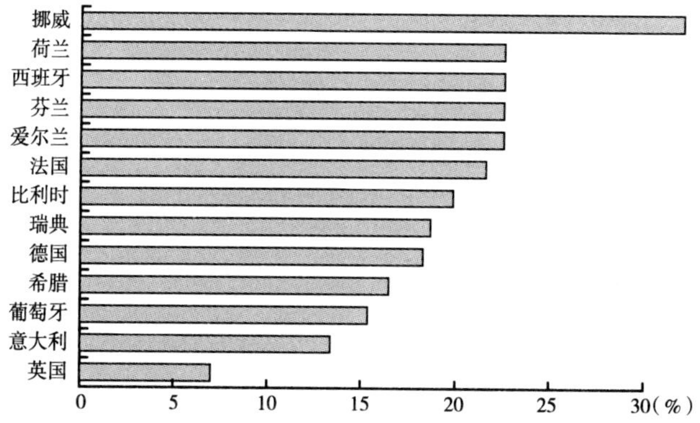

图 7　2009 年固定资产收入占总收入的比重

资料来源：欧盟统计局，Haver。

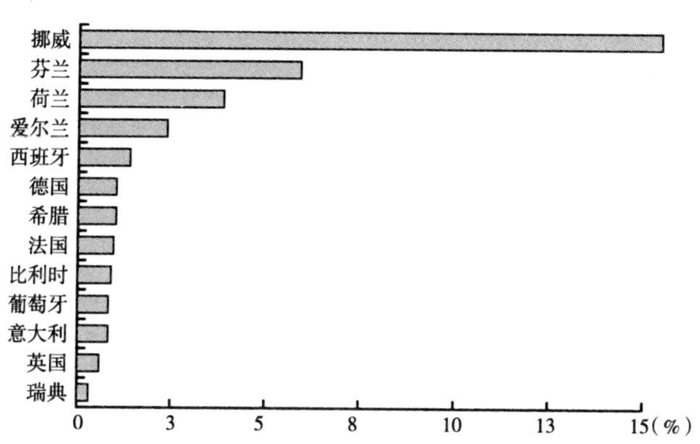

图 8　2009 年固定资产收入占 GDP 的比重

资料来源：欧盟统计局，Haver。

观察固定资产收入源头，你会发现欧元区成员国之间存在很有趣的差别（见图 10）。对于大多数政府而言，非税收收入的主要来源是其持有股票的股息。在大多数国家，这占到了非税收收入总额的一半以上，在希腊和挪威这一比例高达近 70%。来自股票以外证券的利息也很重要，在一些国家甚至是主要收入来源（尤其是英国）。最后，在意大利、葡萄牙和荷兰，租金是一个重要的收入来

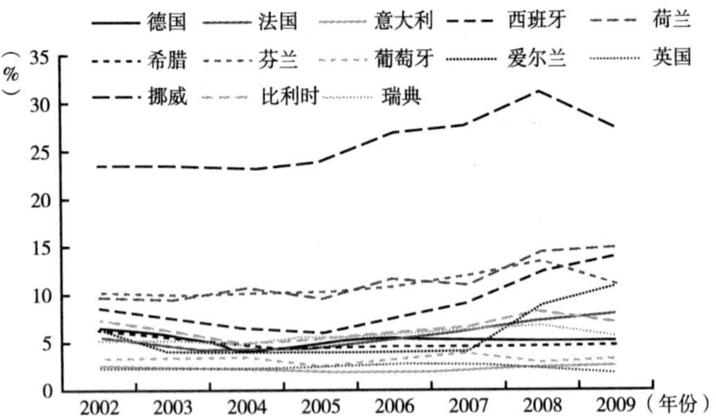

图 9　2002～2009 年固定资产收入占总收入的比重

资料来源：欧盟统计局，Haver。

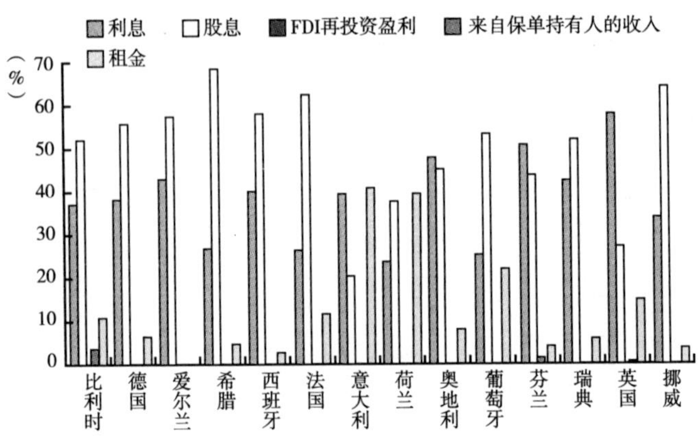

图 10　2009 年欧洲各国固定资产收入的组成

资料来源：欧盟统计局。

源。考虑到这些国家的固定资产中物业规模最大（相较于其经济规模），这并不意外。

在上面的内容中，我们分析了总收入。而观察来自金融操作的净收入，结果也很有意思。一个简单的办法是采用《马斯特里赫特条约》中所规定的会计标准。来自金融操作的所有收入（例如来自私有化的收入）都是“预算外”收入，意味着这些不包括在赤字中。同样，金融操作成本（比如对民间部门贷款或资本重组）也在“预算外”。

这解释了为何债务余额变化与报告的赤字不等。假设一个国家赤字50亿，但从私有化得到收入20亿；其债务水平仅会增长30亿。因此我们也可以把这个公式倒过来：债务增幅与赤字水平之差包括了所有“预算外”项目——主要是金融操作。

1996~2007年的11年间，金融操作的净结果是带来了占GDP 2%~3%的收益。换言之，金融操作给欧元区各国政府带来了1800亿~2700亿欧元收入。2008年，欧元区许多国家政府被迫出手救助其金融行业，因此意料之中，上述数字从收入变成巨额支出（见图11）。所有重组其银行业的国家均彰显出救助银行业（金融操作）的后果（见图12）。但是，救助并非这段时期唯一的负面因素。如果救助是唯一负面因素，那么在2009年，那些在被救助银行的股权被回购的欧盟国家政府（法国、荷兰及英国）金融操作收入应该变回正值。但事实上只有荷兰如此。2008~2009年的负面结果是普遍的：除葡萄牙外，欧元区所有国家当期来自金融操作的净结果均为负值。

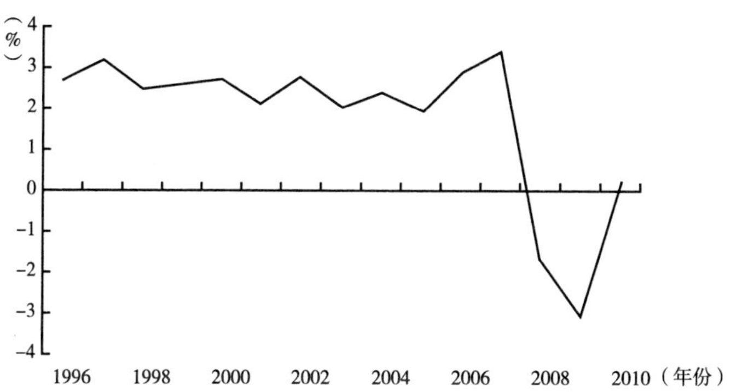

图11　来自金融操作的净收入占GDP的比重（欧元区）

资料来源：瑞银，Haver。

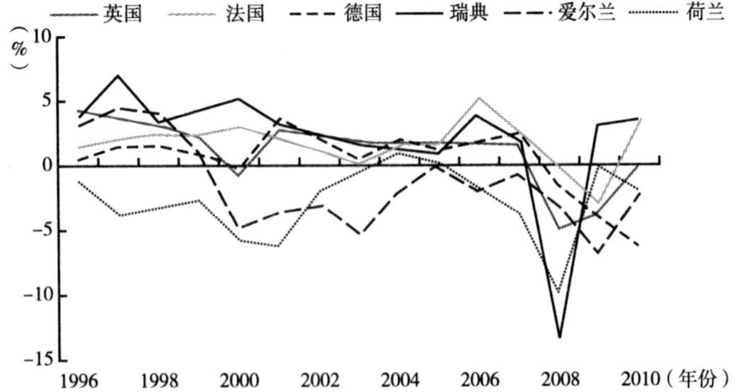

图 12　来自金融操作的净收入占 GDP 的比重（“施救”国家）

资料来源：瑞银，Haver。

一般反应：出售资产，即私有化

回顾以往

在 20 世纪 70 年代，法国、意大利和德国公共部门的经济参与度很高，尤其在冶金、能源和公用事业等重要的重工业部门。在 80 年代和 90 年代，出于经济目的（削减公共债务，尤其对于意大利）和政治目的（减少政府对经济的干预），这其中很大一部分被售予民间部门。这些交易给政府带来了非常大的收入，在 1000 亿 ~2000 亿美元（见图 13）。

不仅仅是法国、意大利和德国，私有化之风席卷了整个欧洲。如图 14 所示，向民间部门出售企业数量最大的国家不是上述三国，而是波兰。在社产主义倒台后，东欧加入了私有化的热潮。瑞典和西班牙也大幅降低了企业的国有度。这些交易规模小于法国、意大利和西班牙的交易，结果，由此而来的收入也要少一些。不过，这些仍是价值 10 亿美元的交易。

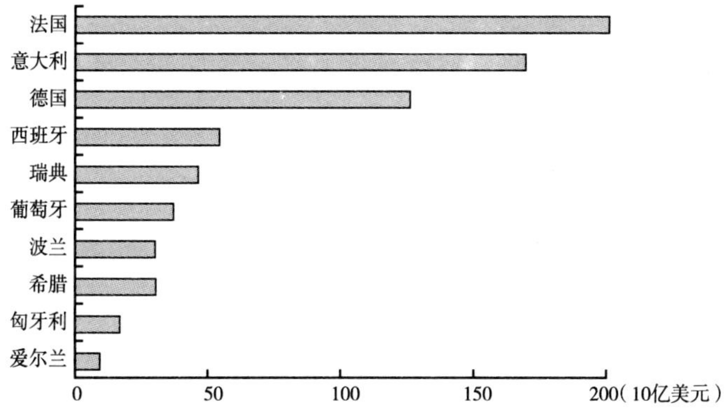

图 13　1977 ~ 2009 年来自私有化的总收入

资料来源：Privatization Barometer。

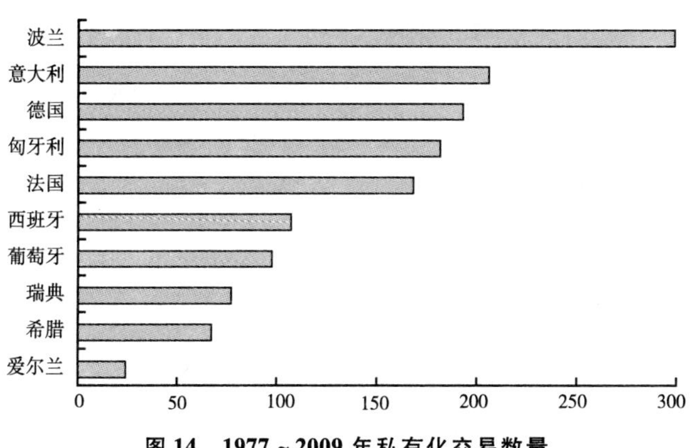

图 14　1977 ~ 2009 年私有化交易数量

资料来源：Privatization Barometer。

过去 20 年，每个西欧和中欧国家无一例外都将其国企很大一部分私有化。这种一致性从图 15 可以看出，图 15 描绘了 1997 年至 2009 年欧洲私有化的交易数量及总收入情况。其中有两波明显的私有化热潮：第一波始于 20 世纪 80 年代，在柏林墙倒掉后势头更旺；第二波是始于欧洲经济体的上一轮扩张周期，交易数量更少但规模更大，定向股权出售取代了在第一波热潮中占主导的公开出售。金融危机的到来令第二波热潮戛然而止。在 2009 年

380 亿欧元的私有化收入中，190 亿欧元来自银行回购之前被政府收购的优先股（这是 2008～2009 年救助计划的一部分）。剔除这些，私有化收入降至 190 亿欧元，为 1993 年以来最低。

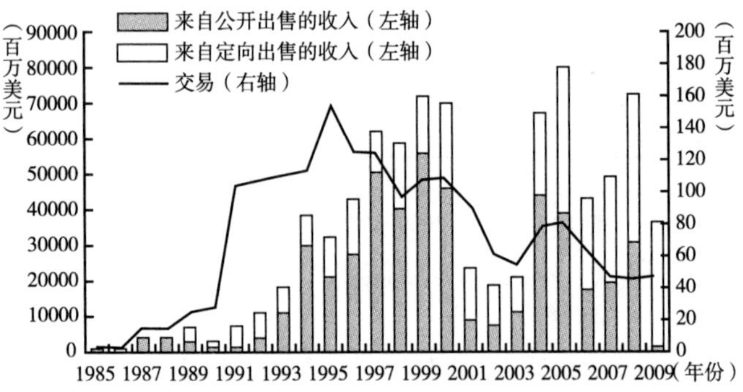

图 15　1985～2009 年大欧洲总收入和交易情况*

注：大欧洲：欧元区、波兰、匈牙利、捷克、斯洛伐克、瑞典。
资料来源：Privatization Barometer。

什么是可能的

展望未来，一个明显的问题是，政府还有什么？这个还可以出售吗？回答这个问题的起点请见附录 1，其中我们列出了留存的政府持有上市公司股票的市值，这些公司的价值为 2630 亿欧元。这些资产很容易就可出售，尽管出售的动机显然取决于其潜在的盈利能力。例如，挪威的国有石油公司 Statoil Hydro 一直是挪威政府稳定的收入来源。从经济角度说，出售该公司意义不大。上市公司股票只是政府持股的一部分，而且如图 16 所示，这通常也不是主要部分。在除了瑞典之外的所有国家，非上市公司股权规模要远远大于上市公司的股权。如上所述，一些国家（尤其是丹麦、荷兰和西班牙）几乎不持有上市公司股权，但股票仍占其资产不小一部分。遗憾的是，对于非上市公司股票持有情况，数据不全面，而且也没有相关的企业名单可查。

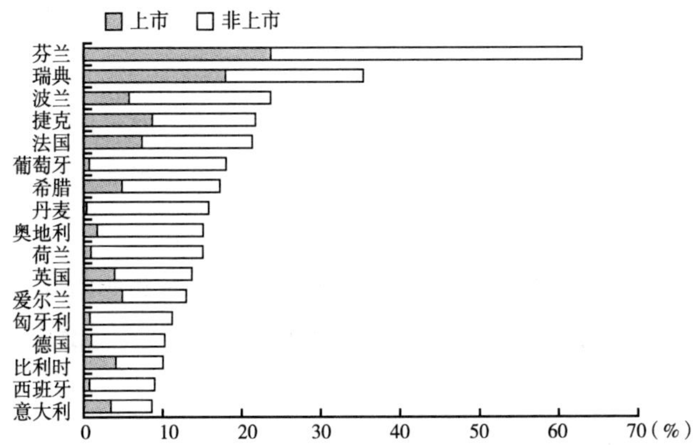

图 16　2009 年非上市股票及其他权益占 GDP 的比重

资料来源：欧盟统计局。

会计论据

值得注意的是，任何来自私有化的最终收入都不会削减欧元区政府的赤字，因为来自金融操作的净亏损及收益不包含在《马斯特里赫特条约》所给出的赤字定义中。

但是，上述收入将降低公共债务水平，因为这将减轻政府的财务需求。

新途径：利用资产

私有化，还是不私有化？

私有化的“会计理由”是政府选择保留其投资的一个原因，但还有其他原因，因为还有别的途径来激活政府资产。

理论上，政府如果是一家企业的股东，那就有两个选择。其一，比较明显的一个选择——出售，即私有化。这不会降低政府赤字，但会降低债务水平，因为这些收入将减轻政府的财务需求。反过来，由于偿债下降，这将降低赤字。其二，不出售这家企业，而是享受其带来的股息。这样做不会降低负债，因为没有私有化收入，但会降低赤字（请注意，对于政府而言，股息是免税的）。因此，从纯财务角度说，选择1是降低偿债成本，选择2是提供收入流。

从财务角度说，选择很简单：如果这家企业的股息收益率高于政府的融资成本（即主权债收益率），那就留着它，否则就将其私有化。但实际上问题更复杂，因为私人投资者得到的将是税收的贴现现金流，而政府在私有化后将继续享有股息的一部分：能产生税项的那部分。但其中的逻辑不变。

举两个政府利用资产而不出售资产的例子：1997年的法国电信交易及2011年葡萄牙电信的交易。1997年，法国电信一次性向政府支付了57亿欧元（相当于GDP的0.45%）作为对政府的补偿（该公司养老金系统负债转移给政府）。得益于这笔款项，法国将其赤字比例降至《马斯特里赫特条约》规定的3.0%的目标。2011年，葡萄牙政府也得到了同样好处，葡萄牙电信将26亿欧元资金（相当于GDP的1.5%）转移给政府（同样也和其养老金有关）。政府可以通过哪些途径来利用资产？我们将在下文中列出几个选择并分析其意义。

证券化

证券化是利用资产的第一种途径。证券化使得政府能立即套现（通过投资者）。

为了评估证券化这种途径的使用，我们进行了具体的案例分析，我们认为这个案例完美地阐述了问题及其证券化过程的优点。意大利是20世纪90年代末首批开始实施大规模证券化的几个国家之一。更具体地说，意大利在2001年实施了彩票的证券化。此项交易规模为30亿欧元，是意大利财政部在2001年12月发起的。具体操作就是出售彩票应收项目，即两项彩票——Lotto和Superenalotto产生的收入。这两项是当时意大利最大的彩票，市场份额达到了约70%。有趣的是，此项交易也有政府担保；担保覆盖了任何超出总收入的中奖额。在这种情况下，由于最后的中奖额将超出总收入，实际上彩票本应破产了，而有了政府担保，彩票活动得以延续。但是，政府并不担保证券化收入，担保的是支持证券化的公司的存在。

这种债券获得了AAA评级。这意味着此项交易定价高于主权上限，这对数个欧洲国家而言非常有吸引力。原因是未来收入的质量被视为不错，理应获得比该国政府主权评级更高的评级。如果我们将此与2000年的另一项交易（Ariadne彩票交易）进行对比，我们会看到明显的反差。Ariadne交易中，政府将无条件弥补支付日的任何缺口。此项交易的评级与政府自身评级一样，这是由于政府为偿付提供担保，因此证券化的评级不能好于政府评级。相反，意大利交易中，预期现金流与政府弥补缺口的能力无关，政府只是保证这些偿付的长期存在。

实际上，意大利所做的就是通过将其未来收入的一部分付给既定投资者而创造出一种超优先债券。显然，不好的一面就是政府被从证券化的收入切断了，这意味着现有债券的质量出现同等程度的恶化。超优先债券的诞生意味着现有债券评级遭遇相应程度的下调。确实，这也正是评级机构的反应。彩票私有化不是触发因素，但标普的确表示意大利在采用“一次性手段”削减其赤字。意大利是自欧元诞生以来首个评级被下调的国家（2004 年 7 月，评级被降至 AA－）。

所以，证券化的办法对于在融资方面有很大困难，或者非常难涉足市场的国家来说具有吸引力。有可能我们会看到希腊将其资产证券化以令希腊政府重返初级市场。但是，在更正常的环境下，证券化的收益将被其他债务融资成本的不断增长所抵消。因此，证券化对整个国家的平均融资成本应该没有影响。

但是，欧盟统计局对此并不感冒。来自意大利彩票交易的收入被否决，因为 2002 年欧盟统计局认定，未与已经存在的资产挂钩的未来交易应被视为政府债务。彩票收入被从政府收入中剔除，因此赤字被上修，债务重新被纳入公共部门总额中。不过，这个裁定确实令一些证券化合法化，令其成为对政府非常有吸引力的一条途径。例如，在此裁定下，政府发行了第一批价值达 250 亿欧元的债券来为都灵和那不勒斯之间的高铁建设集资（这是意大利史上最大的基建项目之一），具体办法就是将特许经营权证券化，获得了欧盟统计局的批准。

因此，会计理由还是很有吸引力的（将部分赤字和债务从官方的“马斯特里赫特经会计审批的”数字中剔除），但只是在某些具体的情况下。欧盟统计局裁定需有“事先存在的资产”意味着一国可以用私有化来降低其总负债，向净负债靠拢（总负债减去事先存在的资产），但仅此而已。看了以上的内容，你可能会觉得证券化只从会计角度，或者只有在一国无法涉足市场时才有意义。我们并不赞同。首个意大利证券化操作是在 1999 年，将员工社保缴纳区未来的偿付出售，这被称做 INPS 交易，最后已经成为分批次的完全发行项目。该项目实际上极大地改善了雇主在偿付方面的松散自律，实际上这符合新债权人的利益。意大利财政部预计，得益于证券化，这个领域的复苏力度增强了一倍多。但一个副作用是在二级市场，这类债券跑赢了意大利债券。

结果还表明，正如私有化往往能提高一家企业的效率和盈利能力一样，证券化也能提高用以支持发行的资产治理和效率。

关于证券化的最后一点是，证券化给资产设定了一个价格。政府没有资产负债表，虽然我们可以了解负债的很大一部分，即公共债务。但是，大多数政府都没有付出系统性努力来计算资产面。证券化是揭示关于政府资产信息的一个途径，意大利彩票证券化就是如此。

售后回租

房地产是另一项可以被证券化的重要资产。这里也同样，利用这些资产的一个简单途径就是出售它们。比较依赖于这种策略的一个国家是德国。德国经济学家 Martin Lueck 指出，2002～2008 年，大约 60 万户住宅被售给私人投资者。其中包括了大规模交易，比如 2006 年德累斯顿市将 48500 万套公寓售予 Fortress，2004 年国有的 Gagfah（大约 81000 套）也被售予 Fortress，还有 2004 年柏林市 GSW 向 Cerberus 出售了 66000 套公寓。2004～2005 年是出售的最高峰。如果我们以每套公寓平均售价 35000 欧元计算，那么德国各州在 2002～2008 年实现私有化收入总额达约 210 亿欧元。2007 年，地方政府手中的剩余 210 万套公寓以及归各州所有的大约 20 万套公寓合计账面价值约为 910 亿欧元。由于许多市政府缺钱，可以预期将有新一轮的国有房地产出售出现，尤其是如果价格在未来几年上涨的话（我们认为这是有可能的）。

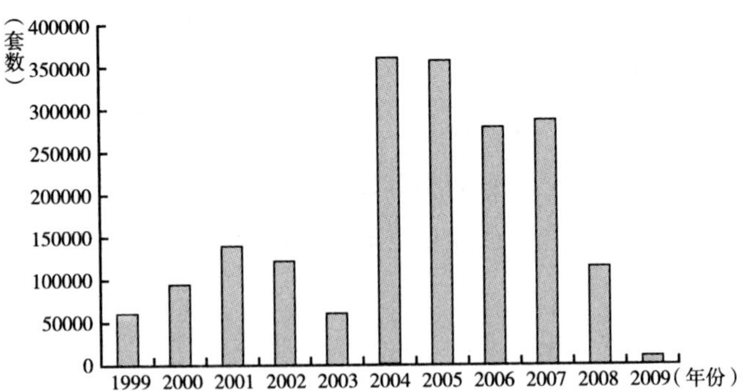

图 17 德国政府进行的售房交易中的房屋套数

资料来源：BBSR。

但是，利用这些资产的另一途径是证券化。例如，这正是法国政府正计划做的（国防部占据的建筑被分拆）。熟悉巴黎的人都知道，这栋建筑在协和广场上，和 Crillon 大酒店占据的那栋建筑相同。显然，这是个非常优质的资产。法国政府的计划是，目前所有国防部办公室将被搬到巴黎郊区的一栋新楼里。这样就空出来几个“黄金地段”，包括在协和广场的这栋楼。然后以 99 年租期将其出租，到期后将归还政府。这是更动态地利用资产的一个例子，目前这栋建筑并未产生收入（只有内部会计转移）。搬到新楼对于政府而言实际上就是“套利”交易，从非常昂贵的地区搬到更便宜的地区。而且“搬家”也能提高生产率。因为协和广场上的楼并不是按写字楼设计的，而新楼将提供一流的写字楼空间。

还有一种选择是纯证券化，将来自物业组合的租金用作抵押品，提供了将资产货币化的一个途径。可以预见有两种工具：要么是债券（以租金支付票面利率），要么是私企（持有并管理物业、发债）。这种办法不仅给政府带来了额外的资金，也揭示了资产价格，迫使政府着力提高估值。在大多数国家，公共管理机构占据政府所有的大楼，意味着租金并不是以市场价设定的（如果有租金的话）。结果，以市场价设定租金将改变数个管理机构之间的转移，因此这可能对于政府的财政状况不会有任何影响。但是，这将揭示出资产的实际根本成本。例如，在法国，加上其他的资产出售项目，政府计划对国家机关占据的大楼征收最高租金。实际上，最近议会迫使司法部的一部分搬到了较为便宜的地区，年租金不到400欧元/平方米（司法部占据着位于凡登广场的另一处不错位置，和利思卡尔顿酒店在一个楼里）。

在西班牙，同样的讨论也已经开始，有几个政府部门位于马德里市中黄金地段。机会成本无疑是这些政府部门寻找更具竞争力的地点的动机。

专栏　　希腊的案例

2011年7月13日发布的最新IMF报告提到了希腊所设想的远大的房地产计划。

“政府已经拟定了详细全面的私有化和房地产发展策略。这已经获得了议会的批准。策略涵盖了将被私有化的资产以及具体的时间表（包括即将采取的步骤）。”

但如上所述，目标不仅仅是单纯的金融操作，其目的也在于提高房地产管理的效率。

“在找出待售资产并对其进行估价方面，政府开了个好头。房地产预估价值的不确定性最大，为了克服这点（并将回报最大化），政府指定出售地块的用途。无论如何，政府都留有余地：（1）约有15亿欧元国企资产不包含在当前的资产组合中（目前，当局希望保留在至关重要的网络行业及战略性基础设施中的少数股东权益）；（2）对房地产资产组合价值的最大预估值高达500亿欧元，其中尚不包括旅游局持有的物业。”

在谅解备忘录中，希腊政府也提出了相同的一点——提高全国房地产市场的效率。我们认为这是最需要的改革。

“在中期财政战略（MTFS）实施法背景下已经采取的措施包括：(1) 关于地面使用权和长期租赁的法律；(2) 关于开发旅游物业、明确土地产权的法律；(3) 关于指定土地用途的框架法律。还有关键的一步是，将分四批建立一个单一的资产库存，第一批在2011年6月，最后一批在2012年四季度。”

希腊案例中另一元素值得注意，因为将采用一个特殊的工具。

“政府同意建立私有化基金以协助其私有化和房地产开发计划的执行（MEFP 18~19）。立法已经或通过以创建一个私有法律工具，借此‘可私有化的’资产将被转移，在既定时期内出售这些资产，将收入返还政府。这种流程比照的是德国的Treuhandanstalt模式（这个机构被成功分拆，从1990年开始共花了四年的时间，东西德统一令德国政府获得了约600亿欧元资产）。”

“此项基金预计于7月底投入运营。届时，最初的一批资产将被转移（预计规模将达到250亿~300亿欧元），剩余资产主要是房地产，将随着时间推移、准备工作就绪，这些资产也将转移。”

关于该基金的更多细节确实很有趣。例如，以下内容强烈显示出政府可能会将房地产证券化而非出售。

“围绕基金可以借款的程度存在一些讨论。相关各方同意应该允许基金借款（与债务管理机构协作），以实现来自特许权的先期收入，同时允许基金将资源提前（最终将实现，这些资产出售耗时更长）。”

公共部门效率提升

审视国企的公司治理很重要，因为国企公司治理的改进将会促进增长（国企表现更好、生产率提高；从间接角度看，支持了竞争、企业部门整体标准都较高）。

另一个更好利用公共资产的途径是提高国企的效率。我们说过，政府资产分拆带来的财务收益绝对不可忽视，欧洲各国政府收入的5%～15%来自其资产（见图7和图8）。

从这个角度说，最大手笔的改革是20世纪90年代瑞典进行的改革。这个例子值得强调，不仅是因为它是影响深远的改革典范，也因为其时滞较长，足以令我们评估结果。东南欧的几个国家也进行了相似的改革，但现在进行全面评估还为时尚早。瑞典的例子也比较有趣，因为这是按照最原始的方式进行的。实际上，在20世纪80年代，大多数经合组织成员国都实施了一系列的放开管制政策，引发了关于国企地位的问题。这些企业通常从垄断或至少从某种形式的监管保护中获益，尤其是在几个与基建相关的行业。如上所述，20世纪90年代许多国家都掀起了私有化热潮，正是放开管制的结果。

瑞典是非常少的决定“另辟蹊径”的几个国家之一——从根本上说这是出于意识形态的考量，而非经济原因。1988年，社会主义政府决定改革对国企的管理，令其更商业化。当时，政府资产与大多数其他经合组织成员国在实施私有化之前的资产组合相似：几家国防企业，还有电信、电力及铁路企业等。其中还包括了更具瑞典特点的资产，比如世界最大的森林所有者、欧洲最大的造纸和包装集团等。总体上，这些企业差不多占瑞典民间部门的1/4。

邓达德（独立顾问、政府资产专家、瑞典政府控股企业 Stattum 的前总裁以及国企的政府主管）表示，改革的根本目的是赋予这些企业更大的独立性，限制政府直接干预日常管理的能力。此外，这些企业被给予明确的目标，具体到盈利能力和效率上。为达到这些目标，它们被迫改进其报告标准，进而完善了治理和可用信息。

由此带来的合理化令这些企业把精力集中在核心业务上，它们分拆了逾20%的非核心资产。从估值角度，邓达德也指出这样做有正面效果，从1999年年底至2001年年初，政府资产组合中上市企业的价值增加了近30%，而同期股市下跌。过去10年的大多数时间里，上述资产组合延续了亮丽表现，这说明了一个非常有趣的发现：国企的合理化是个长期过程，可以长达10多年。我们还可以看到10年里几家被私有化的企业生产率和盈利能力的提升。瑞典政府看来在无须进行私有化的情况下，已经取得了同样的结果。

但是，更好的、更以市场为导向的国企管理其好处还远不止这些。有研究表明，这也有利于经济，因为它提升了效率，也促进经济中资源的更好配置。例如，在新兴市场中，IMF的一份研究报告就得出了这样的结论。[①] 更有趣的是，最近经合组织的一份报告更详细地进行了阐述，从发达市场的角度说明了这个问题。[②]

---

① 参见 Rina Bhattacharya 撰写的 *External sector reform and public enterprise restructuring*。

② 参见 *Corporate governance of stateowned enterprises, a survey of OECD countries*。

专栏　　　　希腊的案例

于2011年7月13日发布的IMF最新报告提到了希腊设想的远大的私有化计划。

“政府重申继续积极将资产转移向民间部门。它们的目标是，到2012年底将约150亿欧元资产转移至民间部门，到2015年底规模则将达到500亿欧元。按照国际标准，这个目标非常高，虽然也不能说史无前例。”

谅解备忘录显示出政府实施此项计划的决心，同时也包含了技术方面的细节。

“为协助交易，政府将建立一个私有化基金（国家财富基金），政府将把待私有化的资产放进这个基金。首先要出台关于创建基金的法律法规，而后基金将在法律实施后一个月内投入运作。”

备忘录详细阐述了基金的组织结构，要点如下。

透明。董事会每个季度会发布关于其活动的报告，同时发布经审计的财务报告。

资产转移和管理。将被私有化的资产全部的法律和经济所有权（包括与其相关的所有权利，比如投票权）以不可逆转的方式转移至该基金。

强制执行。一旦技术上可行，基金将立即在当前市况下将这些资产私有化，而且要公开透明。基金不能将资产转移回政府，除非交易已经完成（即特许经营权或租赁）。

借款限制。基金将能够以市场条件集资，包括贴现或出售具体资产的收入流。

上述内容再次表明，主权财富基金不仅仅是获得私有化收入，也能提高这些企业的管理（通过令其与政府分离）——IMF具体提到了这个目标。同时，借款部分说明这个项目的一部分将通过证券化来执行，而非简单的资产分拆。

5

希腊问题

希腊的定时炸弹

斯蒂芬·德奥*

尽管最近市场的注意力主要集中在意大利和西班牙上，我们认为希腊才是近期最值得关注的。事实上，当地媒体上周五报道称欧盟、IMF 的评审暂时中止，不过希腊财长立刻否认了这一消息。我们认为投资者需要在未来几周或几天高度关注希腊动态。

我们的主要观点

如果 2011 年 7 月 21 日达成的计划能够施行，则希腊的融资需求至少在 2014 年之前是有保障的。然而，近期希腊面临两个严峻问题：财政紧缩措施执行不力，以及能否获得中期融资计划的风险。下文我们将就这两个问题进行详述。

这很可能会令市场担心 IMF 将拒绝提供下一笔付款，而这将使希腊陷入违约境地。这笔付款为 80 亿欧元，其中 22 亿欧元来自 IMF。不过，我们认为当前主要各方绝

---

* Stephane Deo，瑞银经济学家。本报告发布于 2011 年 9 月 5 日。

不会愿意在当前时点出现信用事件，因此我们认为近期希腊违约的可能性非常低。我们认为这笔付款终将支付，不过很可能会推后。

对市场而言，问题在于新闻消息和不确定性。这很可能包括：有关进一步削减支出的磋商、IMF 评估报告、付款的推迟、大选可能提前等等。

此外，即便我们认为 IMF、欧盟的确能够付款（当然存在推后的可能性），到了 2012 年年底希腊很可能还是离削减赤字目标差一大截。到时有关债务违约的话题又会再次升温。

问题 1：减赤进展

希腊在减赤方面的进展远远落后于 IMF 为其设定的目标，并且进展缓慢主要不是因为经济增长低于预期，而是因为政府执行不力。接下来我们将就此进行详述。鉴于这种情况，IMF 如果拒绝支付下一笔付款也似乎合情合理。不过我们认为 IMF 不太可能会这样做。首先两个月前投票通过的节约措施的效果还有待观察。其次有关方面仍然担心希腊违约的潜在副作用。

相反，我们认为欧盟、IMF 将提出非常严格的要求，尤其是在支出削减方面（我们在此提醒，根据最新数据，希腊支出较 2011 年同期增加了 3%）。

先前设定的目标是，希腊 2012 年公共赤字从 2011 年的 10.5% 降至 7.1/2%。2012 年夏初时，虽然希腊的减赤进度不达标，但 2012 年赤字减至 8% ~9% 当时看起来仍然是可以实现的。但自此之后，数据进一步恶化，到 2012 年 7 月份赤字与 2011 年同期相比增加了 25.1%。根据我们的模型，这样的趋势将意味着 2012 年年底赤字达到 12.4%。很明显这很难不令 IMF 担忧。

并且，赤字的恶化只有一小部分可归咎于增长比预期疲软。事实上，2012 年新的增长预测为 -5% ~ -6%，原先的预测是 -3% ~ -3.5%。增长预测的调整最多可解释预算赤字 1.5 个百分点的增长，但绝对不能解释全部问题。我们的估算显示不到 1/3 的赤字恶化是由增长放缓引起，而对于剩余部分（至少 2/3），政府执行不力是直接原因。结论非常清楚：希腊政府没有认真执行它的承诺。

不过也有亮点。2011 年 6 月份投票通过的进一步节约措施中包含一个追溯性的所得税加税措施。2011 年 8、9 两个月政府将收到这个加税项目的大部分收入。届时赤字数据应会显著好转，而我们认为 2012 年年底略低于 10% 的赤字水平仍然是可以达到的。虽然这与 7.1% ~ 7.2% 的 IMF 目标相比仍将有相当的距离。

最后，根据 IMF、欧盟的最新报告，2012 年的私有化收入预期目标为 60 亿欧元。但我们高度怀疑希腊政府能否完成任何稍具规模的资产处置交易，在我们看来，所谓的私有化收入目标很难实现。

因此我们对 IMF、欧盟评审可能暂时推后的消息并不意外。预计在 IMF、欧盟评审报告公布前，希腊与 IMF、欧盟的关系会出现新的紧张，双方将展开进一步谈判。

问题 2：资金

如果希腊不能获得满足其足够长时间需求的资金支持，IMF 理论上可拒绝支付下一笔付款。这样的话希腊又将被迫违约。出于和上一个问题同样的原因，我们认为 IMF 会向希腊提供下一批资金援助。融资计划的风险既来自私人部门参与救助计划（PSI）尚未实施，还来自扩大欧洲金融稳定工具（EFSF）权限的提议尚未获通过。

PSI 的参与率预期目标为 90%。最新资料显示参与率目前接近 70%。如果达不到 90% 的目标，政府可以选择停止 PSI，并且希腊政府的确曾表示如果达不到 90%，它将放弃该计划。然而，我们认为目前的参与率已经足够接近政府可以接受的水平。PSI 计划流产并不符合政府的利益，因为这将危及中期融资计划，从而可能迫使 IMF 撤销对希腊的支持。希腊银行和保险公司对 PSI 进行表态的最后期限是 2011 年 9 月 9 日。①

另一个问题来自 EFSF 的介入。迄今为止，欧盟为希腊援助计划提供资金援助是通过欧洲货币联盟的成员国对希腊的双边贷款进行，但现在 EFSF 将介入其中。这也会存在问题，因为赋予 EFSF 这样一个新权限需要各国议会的批准，而批准可能会有问题，尤其是对芬兰和 Slovakia 而言。德国宪法法院 2011 年 9 月 7 日将宣布裁决结果，这也是一个不确定因素。

表 1　主要日期

时间	事件
2011 年 9 月 5 日	IMF、欧盟、欧洲央行第 5 份临时报告公布，很有可能将推迟
2011 年 9 月 7 日	德国宪法法院裁决
2011 年 9 月 9 日	表态是否参与希腊 PSI 的最后期限
2011 年 9 月 14 日	欧盟财长会议，IMF 发表报告的时间
2011 年 9 月 27 日	德国议会就 EFSF 扩权进行表决
2011 年 11 月 30 日	IMF、欧盟、欧洲央行第 6 份临时报告公布

资料来源：瑞银。

① 有关 PSI 的更多详情及其对希腊银行业影响的相关分析，参阅 Alex Kyrtsis 2011 年 8 月 26 日发表的报告 *Dealing withturbulence*。

希腊问题成了全球问题

拉里·海斯威 等*

摘　要

• 危机“溢出”

希腊问题成了全球问题。不断攀升的违约风险令银行股价加速大跌、融资压力加剧。鉴于此，相关央行再次激活多货币互换安排，帮助减轻压力。

• 基本面问题未解决

流动性不足仅仅是表面症状。找出主权无偿付能力之处、提高银行系统的资本缓冲这样的基本面问题仍未解决。

• 仍谨慎

我们维持谨慎的资产配置立场：超配隐含股市波动性和“避险”大宗商品（即贵金属和软商品）。我们还维持对全球股市的低配立场。

• 我们的观点面临的风险

下周美联储不大可能宣布有显著的政策调整。最终，我们认为有效政策放松余地最大之处在于新兴经济体。

---

* 作者为瑞银经济学家 Larry Hatheway、Sunil Kapadia 与策略分析师 Ramin Nakisa。本报告发布于 2011 年 9 月 16 日。

希腊问题成了全球问题

这周，希腊问题成了全球问题。周一，对近期内希腊违约的高度恐慌导致欧洲金融股遭重挫，也是法国的银行身陷融资困境的原因之一。美国、巴西及中国等国家或地区的决策者认为有必要就危机及其给全球经济稳定带来的威胁发言。作为回应，各国央行重新激活跨境互换安排，向欧洲“四面楚歌”的银行提供多货币流动性。

从一个层面上说，这一切看来都很奇怪。如此小的一个经济体（占欧元区 GDP 的比重不到 3%）和债市怎么能激起市场人士和世界领导者这样的回应?

这不仅仅是希腊的问题。正如我们的欧洲经济团队不断重申的，其他欧元区成员国可能最终也会“步希腊的后尘”而违约。即便有可能违约的成员国仅限于爱尔兰和葡萄牙，但主权违约的影响在其他方面也被放大了。

其一，主权违约将在欧洲整个金融行业掀起波澜，这点在过去一周已经很明显。由此所致的持有债券的损失不仅仅会危及希腊的银行，也会置其他有相似的债券持有情况的银行于险境。经济影响可能扩散至更广欧洲经济（避险情绪不断加重）。

此外，鉴于银行持有情况及对手敞口不透明，主权违约可能会迅速在整个欧洲（可能还有其他地区）传递（通过银行间信贷减少、借款市场整体冻结）。而信贷违约互换的未知或有负债、保险及养老金领域主权敞口减计的必要可能令上述结果加剧。

最后，可能也是美国及新兴经济体领导人越来越警惕局势的主要原因，欧元区违约带来的金融冲击及相关错位恐将击垮美国、英国及日本已然很脆弱的企业和消费者信心。这是一个大风险，因为日渐减弱的政策刺激、自身政策压力、大宗商品价格上涨的滞后效应及日本自然灾害及灾难带来的供给中断已经令上述经济体的复苏步伐蹒跚。

所以希腊问题已经成了全球问题。这对资产配置有何意义？

经常看我们报告的投资者知道，2011 年 7 月时我们改持谨慎的资产配置立场，体现在超配隐含股票波动性及“避险”大宗商品（如贵金属和农产品），最近又低配全球股票。

我们要强调的是，我们当前的立场并不是我们所乐见的。这是由于我们主张持有一些最为昂贵的资产（比如隐含股市波动性或黄金），同时避开了一些最便宜的资产（比如欧洲股票）。

但价值是一个或有概念。它取决于世界形势。如果欧洲的“错位”导致发达经济体陷入迟滞并下滑至衰退，盈利轻而易举就会从当前水平下跌 15% ~25% 。

一些观察人士可能会说，股市估值现已消化了上述可能，因为股市的估值比率已经很低。这也不是完全正确，因为这种观点忽视了如果发生“二次探底”、风险溢价可能发生的变化。世界经济重新陷入衰退，无疑会令投资者忐忑不安，因为和以往不同，货币政策和财政政策“被妥协”，可能无法推动全球经济迅速复苏。出现长期下挫，甚至通缩的概率将较高。盈利处于底部，与此相伴的是估值比率处于底部。这意味着股市的下行空间仍然不小。

简言之，那些认为目前股票很便宜的人，认为出现衰退的概率很小。他们也低估了出现更长期下挫的风险。虽然我们仍认为美国及欧洲能避开衰退，但我们判断错误的可能也不小。

全球复苏面临的首要风险是，欧洲主权违约演变为一场更广的金融危机。那么，下一步是什么？

还好，看来欧洲领导人意识到了希腊无序违约带来的风险。“三驾马车”看来愿意继续对希腊的金融援助，尽管希腊未能遵守相关条件。本周法国银行业的“痛楚”提醒了我们希腊单方面违约造成的“好比雷曼”的后果。看来德国、法国、美国及中国均收到了市场传递出的信息。

但在官方融资短期延长后，以后的路仍不清晰。本月德国宪法法庭的裁定给欧元区共同债券的迅速发行蒙上了阴影。而EFSF的获批在一个或更多欧元区成员国议会可能受阻（至少被延后）。

但是，欧洲银行业最近的震荡最明显地显示出，在希腊不可避免的违约前、重组银行资本的必要。但挑战在于，要设计出一种向银行注资的机制，尤其是那些股价已经重挫、金融市场集资大门几乎完全关闭的银行。

而正如IMF总裁拉加德的提议遭否所显示的，欧洲政客不愿用纳税人的钱来对银行业进行资本重组。这与2008年的情况极为相似。我们得到的教训是，政客只会在走投无路时才会拿纳税人的钱冒险，只有在严重的金融压力威胁经济稳定时他们才会这样做。

所以，尽管各央行提供多货币流动性是受欢迎的举措，但还不够。银行缺乏流动性是个“症状”。根本的问题在于主权无力偿债、银行资本不足。如果这些政策挑战迟迟得不到解决，那么金融压力就不会从根本上消散。实际上，在没有“先发制人”行动的情况下，结论一定是只有危机升级才会令政策改变。

在这种背景下，我们认为很难对市场持更具建设性的基本面观点。确切地说，我们认为流动性风险近期有所减弱（得益于央行重启互换安排）会使得市场反弹。但在缺少更大的银行资本缓冲、没有出现主权违约的情况下，反弹可能是暂时的。

还有什么需要改变

我们以下面的问题作为结论：除了欧洲当机立断采取行动外，还有什么需要调整，以令我们改变谨慎的资产配置立场？

其一，如果增长表现优于预期，那么风险资产可望回暖。市场表现与我们的全球增长意外指数之间仍存在较强的关联度，因此有了上述主题。鉴于市场对于增长的普遍预期受挫，正面增长意外当然有可能出现。不过，考虑到市场脆弱，我们倾向于等待更多确认性的迹象出现。

其二，投资者欢迎政策放松。遗憾的是，美联储也就只会宣布实施“扭曲操作”。与此同时，奥巴马 4470 亿美元的刺激计划看来在丧失动能，因为民调结果显示，对他的提案的支持率在下降。

有效政策放松更有可能的源头在于新兴经济体。确切地说，这尚未发生。巴西和土耳其意外降息，但其他地区并未跟进。可是如果明年美国增长乏力、欧元区增长放缓至仅为 1%，新兴经济体刺激需求的压力就会加剧，尤其是如果大宗商品价格通胀放缓的话。

对于新兴市场投资者，这带来了机会和风险。在那些利率可能会下降的国家，本币债券的吸引力可能会消散，因为利差交易机会消失，本币走弱。正如我们的新兴市场固定收益策略分析师 Bhanu Baweja 最近指出的，这意味着新兴市场本币债券面临一些下行风险。

但对于新兴市场股市投资者，政策放松应该是其所乐见的。尽管新兴市场股市完全与发达市场脱钩仍是不大可能的，但还是有可能跑赢的。毕竟，新兴市场股市的增长前景更好，盈利能力持续较强，相对估值仍有吸引力。但是，整体上，我们维持资产配置立场不变。我们仍超配隐含股市波动性、非周期性大宗商品（软商品与贵金属）及投资级信贷。我们仍标配一般公债和房地产，低配通胀保值债券、现金及股票。

为何是隐含波动性？

自 2011 年 8 月股市遭抛下挫以来，以 VIX 指数衡量的隐含股市波动性激增，目前处于 35% 上下的区间。欧洲一直是负面消息和高企波动性的源头之一。

我们的战术性隐含波动性模型在 2011 年 7 月 21 日发出超配信号，当时 VIX 指数在 18%，但在 2011 年 8 月 31 日转为低配，因为该指数丧失行动能，在 32% 左右企稳。但自那时以来，在短暂升至 38% 后，VIX 指数又回落到 32%（见图 1）。

目前，模型传递出的信号是将隐含波动性下调至低配。不过，如上所述，我们预计不断出炉的负面消息将令隐含波动性维持在高位。此外，期货曲线仍倒挂，这意味着保持超配立场能获得正面利差好处（见图 2）。

因此，为了应对偶发意外，我们维持对隐含波动性的超配建议。

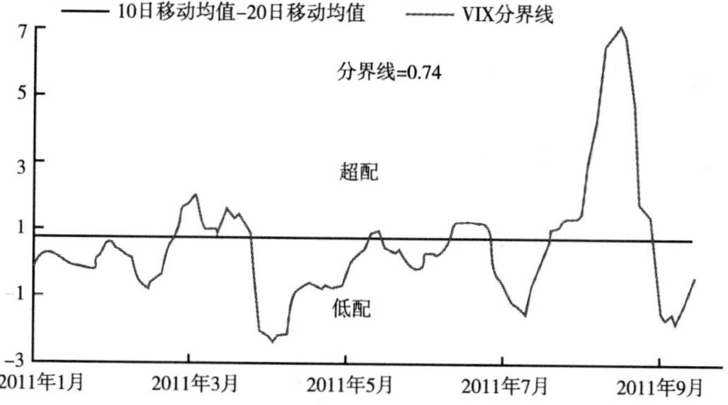

图 1　模型信号（VIX 10 日移动均值——20 日移动均值）

资料来源：彭博、瑞银。

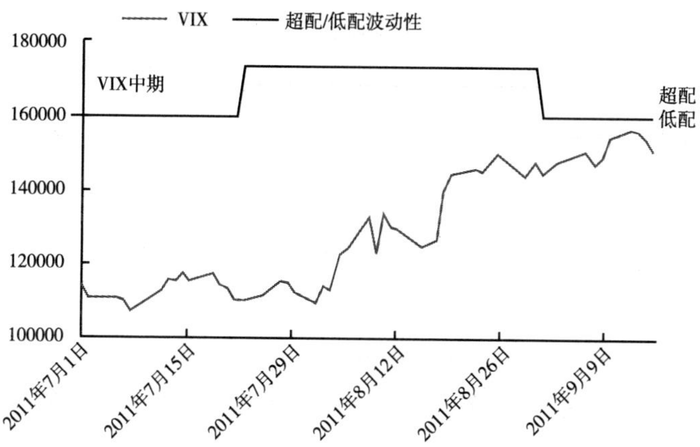

图 2　模型信号与 VIX 中期期货指数

资料来源：彭博、瑞银。

希腊是否（已经）在自行印钞

斯蒂芬·德奥 等*

摘　要

• 不，并非如此

希腊并未自行印钞。希腊并未发行德拉克马，也没有对公共债务实行货币化。

• 欧洲央行已经将印钞机移交给各国央行

这一简单回答掩盖了众多问题。欧元体系已经通过紧急流动性援助（ELA）以及将回购规则修改为三年期回购操作，在货币发行和风险承担的去中心化上迈出了一大步。同时，希腊央行的资产负债表在过去四年中膨胀了4倍以上，为银行提供的支持的增长规模也约相当于希腊GDP的50%。我们认为这些决定影响深远，而且显然不是货币联盟常见的决定。

• 部分准货币被发行

我们还对希腊发行的“医药债券”做出分析。这些债券的发行是为了支付部分费用。这些就是经济学家所称

---

* 作者为瑞银经济学家Stephane Deo、Martin Lueck、Martin Lueck、助理分析师Matteo Cominetta和助理经济学家Jennifer Miller。本报告发布于2012年2月15日。

的“准货币”——并非像加州白条那样是一种新货币，但部分金融工具、“准货币”和货币之间的界限却相当模糊。而似乎希腊显然在利用这些模糊界限做文章。

- **结论**

这些动向非常有趣，也喻示着欧洲内部的风险转移。尽管对于央行的会计人员来说，上述说法似乎纯属无谓之谈，但我们认为这对于投资者而言也许意义重大。

希腊是否已经在自行印钞?

希腊并未自行印钞。希腊并未发行德拉克马，也没有对公共债务实行货币化。

不过，这一简单回答掩盖了众多问题。欧元区已经通过紧急流动性援助（ELA）以及将回购规则修改为三年期回购操作，在货币发行和风险承担的去中心化上迈出了一大步。同时，希腊央行的资产负债表在过去4年中膨胀了4倍以上，为银行提供的支持的增长规模也约相当于希腊GDP的50%。我们认为这些决定影响深远，而且显然不是货币联盟常见的决定。

我们还对希腊发行的“医药债券”做出分析。这些债券的发行是为了支付部分费用。这并非严格意义上的货币发行，但发行机制却与阿根廷的“Patacone”或加州白条不无相似之处。这些就是经济学家所称的“准货币”——并非像加州白条那样是一种新货币（尽管仍存争议），但部分金融工具、“准货币”和货币之间的界限却相当模糊。而似乎希腊显然在利用这些模糊界限做文章。

这些动向非常有趣，也喻示着欧洲内部的风险转移。尽管对于央行的会计人员来说，上述说法似乎纯属无谓之谈，但我们认为这对于投资者而言也许意义重大。

欧洲央行已经将印钞机移交给各国央行

在2011年12月举行的会议室，欧洲央行宣布将首次推出三年期回购操作。正常情况下，欧洲央行每周都会提供7天回购贷款，此外还会定期进行1个月和3个月回购操作。在雷曼银行事件后，欧洲央行推出6个月回购操作，并最终在2009年下半年三次进行了一年期回购操作。危机的再一次升级迫使欧洲央行再次推出一年期回购操作，并于2011年12月宣布进行三年期回购操作——也可以视做欧洲央行政策的合理延续。

我们认为，这实际上远不仅限于政策的延续，也不仅是回购时间的延长。原因何在？因为游戏规则已经改变。而且我们认为，游戏规则的改变相当大，使得三年回购操作显示出独特性。

理论上，所有回购操作都由欧洲央行进行，相关风险则被扩散，与回购操作相关的损失都会影响到欧元系统的全部央行（按照比例）。不同国家的抵押物规则有些差别（尤其是由于各国法律体系的不同），但欧洲央行会制定严格的通用条例。

ELA则脱离了这种“正常情况”。ELA是由国家央行负责结算的回购操作。目前爱尔兰、希腊以及葡萄牙（也许）都在采用这一机制。德国央行在雷曼事件后的几周时间里也采用过这一机制。参与ELA计划的银行向其所在国央行提供低质量的抵押物——这些抵押物不会被欧洲央行所接受。因此，与上述操作相关的风险将由所在国央行承担，而不是欧元体系内的其他国家央行或欧洲央行。为了确保ELA仅仅在极端情况下才会采用，ELA必须是短期的（我们认为ELA的期限不能超过两周），而且代价高昂（我们的理解是其利率要比边际贷款利率高200个基点）。

新的三年期回购操作是正常程序，因此不适用ELA规则。不过，部分临时性规则也适用于此；有关12月8日欧洲央行的新闻发布稿详情请参见专栏。

- 各国家央行可以使抵押物具有资格。与ELA的情况一样，国家央行也具有决定权。

- 与这些操作相关的风险仅限于相应国家央行，因此不会“扩散”，从而保护其他国家央行。这和ELA的情况非常相似。

专栏　2011年12月8日新闻发布稿
——欧洲央行布支持银行借贷和货币市场活动的措施

欧洲央行管理委员会今天决定采取额外的信贷支持措施，以对欧元区货币市场的银行借贷和流动性提供支持。特别是，管理委员会做出以下决定。

- 进行两轮长期再融资操作（LTRO），期限为36个月，可以选择在一年后提前偿还。

- 截至2011年12月14日开始的维护期，暂时中断每个维护期最后一天的微调操作。

- 截至从2012年1月18日开始的准备金维护期，将准备金率从当前的2%下调至1%。由于欧洲央行主要再融资操作中采用的全额分配政策以及银行行使这一选择权的方式，对准备金的要求不像正常情况下要对货币市场条件进行指引时的要求那么高。

- 通过（1）降低部分资产担保证券（ABS）的评级门槛，以及（2）作为一项临时措施，允许国家央行接受满足特定资格标准的其他适格信贷权利（即银行贷款）作为抵押物，从而扩大抵押物范围。这两项措施一经相关法律公布即行生效。

两轮可以选择在一年后提前偿付、期限为36个月的长期再融资操作（LTRO）的形式。

市场操作将以固定利率、全额分配程序进行。这些操作的利率将固定为相应操作期限内主要再融资操作的平均利率。相应操作期满时，将会支付利息。

一年之后，对手方将可以选择偿付它们在操作中被分配的全部或任意部分金额，支付日期为主要再融资操作的结算日。对手方必须提前一个星期通知相应的国家央行它们希望偿还的金额。

市场操作将根据时间表进行。第一轮操作将于2011年12月21日分配，并将取代2011年10月6日公布的12个月期LTRO。第二轮于2012年2月28日分配。

对手方可以将在2011年10月分配的未偿12个月期LTRO全额转入2011年12月21日分配的首批3年期LTRO。希望采取这种做法的对手方需于2011年12月19日（星期一）告知各自的国家央行。

扩大抵押物范围的措施详情：除了已经可以用于欧元体系操作的ABS之外，具有次优评级、发行时以及其后所有时间根据欧元体系统一信贷标准均至少具有“A”级评级的ABS，以及包含住房抵押贷款和中小企业贷款的原生资产，都将有资格作为欧元体系信贷操作的抵押物。这些资产还必须满足以下所有要求。

（1）支持ABS的产生现金流的资产必须均属于同一资产类别，即资产类别必须是住房抵押贷款或中小企业贷款中的一种。

(2) 支持 ABS 的产生现金流的资产不得包含以下贷款。

①在 ABS 发行时，为不良贷款；

②在任何时间为结构化、银团或杠杆化贷款。

(3) 提供 ABS 作为抵押物的对手方（或任何其具有紧密关联的第三方）无法就该 ABS 作为利率掉期对手方。

(4) ABS 交易文件中必须包含服务连续性条款。

(5) 除评级要求外，ABS 必须满足所有其他现有资格要求。

作为一项临时措施，允许国家央行接受满足特定资格标准的其他有效信贷权利作为抵押物用于欧元体系的信贷操作。接受上述信贷权利所对应的责任应由授权接受的国家银行承担。有关信贷权利使用标准的详情将会适时公布。

此外，管理委员会也欢迎在欧元体系信贷操作中更广泛地使用信贷权利（基于统一标准），并宣布欧元体系致力于以下两项工作。

(1) 提升其内部信用评估能力；

(2) 鼓励潜在的外部信用评估供应商（评级机构、评级工具供应商）以及采用内部评级体系的商业银行在欧元体系信用评估框架下获得欧元体系的认可。

我们认为这一变动非常重大。我们认为三年期回购操作应被视为 ELA 的正常化，同时又没有附加紧急流动性援助（ELA）的罚则。这是货币发行去中心化和风险转移的重要一步。我们认为这些决定影响深远，而且显然不是货币联盟常见的决定。

希腊央行资产负债表规模急剧膨胀

希腊是否从中受益？图1显示出希腊央行资产负债表的绝对规模、占希腊GDP比重以及与欧元体系其他央行资产负债表的对比。无论采取何种指标衡量，近期希腊的资产负债表都明显膨胀。这似乎表明希腊央行的确在积极大量印钞。

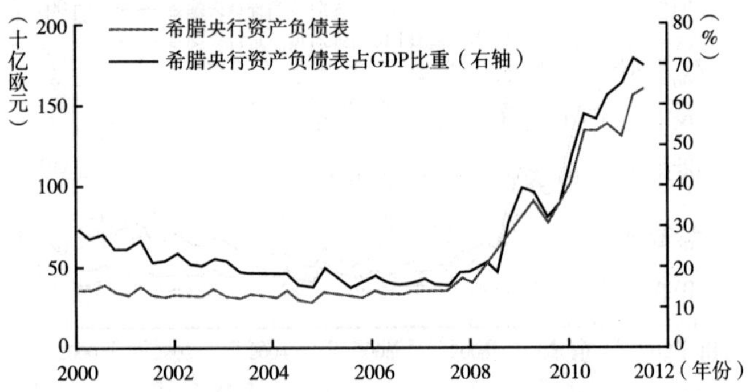

图1　希腊央行资产负债表规模大幅上升

资料来源：Haver。

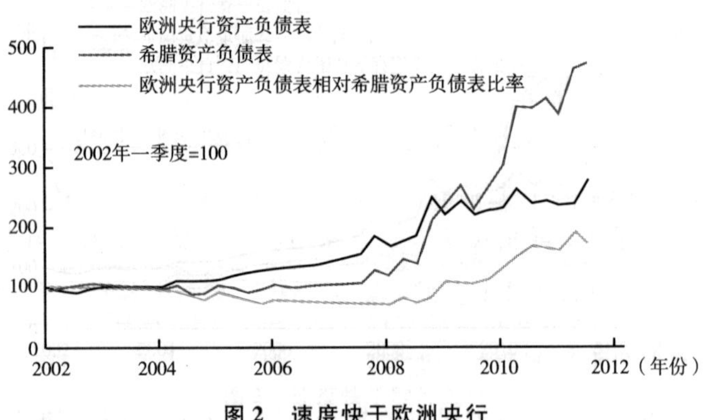

图2　速度快于欧洲央行

资料来源：Haver。

不过，希腊真的是在印钞吗？这种说法实际上并不正确。为了了解背后的原因，我们需要对资产负债表中出现膨胀的项目进行更仔细的研究。我们首先采取的是非常简单的方法。希腊央行资产负债表从 2008 年 1 月的 354 亿欧元飙升至 2011 年 10 月的 1650 亿欧元（根据最新数据）。增长额为 1296 亿欧元，升幅则是令人瞠目的 366%。我们对这一期间内增长最快的项目做出分析。资产一侧，我们注意到“对欧元区信贷机构借款：欧元货币政策操作”项目出现 703 亿欧元的增长，占增长额的一半以上；在负债一侧，“欧元体系内部负债”增长了 1181 亿欧元，基本上与总增长相当。因此，似乎我们已经找到了罪魁祸首。

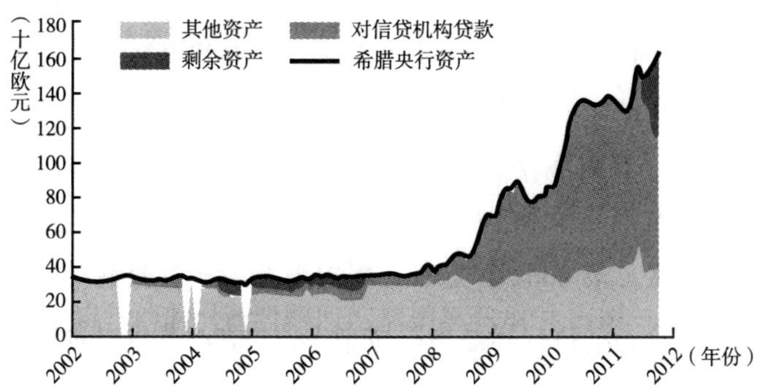

图 3　希腊央行资产负债表的资产侧

资料来源：Haver。

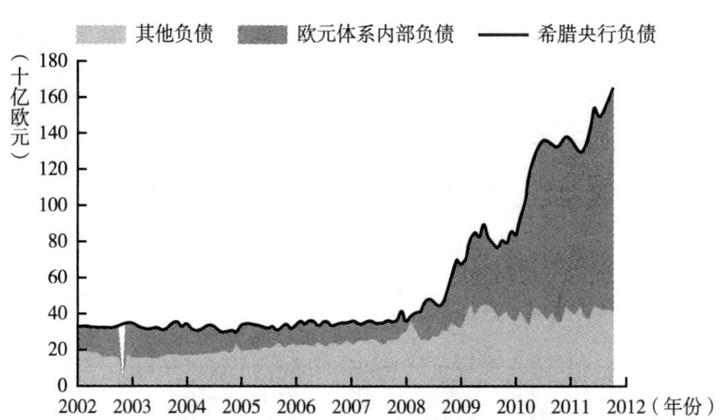

图 4　希腊央行资产负债表的负债侧

资料来源：Haver。

发生了什么？第一步是希腊银行无法从市场上获得资金，必须依赖央行获得资金支持。这是通过回购操作实现的。希腊资产负债表资产侧出现增长的项目其实就是希腊金融体系用于计入回购操作的项目。需要注意的是，图 3 中还显示出标为“剩余资产”的资产负债表资产侧的另一个项目。尽管我们尚无法证实，但该项目增长的规模和时机还是令我们认为该项目对应的是 ELA。由此，我们提到的这两条线构成了回购操作的全部。

如果我们假定某个银行与所在国央行进行 10 亿欧元的回购操作，那么从会计角度看，银行质押的抵押物将出现在欧洲央行资产负债表的资产侧，而银行收到的现金实际上是其在央行经常账户上贷记（该笔资金无中生有，纯属生出来的钱）的相同金额，从而使央行负债侧增加 10 亿欧元。

不过先少安毋躁。这一解释是错误的，负债侧出现增长的项目是“欧元体系内部负债”。这是希腊央行对欧元体系其他国家的负债。这也就是我们需要的第二步——希腊银行将利用这些现金为国际交易付款。这可能表现为偿付之前从国外银行的融资，或者仅仅是希腊公民购买国外商品或资产的钱款。与此同时，银行将使用其收到的现金，因此其在央行的经常账户余额将会减少，而希腊央行将通过 Target 系统将现金转移给国外银行。这样做的同时，希腊央行就会给欧洲央行计入一笔负债。

简而言之，希腊央行是在代表欧洲央行印钞，以弥补希腊银行业的融资缺口。

希腊货币供给：大幅下滑

那么有多少钱被创造出来？我们有必要对货币供给进

行观察。结论非常简单：希腊的货币供给，无论以何种方式或指标衡量，都在迅速下滑。

最简单的方法就是对货币供给进行观察。图5和图6是对当前情况的简单概括。我们对M2和M3的绝对水平以及相对欧元区的相对水平做出观察。似乎2009年底数据系列中出现了一个折点——正好是希腊危机开始之时。自此之后，希腊的货币供给就掉头向下。

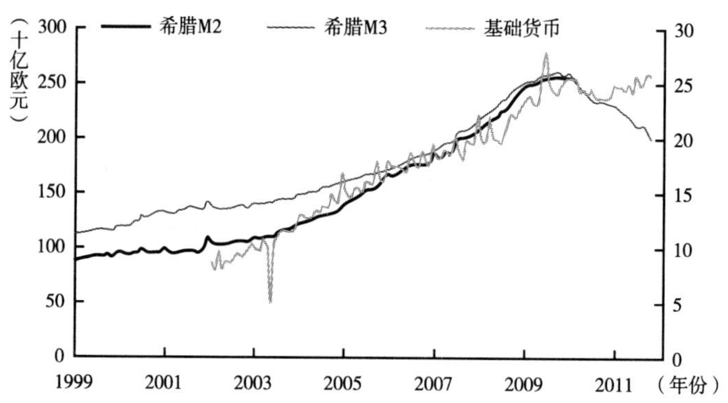

图5　货币供给在2008年年底出现转折

资料来源：Datastream。

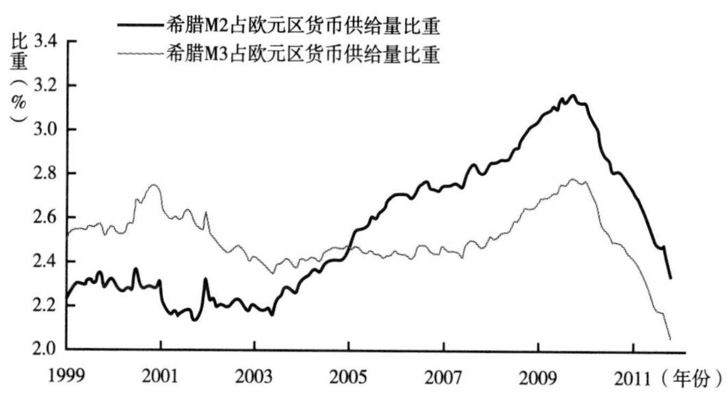

图6　如果以占欧元区货币供给量比重衡量，转折点同样可见

资料来源：Datastream。

不过上述讨论意味着希腊创造的那部分货币被用于国际支付。那么，这是否存在误导？也许希腊的货币创造仅仅影响欧元区的货币供给，而不是希腊的货币供给。我们还是发现难以找到证据来证明这一点。图 7 显示出欧元区的 M3 增长情况。

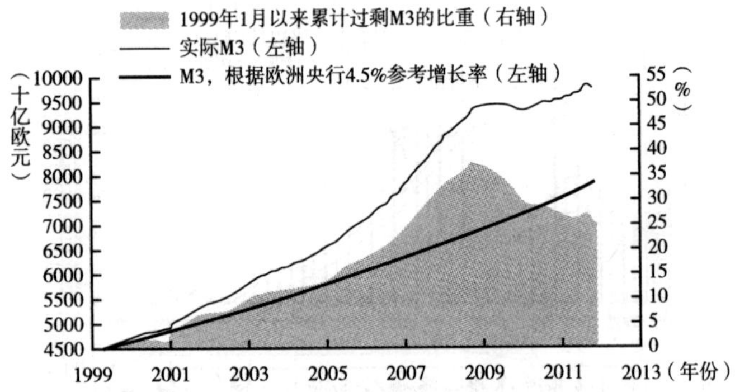

图 7　2008 年年底，欧元区的过剩 M3 增长出现停滞

资料来源：欧洲央行、瑞银。

富有讽刺意味的是，2008 年之前的大多数时间里，M3 增速都远高于欧洲央行的 4.5% 的目标。在此之后，M3 增速则远低于 4.5% 的目标。因此，很难赞同希腊创造出过剩流动性并输送给其他国家的说法。

准货币：是否在发行准德拉克马？

在本节中，我们不再讨论央行发行的货币。政府还有一种不通过央行来印钞的办法，即经济学家所谓的“准货币”。在希腊的案例中，我们也能找到一个有趣的例子。

2005 ~ 2010 年，希腊的国有医院积累了不少供应商欠款。2010 年 5 ~ 6 月，希腊政府决定终止这种做法，并决定接受这些未偿债务。在接下来的几个月中，2005 ~

2007 年中的所有公共医药和医疗体系的欠款都以现金偿还。2005～2006 年的欠款额为 15 亿欧元，2007 年上半年另有 2.4 亿欧元欠款。2007～2010 年期间的欠款总额为 56 亿欧元，以零息债券结算。这就是所谓“医药债券”的发行（见表 1）。

表 1　医药债券的详情

单位：亿欧元

收据出具	债券规模	债券到期日	债券定价
针对 2007 年累积的欠付款	9.73	1 年期债券，到期日 2011 年 12 月 22 日	相对面值的折让为 12%～14%
针对 2008 年累积的欠付款	20.13	2 年期债券，到期日 2012 年 12 月 22 日	相对面值的折让为 20%～22%
针对 2009 年累积的欠付款	18.55	3 年期债券，到期日 2013 年 12 月 22 日	相对面值的折让为 30%～32%

资料来源：希腊共和国财政部，2010 年 6 月 9 日新闻发布稿。

这些金融工具是债券，而且具有希腊债券的所有特点：具有国际证券识别码（ISIN），可以在雅典交易所上流通，而且与其他希腊债券具有同等权利。政府在一次新闻发布会上称，“债券持有人如选择在银行进行债券贴现，则需在初始权利金额上扣除 19%”。

不过，我们认为这些医药债券并不仅仅是希腊政府发行的另一种债券。具体而言，我们认为这些债券更像是经济学家所称的准货币。这些准货币出现在很多情况中，往往在政府存在融资需要但又需要绕过正常的严格财政规定时会加以使用。对于属于某个货币联盟、无法自行印钞以填补赤字的政府来说，这种情况最容易出现。我们可以通过两个范例加以说明。

首先我们来看阿根廷的例子。正如欧元区成员国的情况所展示的，货币联盟并不一定会强制推行赤字纪律。欧元区没有推行赤字纪律，比索钉住美元的阿根廷亦是如此。在20世纪90年代末期危机开始升级之际，阿根廷又出现了另一个问题：危机期间无法及时对赤字进行名义值调整。阿根廷并非是孤例。这一结果是部分作者所称的货币增长债务（CGD）陷阱，最终会加速崩溃的到来。无论是联邦政府或是地方政府都无法通过正常途径进行融资。政府机构开始发行以比索计价的债务工具，可以用于税项缴款，并开始被民间机构作为货币使用。Augusto de la Torre、Eduardo Levy Yeyati 和 Sergio L. Schmukler，在世行的一份政策报告中称，“在阿根廷，发行准货币不仅缓解了公共部门所面临的现金流窘况，而且也称为民间部分的调节机制——后者迅速利用这种新‘钞票’来降低劳动力成本，并绕过劳动力市场的种种限制。不过，这些准货币大多数都以面值用于缴税。”

这实际上就相当于印钞，更准确地说则是赤字货币化——因为政府通过发行票据来为收支失衡融资，而这些票据可以被民间用于交易。这就相当于会过期的钞票。

第二个例子就是加州白条。这和印钞更为类似。背后的起因与阿根廷的情况极为相似：赤字规模过大，未能及时处置，而当局又身处货币联盟中，无法进行债务货币化。加州政府从2009年7月开始发行白条来应付赤字，这些白条（举例来说）被用于支付公务员工资或向部分供货商付款（加州在1992年也发行过白条）。这些白条可以面值赎回，另加3.75%的利息。银行和信贷机构同意在短期内接收白条。

医药债券是不是另一种形式的准货币，就像阿根廷Patacone或加州白条一样？答案既是肯定的，也是否定的。上述两个例子都非常接近于印钞——如果不是真的在印钞票的话。希腊医药债券存在以下诸多相似之处。

• 在阿根廷、加州和希腊这三种情况下，之所以采用准货币都是因为预算的名义刚性以及政府在货币联盟限制性无法合理解决赤字。

• 所有情况下，欠款的偿还都是通过发行金融工具实现。

• 所有情况下，金融工具都可以交易并可以作为支付手段，或者至少能够被赎回。

• 所有情况下，准货币都是临时性的；对阿根廷和希腊而言，这是因为其金融工具都是具有固定久期的债券，而对于加州来说，这是因为白条应该在预算条件许可下尽快偿还。

从这个角度看，我们认为希腊实际上正在接近于准货币的灰色地带。不过，还是存在一个重要差别。对阿根廷和加州来说，发行金融工具的本意是用于向个人付款，从而增加了货币供应量。但希腊并非是这种情况。不过，医药公司可以利用这些债券从希腊银行那里获取现金，也可以使用这些债券作为欧洲央行市场操作的抵押物。当然你也可以辩称希腊发行的所有债券都是如此，而实际上欧元区任何国家发行的任何债券也都是如此。但也不尽然——如果某个国家发行债券，则必须与存量货币做交换，即投资者用于购买债券的资金。但如果某个国家发行债券是作为对供应商的偿付（即便是临时性的），那么民间部门不会出现取钱行为，因为没有人用现金购买债券。这是一种易货行为——供应商向政府机构提供产品，收到的则是该政府发行的金融工具。

这一说明过于复杂曲折，不过最终来说这和希腊的货币发行差得并不远。

希腊问答

斯蒂芬·德奥 等*

欧洲金融稳定基金将发挥哪些作用?

简而言之,欧洲金融稳定基金(EFSF)将提供937亿欧元资金,其中300亿欧元将用于民间资金参与项目,350亿欧元用于按成本价购买欧洲央行的投资资产,57亿欧元用于支付拖欠利息,230亿欧元用于银行业资本重整。

EFSF与希腊所签协议的草案已于周末公布。协议中与EFSF相关的部分内容如下。

基于希腊提出的资金援助请求并按照备忘录,EFSF已经或即将和希腊及希腊央行签订资金援助协议(Financial Assistance Facility Agreements),以便提供下列资金援助。

(1)同意在2012年最多提供300亿欧元援助资金,以便希腊为自愿债务管理交易(Voluntary Liability

* 作者为瑞银经济学家Stephane Deo、Martin Lueck、Martin Lueck、助理分析师Matteo Cominetta和助理经济学家Jennifer Miller。本报告发布于2012年2月15日。

Management Transaction）筹集一部分资金（这笔资金为“PSI LM Facility”）；

（2）同意在2012年提供350亿欧元援助资金，以便希腊为回购要约（Buy-Back Offer）筹集资金（这笔资金为“ECB Credit Enhancement Facility”）；

（3）同意在2012年提供57亿欧元援助资金，以便按照自愿债务管理交易来偿还部分希腊主权债券的应付利息，偿还前提是这些主权债券将置换为新希腊债券（New Greek Bonds），应付利息将在置换后支付（这笔资金为“Bond Interest Facility”）；

（4）同意在2012年提供230亿欧元援助资金，以便对希腊部分金融机构进行资本重整（这笔资金为“Bank Recapitalisation Facility”）。

我们相信，目前的问题是EFSF如何筹集这些资金。倘若以上数字属实，我们认为发行937亿欧元EFSF是一件非常难以想象的事，特别是必须在短期内（即PSI启动后）筹到部分资金的情况下。不过，该协议还有如下内容：

EFSF应为这些援助提供资金，途径包括发行EFSF或债券、商业票据、债务证券或其他融资工具。

相反，我们认为不应在市场上筹集这些资金。就PSI来说，上述协议可以采取直接向投资者发行EFSF的方式，而不是由EFSF提供现金。就欧央行来说，上述协议可以采取置换方式，用欧元体系的投资资产和EFSF进行置换。

财政紧缩方案有哪些内容?

周末希腊议会通过的附加调整方案包括一系列新措施。财政紧缩计划昨天出台，涉及以下四个宏观领域。

1. 财政整合

到2014年让基本财政盈余占GDP的比率稳定在4%。

2. 结构性财政改革

（1）500亿欧元的私有化计划。

（2）税制改革：简化相关法律并更严格有效地打击偷税漏税。

（3）到2015年裁减15万名公务员（2012年裁员1.5万）。

（4）养老和医疗体系改革：长期可持续性和现代化。

3. 金融行业监管

（1）资本充足率要求：到2012年2季度核心资本充足率达到9%（2013年2季度达到10%），在困难情况下到2014年达到7%。

（2）由Hellenic金融稳定基金（Hellenic Financial Stability Fund，HFSF）实施资本重整计划。

（3）修改和HFSF、HDIGF（Hellenic存款与保险担保基金，Hellenic Deposit and Insurance Guarantee Fund）、希腊央行及银行问题解决机制有关的法律。

4. 促进经济增长

（1）法定最低工资下调22%（青年就业者最低工资下调35%）。

（2）工资制定体系改革（给予集体合同更多灵活性）。

（3）对未申报就业和偷漏社保资金行为进行打击。

（4）开放一系列处于封闭状态的职业和服务领域（零售、就业中介），取消专业人员的最低工资，其他促进竞争的干预措施。

（5）教育和司法系统的升级与改革。

这些补充措施的总支出规模为32亿欧元（占希腊GDP的1.5%）。此外，希腊还需要在2012年6月份之前就2013～2015年110亿欧元的支出计划拿出更多方案。

2004～2011年希腊单位劳动力成本上升了26%，几乎是欧元区平均增幅（14%）的两倍。希腊的最低工资是葡萄牙的两倍，是邻国保加利亚的6倍。实际上许多希腊公司最近搬迁到了保加利亚。在这期间，希腊的出口份额与经常项目不断恶化，这一点儿也不奇怪。当然要扭转这种局面。但无法确定削减最低工资能否奏效，因为许多希腊就业者并未记录在案而且其工资水平远低于法定最低限额。此外，裁减15万公务员可能让失业率上升4个百分点。因此，虽然这些措施能提高长期竞争力，但短期内最可能造成的局面是总需求下降，从而让管理不善的希腊经济雪上加霜（2007年以来希腊实际GDP已下跌15%）。

自愿PSI与否（是否触发CDS）

我们认为它将是非自愿的，随CAC一同实施，因此将触发CDS。我们仍认为“自愿”债券置换的参与率可能不够高，无法说服国际货币基金组织（IMF）。这就是说，必须采取强制性方案，即希腊议会通过的综合行动条款（Collective Action Clauses，CAC）。如果实施CAC，则将触发信用违约互换（CDS）。

欧洲央行会参与吗？

会，但不会直接参与PSI，只会按成本价转移资产。

据我们估算，欧央行已斥资近400亿欧元来购买希腊债券（更准确地说是385亿欧元）。当然我们的计算可能不够准确，而具体数字从未公之于众。不过，如果实际数字确实像我们所认为的那样超过350亿欧元，那就意味着欧央行不仅要按成本转移投资资产，而且还可能失去这些资产带来的利息。

另据我们估算，欧央行投资资产的名义价值可能会压缩1/3左右。这就是说，这些资产的优先级问题并不会彻底解决，因为欧央行认同的压缩幅度远低于民间投资者的预期。我们在上次报告中提出，“总的来说我们认为欧央行将压缩投资资产的价值”，我们只说对了一半：资产价值确实要压缩，但压缩幅度远小于市场预估的水平。

二次援助计划如何奏效?

首次援助计划的规模为1100亿欧元，其中已付诸实施的只有740亿欧元（前6笔拨款）。这项计划已经搁置并将由新计划取代，因此希腊不会得到剩余款项。新计划的实施方法与首个计划相同，每季度拨款一次，前提是通过IMF、欧盟、欧央行的审核。

随后有哪些重要事件?

2012年2月15日——预定在布鲁塞尔召开欧盟财长会议，会上将签署二次援助计划。这次会议已经推迟，但看来财长们仍计划召开电话会议。因此，他们可能有条件地批准二次援助计划，以便启动PSI。

2012年2月17日——按照希腊财长Venizelos的说法，这是敲定PSI的最后期限。

2012年2月20日——2月15日的欧盟财长会议已推迟到2月20日，本次会议将最终签署二次援助计划，条件是希腊各党派领导人承诺，无论谁在4月大选中获胜都将实施这项计划。

2012年3月20日——145亿欧元希腊债券到期。如果没有新的援助，希腊政府几乎将无力还本付息。要注意的是，这些债券有7天宽限期，而且还可能和银行休息日相连。所以3月20日之后，偿还期限或许会推迟一周多一点的时间。

2012年4月1日——公布选举计划。具体日期待定。

希腊得救了吗？

不，但可以认为它会被隔离起来。

我们认为，二次援助和PSI不是解决希腊问题的长久之计。原因有以下两点。

（1）援助计划的目标非常高，而且在一定程度上是基于经济增长预期，我们则认为这样的预期偏乐观（见图1、图2）。要执行援助计划，赤字占希腊GDP的比率要在2012年下降一半左右，从9%降至4.7%。我们估算，2012年因PSI而减少的利息开支占GDP的1.7%，但这一数字还需再提高2.6%。到2014年希腊要将赤字占GDP的比率从3.9%降至1.4%。所有这些目标都要在经济出现二战以来最严重衰退，政治体系运转不畅以及社会局势越发紧张的情况下实现。此外，IMF假设希腊经济2013年就能恢复增长。在未出现调整迹象、投资外流以及进一步收紧财政的情况下，我们认为IMF的预期不太可能成为现实（见图1）。

（2）即使假设上述计划获得成功，到2020年希腊的债务/GDP比率将达到120%（见图2），利息支出将占GDP的4%。长期来看，其债务可持续性仍令人怀疑。

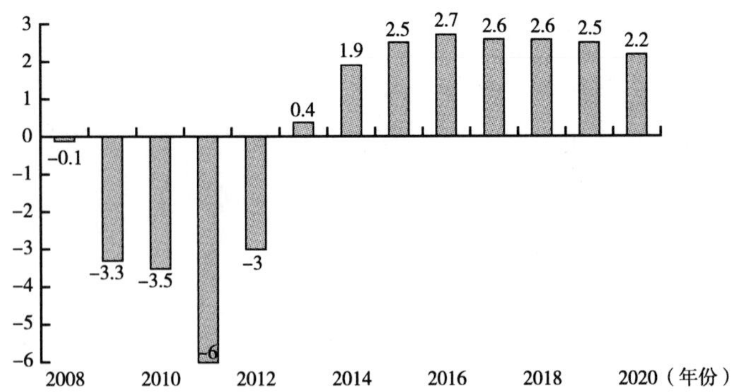

图 1　我们认为 IMF 的实际增长预期偏乐观

资料来源：IMF。

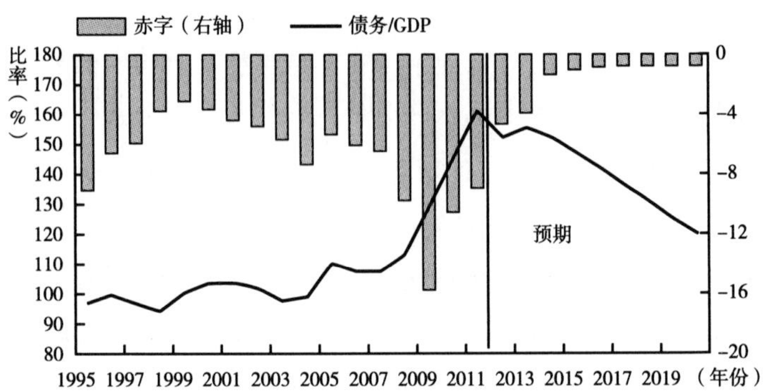

图 2　IMF 预期，只会让债务/GDP 比率回到 120%

资料来源：IMF、瑞银。

我们认为 PSI 不会让希腊得救。我们曾反复指出，失衡问题（其中包括预算赤字、国际收支逆差和国际竞争力等）过于严重，任何债务重组对此都无能为力。PSI 可能起到的作用是将希腊隔离起来。首先，这是因为 PSI 将把民间持有的希腊债务削减 70%。其次，银行业资本重整将减少希腊金融体系从内部崩溃的风险。第三，PSI 启动后希腊问题实际上将变成 IMF 的“典型”课题：为赤字提供资金并让经济恢复平衡。

那么接下来将如何?

IMF 正在全力以赴，但最终可能只是“安静地走开”

如上所述，PSI 无法解决希腊问题，但如果它能像我们预测的那样将希腊隔离起来，那就意味着 IMF 的态度将发生改变。IMF 曾打算“安静地走开”，就像以前对某些国家那样，这在希腊银行业资本重整之前是非常危险的想法。如果在未重整银行资本的情况下违约，希腊除了自行印钞以外将别无选择。而银行资本重整后，IMF 选择“安静地走开”就变得更加可靠。因此我们相信，IMF 对希腊的苛刻程度将远远超过其他经济体而且不会允许希腊的赤字出现差池，而且我们的确认为希腊援助计划很有可能提前结束。

怎样才能做到这一点呢？一个广为流传的方案是 IMF 通过第三方账户提供资金，这些资金将首先用于偿还债务，然后用于弥补基本财政赤字。这样，在方案实施过程中向希腊提供的资金就不会超过预先商定的水平。

显然，这样做的风险在于，希腊重新实现基本财政盈余后，IMF、欧盟资金将只会用于支付利息。这会让希腊产生通过削减利息开支来减轻债务负担的想法。我们认为，这种情况下就第二轮 PSI 展开协商的可能性很高。

后　记

2008 年 9 月全面爆发的金融危机席卷了全球，对金融行业及实体经济造成了巨大的破坏。几年来，随着各国陆续采取了一系列应对措施，世界经济一定程度上有逐渐走向复苏的迹象。但随着欧洲债务危机问题的愈演愈烈，特别 2011 年下半年以来，欧债危机似有失控之势，也导致了全球经济面临“二次探底”的挑战。

欧债危机始于希腊的债务危机。早在 2009 年 12 月 8 日，全球三大评级公司下调了希腊主权评级，点燃了欧债危机的导火索。此后，危机逐渐蔓延到“欧猪五国”乃至法、德等国，整个欧盟都受到债务危机困扰。欧债危机的爆发以及爆发后各国态度的分歧表明了欧元区在设计上的若干缺陷。欧元区正面对成立 11 年以来最严峻的考验，更有经济学家推测欧元区最终会以解体收场。

在世界经济一体化的今天，面对欧债危机，任何国家都不可能置之度外，对中国来说也是如此。一方面，欧盟是中国的第一大贸易伙伴，中国出口导向性的经济增长模式依赖欧洲市场，欧元区危机必定使得中国的出口企业利益受损。而中国持有 3 万多亿的外汇储备 1/4 是欧元，如果欧元区垮台，中国的相关利益也必定遭受牵连。另一方面，尽管中国国情和欧洲各国有很大差别，本次危机对中国也有许多可供借鉴之处，中国应该引起高度警惕并吸取经验教训，如重视政府债务问题、国内货币政策的独立性等等。

深圳市博源经济研究基金会自成立以来，以促进和推动经济领域课题的研究为宗旨，力求为学术界提供有价值的研究成果，并为政策的制定提供参考。为此，基金会经常召开经济形势研讨会，通过组织投行的经济学家以及经济研究领域有影响力的专家学者，就经济热点问题进行讨论，努力搭建一个经济领域的学术交流平台。

深圳市博源经济研究基金会密切关注欧债危机的进展，多次组织经济学家就其进行讨论，经济学家也提供了相关研究报告。基金会将这些报告整理分类，汇编成此书。本书从起源、影响以及解决办法等对欧债危机进行了探讨，旨在为学界提供一本集中的、可参考的学术资料。

本书首先从欧洲经济一体化的历史进程着手，回顾了欧元区发展的历史；针对欧元区可能的发展趋势，是瓦解还是走向进一步融合，第二部分就此进行了讨论；第三部分探讨了欧盟采取的措施及可能的解决办法；第四部分则对欧债危机的影响进行了研究；希腊问题是欧债危机中的突出个案，本书也将其单列在最后一部分。

在这本小册子即将出版之际，我们要特别感谢各大投行的经济学家，特别是本书主编汪涛的贡献。希望本书能抛砖引玉，在更大范围内引起对欧债危机问题的关注和讨论。

本书编辑小组

2012 年 4 月

图书在版编目（CIP）数据

解析欧债危机迷局/深圳市博源经济研究基金会编.
—北京：社会科学文献出版社，2012.5
（博源文库．中国经济观察丛书）
ISBN 978-7-5097-3247-2

Ⅰ.①解… Ⅱ.①深… Ⅲ.①债务危机-研究-欧洲
Ⅳ.①F815.06

中国版本图书馆 CIP 数据核字（2012）第 053081 号

·博源文库·中国经济观察丛书·
解析欧债危机迷局

编　　者／深圳市博源经济研究基金会

出 版 人／谢寿光
出 版 者／社会科学文献出版社
地　　址／北京市西城区北三环中路甲 29 号院 3 号楼华龙大厦
邮政编码／100029

责任部门／皮书出版中心　　责任编辑／郭　峰　周映希
（010）59367127
电子信箱／pishubu@ssap.cn　　责任校对／贾迎亮
项目统筹／郭　峰　　责任印制／岳　阳
总 经 销／社会科学文献出版社发行部（010）59367081　59367089
读者服务／读者服务中心（010）59367028

印　　装／北京季蜂印刷有限公司
开　　本／787mm×1092mm　1/20　　印　　张／14.4
版　　次／2012 年 5 月第 1 版　　字　　数／221 千字
印　　次／2012 年 5 月第 1 次印刷
书　　号／ISBN 978-7-5097-3247-2
定　　价／45.00 元